Le petit Larousse du CHEVAL ET DU PONEY

Direction de la publication
Isabelle Jeuge-Maynart et Ghislaine Stora

Direction éditoriale
Catherine Delprat

Édition et coordination
Agnès Dumoussaud et Catherine Maillet,
assistées d'Audrey Parvais

Lecture-correction, Index
Catherine Maillet

Direction artistique
Emmanuel Chaspoul

Conception graphique
Emmanuel Chaspoul,
Jacqueline Gensollen-Bloch

Maquette
Jacqueline Gensollen-Bloch

Dessins
Sylviane Gangloff

Photographies
Bob Langrish
La plupart des photos sont de Bob Langrish
(voir Crédits photographiques p. 256)

Recherche iconographique
Catherine Maillet

Couverture
Valentine Antenni

Fabrication
Donia Faiz

ISBN 978-2-03-593987-6

Pour les Éditions Larousse, le principe est d'utiliser des papiers composés de fibres naturelles, renouvelables, recyclables et fabriquées à partir de bois issus de forêts qui adoptent un système d'aménagement durable. En outre, les Éditions Larousse attendent de leurs fournisseurs de papier qu'ils s'inscrivent dans une démarche de certification environnementale reconnue.

Émilie Gillet

Le petit Larousse du CHEVAL ET DU PONEY

CONNAÎTRE
COMPRENDRE
SOIGNER
MONTER

LAROUSSE

À propos de l'auteur

Émilie Gillet est journaliste scientifique depuis dix ans. Forte de quinze ans d'équitation et de ses études en biologie et éthologie, elle collabore régulièrement à *Cheval Magazine* et *Cheval Star*. Curiosité et partage sont au cœur de son métier.

Remerciements

À Sweet Lord of Moon. Nous avons appris et grandi ensemble. Tu m'as aussi aidée à devenir moi-même. Où que tu sois aujourd'hui, merci.

Aux chevaux de Przewalski du causse Méjean. Ces heures passées à vous observer ont forgé ma passion pour l'éthologie. À vous les steppes mongoles et la liberté retrouvée !

À tous les chevaux, les cavaliers, les éleveurs et les chercheurs qui hier, aujourd'hui et demain acceptent de partager avec moi et nourrissent ainsi ma curiosité.

Avant-propos

Ce livre s'adresse à tous, aux curieux comme aux passionnés, à ceux qui débutent comme aux cavaliers confirmés. En abordant le cheval de la façon la plus diverse possible, il a pour objectif d'apporter des informations claires et utiles. Connaître pour mieux aimer ! Malgré des millénaires de cohabitation, nous avons encore tant de choses à apprendre l'un de l'autre

Il aborde d'abord quelques notions historiques et présente une cinquantaine de races d'équidés. Puis il est question des grandes fonctions biologiques et des connaissances actuelles quant au comportement du cheval. Enfin, il s'agit des aspects pratiques de la vie quotidienne avec un cheval ainsi que des différentes disciplines de l'équitation, du simple loisir à la compétition de haut niveau en passant par les formes d'équitation les plus traditionnelles. Un glossaire, un index ainsi qu'un carnet d'adresses situés à la fin de l'ouvrage permettent enfin de l'utiliser de façon très pratique.

L'ambition de ce guide est de raviver le « bon sens équestre », de rappeler quelques notions fondamentales qui font de l'équitation et la relation avec les chevaux une véritable école de vie pour chacun d'entre nous. Nul besoin de faire appel aux nouveaux maîtres et au courant de l'équitation éthologique, très à la mode ces temps-ci, pour apprendre à aimer, respecter et dialoguer avec les chevaux

En selle, à pied, ou encore avec une paire de jumelles en main, le cheval a toujours été pour moi une source de fascination. J'ai appris à le connaître et à l'apprécier, d'abord au travers de quinze années de pratiques multiples de l'équitation, puis lors de mes études universitaires de biologie et plus particulièrement d'éthologie. Aujourd'hui citadine, je suis bien éloignée des écuries, mais mon cœur palpite encore lorsque l'odeur du crottin, du cuir ou de la transpiration équine vient chatouiller mes narines ! À travers ce livre, j'espère donc partager ma passion avec le plus grand nombre.

Bonne lecture à tous !

Émilie Gillet

Sommaire

Avant-propos 5

Connaître le cheval 8

L'histoire
Cheval, qui es-tu ? 10
Une domestication tardive 12
Les débuts de l'équitation 14
Quand l'équitation devint un art 16
Entre mythes et fascination 18
Le cheval au service de l'environnement 20

L'identification
Qu'est-ce qu'une race ? 22
Reconnaître les robes de base 24
Particularités des robes 26
Génétique des robes 28
Les marques d'identification 30
L'identification en pratique 32

Les races : les chevaux de sang
Le pur-sang anglais – Le pur-sang arabe 34
Le selle français – Le trotteur français 36
L'anglo-arabe – Le camargue 38
Le barbe – Le lusitanien 40
Le hanovrien – Le trakehner 42
Le lipizzan – Le frison 44
Le holstein – Le KWPN 46
Le knabstrup – L'oldenbourg 48
Le cheval de Mérens – Le cheval castillonnais 50
L'appaloosa – Le quarter horse 52
Le criollo – Le paint 54
L'islandais – Le henson 56
L'akhal-téké – Le pure race espagnole (PRE) 58
Le shagya – Le crème 60
Le mustang – Le falabella 62

Les races : les chevaux de trait
Les chevaux de trait (1) 64
Les chevaux de trait (2) 66

Les races : les poneys
Le poney, un cheval à part ? 68
Le connemara – Le dartmoor 70
Le fjord – Le poney français de selle 72
Le haflinger – Le highland 74
Le welsh – Le new-forest 76
Le pottok – Le shetland 78

Les autres équidés
Les cousins domestiques du cheval 80
Des équidés jamais domestiqués 82

Comprendre le cheval 84

L'anatomie
Les trois âges du cheval 86
Un corps taillé pour la course 88
Un squelette adapté à la vitesse 90
Une tête bien faite 92
Le système digestif 94
Le système reproducteur 96

La locomotion
Des membres fragiles, mais puissants 98
Les aplombs 100
Les tares 102
Du pas au trot 104
Du galop au saut 106
Des allures plus rares 108

Les cinq sens
Le monde visuel du cheval 110
L'audition et le toucher 112
Le goût et l'odorat 114

L'éthologie
L'emploi du temps du cheval 116
Son espace vital 118
Harem et hiérarchie 120
Affinités et conflits 122
Comment le cheval communique-t-il ? 124
La saison des amours 126
Les premières heures du poulain 128
L'adolescence du poulain 130
Comment le cheval apprend-il ? 132
La cognition du cheval 134
Tempérament et caractère 136
Les derniers chevaux sauvages 138

Vivre avec le cheval 140

La vie quotidienne
Les contraintes de la vie domestique 142
L'homme et le cheval, entre travail et passion 144
La vie au pré 146
La vie à l'écurie 148
Bien dans son box 150
Lutter contre l'ennui 152
Voyager en toute sécurité 154

L'alimentation
Les besoins alimentaires essentiels 156
Aliments clés et ration type 158
Alimentation : les bons réflexes 160
L'intoxication alimentaire 162
Savoir reconnaître les plantes toxiques 164

La santé
Ferrure et soins des pieds 166
Les visites clés 168
Soins réguliers : les vaccins 170
Soins réguliers : les vermifuges 172
En attendant le vétérinaire 174
Trousse de première urgence 176
Les maladies à surveiller (1) 178
Les maladies à surveiller (2) 180
Vieux cheval et fin de vie 182

L'hygiène
Attraper un cheval et le conduire en main 184
Le pansage 186
Les soins des pieds et des membres 188
Doucher un cheval 190
Pourquoi le tondre ? 192
Peau, poils et crins aux petits soins 194

L'élevage
Un cheval à soi 196
Le hongre, un cheval particulier ? 198
Faire pouliner sa jument 200
Choix de l'étalon et formalités 202
Différentes méthodes de reproduction 204

Monter à cheval 206

L'équipement
Un contact permanent avec la bouche 208
Équiper son cheval 210
L'habit fait le cavalier 212
Trouver le bon club 214
La vie au club 216
La sécurité avant tout 218

La pratique de l'équitation
Les premiers contacts 220
Ne pas avoir peur 222
Harnacher son cheval, les étapes à suivre 224
En selle ! 226
Quand le cavalier communique avec son cheval 228
Bien débuter en selle 230
Allures et figures, le travail sur le plat 232
Sauter en confiance 234
En balade 236
Voyager à cheval 238
Progresser à cheval 240
Les diplômes officiels (1) 242
Les diplômes officiels (2) 244
L'équitation éthologique 246
L'équithérapie et équitation paraéquestre 248
L'équitation en France 250

Les compétitions
Le saut d'obstacles 252
Le dressage 254
Le concours complet 256
En pleine nature 258
Au plus haut niveau 260

D'autres passions équestres
D'autres passions équestres 262
La haute école 264
Western et cow-boys 266
Jouer en équipe 268
Le travail à pied 270
Le monde de l'attelage 272
Héritières des traditions 274
Sur les hippodromes 276

Questions/réponses 278
Glossaire 282
Index 284
Carnet d'adresses 287
Crédits photographiques 288

Connaître le cheval

• l'histoire • l'identification • les chevaux de sang
• les chevaux de trait • les poneus • les autres équidés

Résultat de plus de 50 millions d'années d'évolution, le cheval est taillé pour la vitesse. Si l'histoire de l'humanité a été profondément marquée par cet animal, l'inverse est vrai car la main de l'homme est à l'origine de l'apparition de toutes les races connues aujourd'hui. Aimer le cheval, c'est aussi apprendre à connaître l'histoire de celui que l'on appelle la plus noble conquête de l'homme.

Cheval, **qui es-tu ?**

Grâce à l'étude des fossiles, on sait aujourd'hui à quoi ressemblaient les ancêtres du cheval moderne. De grands changements physiologiques ont marqué ces millions d'années d'évolution. Les grandes différences se trouvent au niveau de sa taille, de sa mâchoire et des os de ses membres.

Les ancêtres du cheval

Au fur et à mesure de son évolution, le cheval est passé de quatre à trois, puis un seul doigt, qui correspond à notre majeur. En même temps, ses membres se sont progressivement allongés et ses articulations se sont assouplies. Cette évolution lui a permis d'être plus rapide et de pouvoir échapper à ses prédateurs. Le cheval moderne est ainsi l'un des plus rapides mammifères terrestres.

ÉVOLUTION DU NOMBRE DE DOIGTS SUR LE MEMBRE ANTÉRIEUR

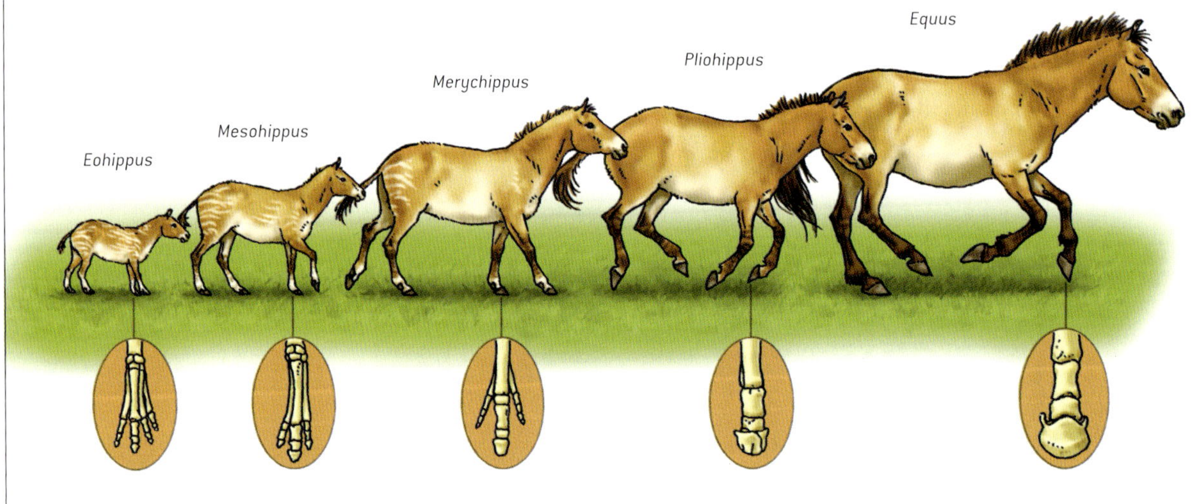

Une longue histoire

• **Il y a une soixantaine de millions d'années** vivait le plus vieil ancêtre connu du cheval. On l'appelle *Eohippus*, ce qui signifie « cheval de l'aube », ou *Hyracotherium*. Il mesure à peine 20 cm au garrot et ressemble à un petit renard ! Grâce à ses petites dents, il mange surtout des feuillages et éventuellement des fruits et des graines qu'il trouve dans la forêt. S'il possède déjà des petits sabots, il porte aussi sur la plante des pieds de petits coussinets, comme en ont aujourd'hui les chiens. À l'époque, pas trace d'hommes sur notre planète, ni même de grands singes.

• **Il y a 35 millions d'années environ** apparaît *Mesohippus*. Un peu plus grand que son ancêtre, il possède une mâchoire plus étroite et plus longue, et ses pieds ne comptent plus que trois doigts, ce qui lui permet de courir plus vite sur des sols durs. Quelques millions d'années plus tard arrive *Miohippus*. Pesant une cinquantaine de kilos, il marche déjà au pas, au trot et au galop comme un cheval moderne.

• **Entre 25 et 10 millions d'années avant notre ère** survient la grande modification dans l'évolution du cheval. C'est à ce moment-là que vit *Merychippus*. Il mesure plus d'un mètre au garrot, possède une longue encolure et une mâchoire lourde, avec de puissantes molaires qui lui permettent enfin de brouter l'herbe. Ses membres sont plus longs et, même s'il possède encore trois doigts, il ne marche plus que sur un seul.

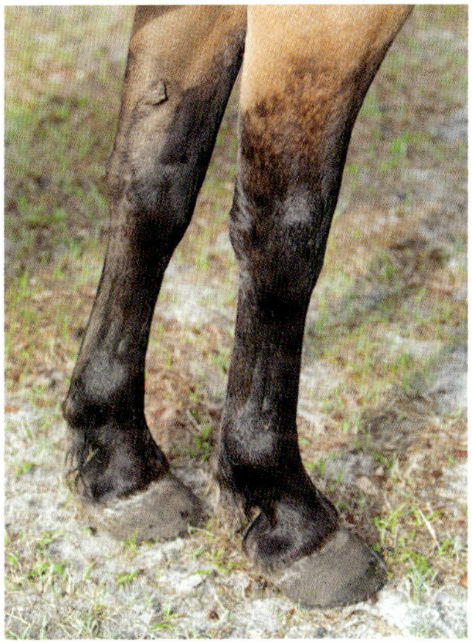

^ Pour le cheval, la fuite est le seul moyen de se défendre contre les prédateurs. Sa vitesse est donc un atout majeur.

< En regardant les membres d'un cheval, on découvre la châtaigne et l'ergot, sans doute les vestiges des doigts qui existaient chez son ancêtre.

• **L'ancêtre direct de notre cheval moderne** est *Pliohippus*, vivant **il y a environ 6 millions d'années** en Amérique du Nord et ressemblant à un petit cheval d'aujourd'hui (environ 1,20 m au garrot). C'est le premier à posséder un seul et unique véritable sabot, ainsi que des dents parfaitement développées pour brouter. Au même moment, les premiers hominidés apparaissent en Afrique.

• **Le cheval moderne,** que l'on nomme *Equus caballus*, apparaît en Amérique du Nord **il y a environ 1,5 million d'années.** Progressivement, il envahit toute la surface de la Terre, remplaçant les espèces d'équidés primitifs qui pouvaient subsister.

La place du cheval dans la classification du vivant

Classe des Mammifères. Cela signifie qu'il est vivipare : il donne naissance à des petits entièrement constitués et les allaite ensuite. Cela se caractérise aussi par la présence de poils qui permettent au cheval de réguler la température de son corps.

Superordre des Ongulés, regroupant les animaux qui marchent sur le bout de leur doigt.

Ordre des Périssodactyles, c'est-à-dire qui possèdent un nombre impair de doigts.

Famille des Équidés, regroupant toutes les espèces de chevaux, d'ânes, de zèbres, d'hémiones et d'onagres. Il n'existe aujourd'hui plus qu'un seul genre, nommé *Equus*. Notre planète a hébergé autrefois d'autres genres, auxquels appartenaient les ancêtres du cheval domestique.

Zèbres des plaines.

LA MAÎTRISE D'UNE ESPÈCE

Domestiquer un animal, ce n'est pas seulement vivre avec. Au-delà du simple fait de l'apprivoiser, il s'agit de l'utiliser et d'en faire l'élevage. Cela signifie que l'on maîtrise sa reproduction, que l'on choisit les individus en fonction des besoins auxquels ils doivent répondre et que l'on opère une sélection. Dans un premier temps, le cheval a été domestiqué pour ses ressources : lait, viande et cuir principalement. Ce n'est que bien plus tard que l'homme s'est servi de sa force.

Chariot en or, provenant du Trésor du temple de l'Oxus. Perse achéménide, Ve siècle av. J.-C.

LES DIFFÉRENTES DOMESTICATIONS

Chien : entre 30000 et 10000 av. J.-C.
Chèvre : 8000 av. J.-C.
Bœuf : 8000 av. J.-C.
Mouton : 8500 à 6500 av. J.-C.
Porc : 7000 av. J.-C.
Chat : 7000 av. J.-C.
Cheval : 7000 à 3500 av. J.-C.
Poule : 6000 av. J.-C.

Une domestication tardive

Passant du statut de gibier à celui d'animal domestique, le cheval est devenu l'un des meilleurs compagnons de l'homme. Sa domestication remonterait à une date comprise entre 7000 et 3500 av. J.-C. Sur ce point, les hypothèses sont plus nombreuses que les certitudes.

^ La frise des aurochs. Grotte de Lascaux (Dordogne). Peinture du magdalénien (vers 15000 av. J.-C.).

DE LA CHASSE À L'ÉLEVAGE

• **Le cheval moderne** tel qu'on le connaît aujourd'hui est apparu il y a environ 1,5 million d'années, à l'époque où nos ancêtres s'appelaient *Homo erectus*. Les plus anciennes traces archéologiques indiquent que, durant le Paléolithique, l'homme chassait le cheval comme n'importe quel gibier. Par la suite, il l'a très probablement capturé et enfermé dans des enclos pour constituer des réserves vivantes de nourriture comme il l'a fait avec d'autres grands mammifères.

• **La domestication** du cheval est très tardive. Les premières traces remontent à environ 4000 ans av. J.-C., soit presque quatre mille ans après le bœuf ou le porc. Il aurait ainsi été l'un des derniers mammifères à passer sous la domination de

Une force enfin utilisée

Entre la domestication et les premières traces d'une utilisation du cheval pour sa force, plus de mille ans se sont écoulés. Une période sur laquelle on ne dispose quasiment d'aucune information. Les plus anciennes preuves d'une utilisation du cheval pour tirer des chariots datent de 3500 av. J.-C. au Moyen-Orient, lorsque la roue fut inventée. Il est très vraisemblable que des peuples nomades l'ont utilisé auparavant comme animal de bât. Ils devaient alors probablement s'asseoir sur sa croupe pour se déplacer, mais on est encore bien loin de l'équitation.

Il a fallu faire preuve d'un sens aigu de l'observation, de beaucoup de patience et de sensibilité pour dresser cet animal au caractère affirmé, d'une force comparable à celle du bœuf. Devenu indispensable à l'homme grâce à son tempérament et sa rapidité, il s'est révélé un acteur majeur des grandes migrations, des guerres, mais aussi des loisirs.

^ Théodore Géricault. *Le Four à plâtre.* 1821-1822. Peinture à l'huile (détail).

l'homme. Les plus anciens ossements retrouvés proviennent du sud de l'Ukraine et indiquent qu'il s'agissait d'individus choisis dans un élevage et non pas tués au hasard lors d'une chasse. Mais de nombreux archéologues estiment que le cheval avait déjà été domestiqué auparavant, peut-être en Europe orientale, au sud de la mer Caspienne ou du côté de l'Espagne. Pour l'instant, rien ne permet d'affirmer que le cheval ait été domestiqué en un seul endroit du globe à un moment donné, ou au contraire que la domestication se soit reproduite en divers endroits grâce à la diffusion du savoir entre les hommes. Les récentes recherches en génétique penchent toutefois pour la seconde hypothèse.

Un ancêtre commun

Les scientifiques estiment que toutes les races actuelles descendent d'un même ancêtre. Le **tarpan**, petit cheval vivant autrefois dans les forêts d'Europe centrale, serait celui-là. On mentionne aussi le cheval des bois *(Equus caballus sylvaticus)*, présent dans le nord de l'Europe, comme l'un des ancêtres possibles des chevaux lourds.

Les débuts de l'équitation

Utiliser le cheval comme animal de bât est une chose ; monter sur son dos en est une autre. L'équitation, considérée par certains comme un art, a profondément marqué l'histoire de l'humanité durant plusieurs millénaires.

^ Char représenté sur un vase grec du Ve siècle av. J.-C.

Du premier attelage au char de guerre

Les plus anciennes traces archéologiques d'un char à quatre roues remontent à 3 500 ans avant notre ère. On pense qu'il a d'abord été inventé pour le bœuf, puis adapté par les Sumériens en Mésopotamie (l'actuel Irak) pour l'âne, l'hémione, puis le cheval. Deux mille ans plus tard est apparu le char à deux roues, probablement chez les Hittites, un peuple d'Asie Mineure. Cette version allégée de l'attelage, tirée par un seul cheval ou deux de front, permet de profiter au mieux de la vélocité de cet animal. Son usage s'est rapidement étendu de l'Asie centrale au Sahara pendant le IIe millénaire avant notre ère, mais il reste surtout militaire. Le char jouera même un rôle décisif dans certaines batailles. L'utilisation du char de guerre a perduré jusque sous l'Empire romain.

< Avant la selle en cuir, les cavaliers utilisaient des couvertures en feutre (Udaipur, Rajahstan).

De la guerre à l'agriculture et aux loisirs

Le cheval est l'animal qui a le plus influencé l'histoire des grandes civilisations eurasiatiques et américaines. Sans lui, les Mongols seraient-ils parvenus jusqu'aux portes de l'Europe ? Les conquistadors auraient-ils envahi le Nouveau Monde ? Indispensable à l'armée, mais aussi au développement des transports, le cheval représente une force mécanique considérable. Il ne faut pas négliger les loisirs. En témoigne la naissance du polo, il y a plus de 2 500 ans. C'est probablement avec l'essor des courses hippiques, à la fin du XVIIe siècle, en Angleterre, que s'est créé le clivage entre chevaux de loisirs et chevaux de service.

Course de chevaux à Epsom (Le Derby), 1821, Théodore Géricault.

Nos ancêtres les cavaliers

Il faut attendre 2000 av. J.-C. pour qu'une **première forme d'équitation** voie le jour, probablement inventée par les Assyriens. La selle et les étriers, de même que le mors, n'existaient pas encore. On montait à cru sur la croupe, comme on le fait encore aujourd'hui à dos d'âne. La maîtrise et l'équilibre des premiers hommes à cheval devaient donc être bien précaires !

Progressivement, plusieurs peuples d'Asie se sont mis à monter des chevaux. Aujourd'hui encore, on ignore où et quand précisément est née l'équitation à proprement parler. Il faut attendre 1000 av. J.-C. pour que le cheval soit effectivement entraîné et utilisé pour faire la guerre. De cette époque datent les plus anciens traités d'équitation qui nous sont parvenus. Au début du Moyen Âge, la « culture cheval » s'est progressivement déplacée de l'Orient vers l'Europe.

Quand le cheval revint en Amérique...

Si le cheval moderne est né sur le continent américain il y a environ 1,5 million d'années, il a ensuite progressivement disparu de ce territoire. De sorte qu'au début du XVIe siècle, lorsque les conquérants espagnols abordent le Nouveau Monde, les Indiens sont d'abord terrifiés en découvrant leurs chevaux. Mais ils ne tardent pas à apprécier tous les avantages de cet animal.

L'usage du cheval s'est donc rapidement répandu aux continents américains. Les témoignages de l'époque montrent une très grande diversité dans les techniques d'élevage et d'utilisation du cheval par les Indiens d'Amérique du Nord.

Quand l'équitation devint un art

De la domestication du cheval à la pratique de l'équitation telle que nous la connaissons aujourd'hui, il faudra plusieurs millénaires. Quelques textes nous permettent d'en savoir plus.

Du Moyen Âge à la Renaissance

- Au Moyen Âge, les chevaliers rivalisent d'adresse lors de grands **tournois** qui donnent lieu à de véritables spectacles. Mais leurs lourdes armures et l'équipement des chevaux laissent peu de place à une équitation faite de finesse et de subtilité. À l'époque, un cheval peut avoir à porter jusqu'à 200 kg sur son dos. On utilise même des treuils et des palans pour hisser les chevaliers sur leur monture !
- **L'art équestre** naît au XVIe siècle en Italie, à la suite de quoi des académies équestres sont créées dans toute l'Europe durant la Renaissance. On y enseigne les exercices de la haute école, dont les figures comme le passage ou la pirouette dérivent directement de l'entraînement des chevaux aux combats.

L'évolution du harnachement

D'après les archéologues, on trouve des traces d'utilisation de **mors** dès le début de la domestication du cheval. Au départ, il s'agissait de mors en bois ou en corne, probablement placés dans la bouche du cheval et utilisés comme moyens de contention. Les mors en métal sont apparus 2000 ans avant notre ère, lorsque le cheval a commencé à servir d'animal de trait.

Avant la selle en cuir, les cavaliers de l'Antiquité utilisaient des **couvertures en feutre.** Il faut attendre l'invention de l'arçon pour qu'existe une véritable selle. Elle aurait été inventée par les Chinois au Ier siècle et serait apparue au Moyen-Orient, vers le Ve siècle.

Les **étriers** sont logiquement apparus ensuite, au Ve ou au VIe siècle. D'abord un seul, pour permettre simplement de se mettre en selle, puis deux, qui conféraient aux cavaliers une plus grande stabilité. Certains historiens estiment que les étriers ont ainsi permis l'essor de la chevalerie médiévale.

∨ Combat de chevaliers. Miniature extraite d'un manuscrit du XVe siècle.

< Harnachement d'un palefroi au Moyen Âge.

∨ Tournoi, vers 1460. Extrait du *Livre des tournois*, 1400-1499.

Chevalier en armure. Miniature. xve siècle.

Destriers et palefrois

Au Moyen Âge, on distinguait les montures selon leur utilisation : un destrier est un cheval de grande taille et doté de beaucoup de force, utilisé pour les batailles et les tournois, un palefroi est un cheval plus léger, monté lors de parades, le plus souvent par les dames (il a donné le nom de palefrenier à la personne qui s'occupe des chevaux).

Les grands traités d'équitation

Parmi les premiers peuples cavaliers, peu ont laissé des traces écrites de leurs pratiques.

- Le plus ancien document date du xve siècle av. J.-C. Il s'agit de tablettes d'argile gravées rédigées par un certain Kikkuli et retrouvées en Turquie en 1906. On peut y découvrir le programme d'entraînement des chevaux de guerre des Hittites. Alimentation, durée des exercices, distances parcourues, tout est méticuleusement décrit.
- On retient souvent le traité d'équitation du grec Xénophon, *De l'art équestre*, rédigé au IVe siècle av. J.-C., comme le plus ancien manuel de dressage du cheval. Certains de ses principes, et notamment l'approche psychologique de l'animal, sont aujourd'hui encore mis en application par les grandes écoles d'équitation.
- Sous l'Empire romain, de nombreux auteurs ont écrit à propos du cheval, de sa conformation, de son usage pour la guerre ou pour l'agriculture, de son élevage. Des traités vétérinaires sont aussi parvenus jusqu'à nous.
- Au XVIIe siècle, en France, l'ouvrage *École de la cavalerie*, de François Robichon de La Guérinière, devient une véritable bible de l'équitation classique. Il reprend bon nombre des principes équestres de Xénophon tout en écartant les pratiques cruelles et artificielles.

Entre **mythes et fascination**

^ Monnaie corinthienne à l'effigie de Pégase.

Avant même de le domestiquer, l'homme était fasciné par les chevaux. Mythes, légendes, sculptures, peintures, cinéma... Il inspire aussi bien les croyances que les arts. Et cela dure depuis des millénaires.

Mythes et légendes

Les mythologies de différents peuples regorgent de chevaux : **Pégase**, cheval ailé, fils de Poséidon (dieu de la Mer dans la mythologie grecque), qui devint le cheval de Zeus, mais aussi le **cheval de Troie**, en bois, dans lequel les soldats grecs conduits par Ulysse se cachèrent pour pénétrer secrètement dans la ville ennemie.

- **La mythologie grecque** comporte en outre de nombreux animaux imaginaires proches du cheval : ainsi, les **centaures**, où le tronc d'un homme remplace l'encolure du cheval, l'**hippalectryon**, où l'avant-main d'un cheval est fixée sur le corps d'un coq, ou l'**hippogriffe**, cheval ailé dont la tête et les antérieurs sont ceux d'un griffon (animal à corps de lion et tête d'aigle).
- **Dans la mythologie des pays nordiques,** les chevaux les plus célèbres sont Árvak et Alsvid (qui signifient « tôt levé » et « très rapide »), qui tirent le soleil, et Sleipnir, la monture à huit jambes d'Odin, le dieu des dieux, capable de se déplacer dans le ciel comme sur la mer.

^ *Le dieu Neptune crée le cheval.* Miniature du XVIe siècle.

Les mots pour le dire

Le cheval et son vocabulaire ont envahi notre langage courant et bon nombre de nos expressions sont issues du monde hippique sans que l'on s'en doute.

- « **Ronger son frein** » a presque la même signification que « piaffer d'impatience ». Le frein est en effet le mors du cheval qu'il mâchonne à défaut de pouvoir avancer comme il le voudrait.
- « **Monter sur ses grands chevaux** » : au Moyen Âge, les seigneurs quittaient leur cheval de parade – le palefroi – pour monter sur leur destrier, plus grand, quand ils partaient à la guerre.
- « **Le boute-en-train** » amuse la galerie ? C'est aussi l'étalon qui, dans les haras, permet de vérifier que les juments sont en chaleur. Il les excite, mais ne s'accouple jamais avec elles. On l'appelle aussi le « souffleur ».

Dès la préhistoire

L'art pariétal donne souvent à voir sur les parois des grottes des chevaux parmi d'autres animaux sauvages de l'époque de l'homme de Cro-Magnon. On les retrouve ainsi dans l'une des plus magnifiques existant encore de nos jours, la grotte de Lascaux, qui date d'il y a 15000 à 20000 ans. Les chevaux qui y sont représentés ressemblent beaucoup à des tarpans – sans doute les ancêtres des chevaux domestiques –, ou des chevaux de Przewalski, une espèce cousine.

< Chevaux de Przewalski.

Illustration de *Don Quichotte*

^ Eugène Delacroix, *Combat de chevaliers dans la campagne*, 1830.

Les chevaux et la peinture

Géricault, Léonard de Vinci, Delacroix, Vélasquez, Fragonard, Stubbs, Degas… Nombreux sont les peintres qui se sont essayés à peindre des chevaux. Aujourd'hui, on est parfois un peu étonné de la posture des chevaux dans ces peintures, mais il ne faut pas oublier qu'à l'époque, les artistes ne disposaient pas encore de photographies permettant de décomposer les différentes allures.

Au XXe siècle, un courant artistique du nom de Cavalier Bleu (*Der blaue Reiter*) est créé par les expressionnistes allemands, en hommage au cheval bleu, thème de prédilection du peintre Franz Marc.

Littérature et cinéma

À travers toutes les époques, le cheval est au centre de nombreux romans. L'étalon le plus célèbre de la littérature est sans doute Rossinante, monté par Don Quichotte, héros éponyme du roman de Cervantès. Si il est présenté comme une monture décharnée et peu vaillante, Don Quichotte voit pourtant en lui la meilleure des montures. Côté jument, personne ne peut oublier Milady, dans le roman du même nom de Paul Morand qui est devenu l'un des classiques de la littérature équestre. Dans cette ouvrage, le parallèle entre la femme et la jument est très puissant. Sur grand écran, *Black l'étalon noir* a ouvert le bal en 1979, il sera suivi par de nombreux succès américains tels *Seabiscuit*, ou *Cheval de Guerre* (lui-même issu d'un grand succès de la littérature jeunesse anglo-saxonne) et le Français *Jappeloup*.

Le cheval **au service** de **l'environnement**

Longtemps compagnon de travail de l'homme, le cheval est devenu un outil de loisir et de sport. Aujourd'hui, il opère un retour en force, au service du développement durable.

Entretenir les paysages

Les chevaux sont de plus en plus utilisés pour protéger les écosystèmes, et favoriser **la biodiversité**. C'est le cas par exemple de troupeaux de poneys tarpans, descendants directs des derniers chevaux sauvages, qui vivent en semi-liberté en Lorraine ou dans le Bugey sur des zones de prairies humides, ou bien des chevaux de Przewalski qui occupent les prairies sèches du Causse Méjean en Lozère : en broutant, ces équidés opèrent une sélection des végétaux et permettent au paysage de ne pas être envahi par des buissons et des arbres. De quoi favoriser de nombreuses espèces d'oiseaux, de mammifères, d'insectes ou même de plantes qui ne vivent que dans ces milieux ouverts. Les chevaux de Camargue, les Henson de la baie de Somme, les pottocks des Pyrénées et tous les chevaux qui vivent une partie de l'année en pleine nature participent eux aussi à leur manière à **la protection de l'environnement**.

^ Le cheval permet de travailler la terre et les cultures de façon plus respectueuse.

Le cheval comme énergie renouvelable

De nombreuses villes françaises ont opté pour la traction hippomobile pour des activités aussi diverses que le ramassage des ordures, l'entretien des espaces verts ou le transport scolaire. Des études ont montré que le cheval génère 35 % de CO_2 en moins qu'un camion par exemple. Par ailleurs, il est beaucoup plus silencieux, et profite d'un gros capital sympathie auprès des habitants ! Cette utilisation moderne du cheval permet notamment le développement de nouveaux métiers.

De retour aux champs

Débardage dans les forêts, travail de la terre entre les vignes, labourage dans certaines exploitations d'agriculture biologique… Ils sont de plus en plus nombreux à faire revenir le cheval dans les campagnes pour le faire travailler. Le cheval permet d'atteindre des zones parfois difficiles d'accès pour des engins motorisés, de travailler de façon plus précise et plus respectueuse des sols et des cultures.

Les rustiques sur le devant de la scène

Cette révolution verte qui touche actuellement le monde du cheval met en avant des races particulièrement rustiques. Après le développement ces dernières décennies des races de chevaux de sport et de loisir, voilà revenir des races anciennes qui ont failli disparaître, au premier rang desquelles les chevaux de traits et certains ânes. Ainsi, pour le cheval, devenir un acteur important du développement durable et de la protection de l'environnement, c'est aussi une façon de protéger sa propre diversité !

Brigades montées

Gendarmerie, police, office nationale des forêts, brigades vertes… Les administrations font appel aux chevaux pour des missions de patrouille et de surveillance, mais aussi de médiation auprès du public. De part sa taille, le cheval impose le respect mais il a aussi un rôle essentiel de médiateur, facilitant le contact entre les autorités et la population.

> Les chevaux de trait reviennent sur le devant de la scène.

Qu'est-ce qu'une **race** ?

Maintenir des animaux dans un enclos, identifier les individus les plus intéressants et encourager leur reproduction, voilà ce dont l'homme a été capable depuis qu'il a domestiqué le cheval. C'est grâce à l'élevage et à la sélection opérée que sont nées les races.

Les mots pour le dire

STUD-BOOK : registre contenant la généalogie des individus de la race. Il est géré par un règlement qui dicte les conditions d'inscriptions d'un cheval.

LIVRE GÉNÉALOGIQUE : réunion de plusieurs stud-books de races proches, par exemple le livre généalogique des races françaises de chevaux de selle, ou celui des chevaux de trait.

STANDARD : ensemble de critères morphologiques et éventuellement d'aptitudes particulières qui définissent l'individu idéal d'une race donnée. Ce standard est défini par le règlement du stud-book.

Comment définir une race ?

Entre les biologistes, les instances réglementaires et les historiens, la définition de ce qu'est une race diffère parfois. Dans le milieu équestre, elle repose essentiellement sur les politiques d'élevage. Aujourd'hui, entretenir une race équine reste avant tout le travail des éleveurs et des associations qui gèrent les stud-books.

• **Selon la législation française**, et plus précisément le code rural, qui s'applique à toutes les espèces domestiques, une race est « un ensemble d'animaux qui a suffisamment de points en commun pour pouvoir être considéré comme homogène par un ou plusieurs groupes d'éleveurs qui sont d'accord sur l'organisation du renouvellement des reproducteurs et échanges induits, y compris au niveau international ».

• **Les critères pour définir une race** peuvent être d'ordre morphologique (taille, répartition des masses sur le corps, forme de la tête…), liés aux performances (aptitude au saut, à l'endurance ou à la vitesse, par exemple), liés aux qualités

De nombreuses races

À chaque époque, à chaque région ou à chaque milieu socioprofessionnel peut correspondre une race équine bien précise. Au-delà de la diversité géographique qui existait autrefois, on estime que les races se sont individualisées vers la fin du XVIIIe siècle et essentiellement au XIXe siècle avec la création des stud-books. À partir de ce moment-là, des standards de races ont été définis et des programmes de sélection ont été établis afin d'atteindre les objectifs fixés. On distingue les **races dites de sang,** plutôt destinées au loisir et à la compétition sportive, les **chevaux de trait,** ou races lourdes, correspondant aux chevaux utilisés autrefois dans l'agriculture, les **poneys** et les **ânes.**

Le sang

• **Un cheval qui a « du sang »** est souvent de race pure (arabe ou anglaise) ; il est vif, nerveux, on dit qu'il a de l'influx. Le croisement entre un pur-sang et une autre race donne un « demi-sang » qui a plus ou moins d'influx. On dit parfois du cheval qu'il est « près du sang » ou qu'il « a beaucoup de sang ». • À l'inverse, **un cheval à « sang froid »** est un animal très calme. Ce sont en général les races de trait et certains poneys.

Pur-sang arabe

∨ De gauche à droite :
• Cheval de selle français et poney shetland.
• Pur-sang arabes (jument et son poulain).
• Pur-sang anglais.
• Cheval de trait boulonnais.

de production (masse musculaire, production de lait…) ou encore être des caractéristiques comportementales (capacité d'apprentissage, docilité…)

Les races en France

• **51 races d'équidés** sont reconnues en France. On dénombre ainsi vingt-trois races de chevaux de sang, dont sept races françaises de chevaux de selle ; onze races de poneys ; dix races de chevaux de trait et sept races d'ânes.

Chacune dépend d'une association de race qui fédère les éleveurs et tient à jour le stud-book. En France, un stud-book est toujours lié à une race. Ainsi, un poulain ne peut être inscrit que dans un seul stud-book, déterminé en fonction de la race de ses deux parents. À l'étranger, il existe des situations très différentes, où par exemple un même poulain peut être inscrit dans plusieurs stud books différents. Certains de ces stud-books ne sont d'ailleurs pas reconnus en France.

Reconnaître les **robes de base**

La couleur des poils d'un cheval, appelée robe, est la première caractéristique figurant sur sa carte d'identité. Il existe même des races où ne sont acceptées que certaines robes. On distingue les robes simples (une seule couleur de poils) et les robes composées (deux ou trois couleurs).

Une nouvelle classification

En 1999, les Haras nationaux ont adopté **une nouvelle classification des robes** afin de prendre en compte les récentes découvertes génétiques. Pour déterminer quelle est la robe d'un cheval, on ne regarde que ses poils, en faisant abstraction des marques blanches qu'il peut avoir sur les jambes ou la tête. La couleur de la peau et celle des yeux sont aussi des informations utiles.

v De gauche à droite :
• Robe noire.
• Robe noir pangaré.
• Robe alezan brûlé.

Les noirs

Poils et crins sont noirs, la peau et les yeux sont foncés.

• Sur la robe **noire** proprement dite, tous les poils sont noirs, même s'il existe des zones blanches. Autrefois, ces chevaux étaient dits « bai brun foncé », ou « zain » s'il n'y avait aucun poil blanc. La robe peut légèrement s'éclaircir avec le soleil. Les poulains noirs naissent en général gris foncé, puis foncent en perdant leurs poils de naissance, la « bourre ».

• Un cheval **noir pangaré** a des poils et crins noirs avec des zones plus claires, tirant sur le fauve, notamment au niveau du bout du nez, du poitrail, de l'intérieur des cuisses, des flancs...

Les alezans

Poils et crins sont marron, roux ou fauves. Il peut y avoir des parties du corps plus claires, mais en aucun cas les crins ou les extrémités ne sont noires. La peau est plus ou moins foncée, jamais rose. Les yeux sont le plus souvent foncés.

• L'**alezan** est la robe simple la plus fréquente. Elle peut varier dans les nuances de marron ; on distingue ainsi l'alezan cuivré, l'alezan doré ou l'alezan foncé.

• Un **alezan brûlé** est de la couleur du café torréfié, plus sombre qu'un simple alezan. La peau est foncée.

• Un **alezan café au lait** présente une robe plus claire.

Cheval gris.

Les autres robes

• Un cheval **blanc** est extrêmement rare : les poils et crins sont complètement blancs, la peau est rose. Il naît blanc et le reste toute sa vie.

• Le **gris** est bien plus fréquent. La plupart des chevaux que l'on croit blancs sont en réalité gris : poils et crins sont blancs, mais la peau est foncée. En général, le poulain gris naît bai ou noir et s'éclaircit ensuite.

• La robe **crème** se caractérise par des poils crème, des crins gris plus ou moins clair, une peau rose et des yeux clairs. On dit **cremello** quand les crins sont plus clairs que les poils, et **perlino** quand c'est l'inverse.

• Un cheval **chocolat** présente des crins et des poils couleur chocolat.

Robe crème, cremello.

v De gauche à droite :
• Robe baie.
• Robe gris souris.
• Robe isabelle.

• Un **palomino** a des poils fauve clair plus ou moins dorés, les crins sont blanc argenté, plus clairs que les poils. Les yeux sont foncés et la peau noire ou grise. C'est une robe très évolutive. Elle peut devenir charbonneuse. Il ne faut pas confondre avec un **alezan aux crins lavés**, qui a des crins blonds, d'une nuance plus claire que les poils.

Les bais

Les poils sont fauves ou marron et les crins noirs. Les extrémités sont plus foncées. Le bai fait partie de l'ancienne famille des robes composées ; c'est la plus fréquente.

• Le **bai** est la robe la plus fréquente. Les poils sont marron, les crins et les extrémités sont noirs. Selon la nuance des poils, on distingue un bai foncé d'un **bai clair** ou d'un **bai cerise** (tirant sur le rouge).

• Un cheval **isabelle** présente des poils beiges, voire jaunâtres, sur une peau sombre, et des crins noirs. Le bout du nez et des oreilles ainsi que le bas des membres sont eux aussi beaucoup plus foncés. Cette robe est souvent associée à une raie de mulet.

• La robe **souris** consiste en des poils et des crins gris cendré, avec une peau noire et des yeux foncés.

Particularités des robes

En dehors des quatre grandes familles, il existe de nombreuses particularités qui permettent de distinguer les robes entre elles. Mélange de poils, présence de taches particulières, couleurs des yeux ou des sabots… Autant d'éléments qui ont un nom spécifique.

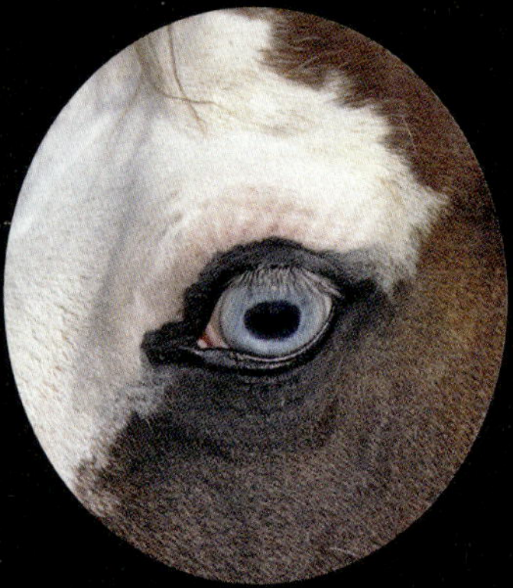

Les yeux

La couleur des yeux dépend de la pigmentation de l'iris. Elle est le plus souvent foncée, comme la peau du cheval. Mais elle peut être claire, en général bleue. Très rarement, la sclérotique (l'équivalent de notre blanc de l'œil autour de l'iris) peut être visible. Quand un cheval a un œil marron et l'autre bleu, on dit qu'il est « vairon ».

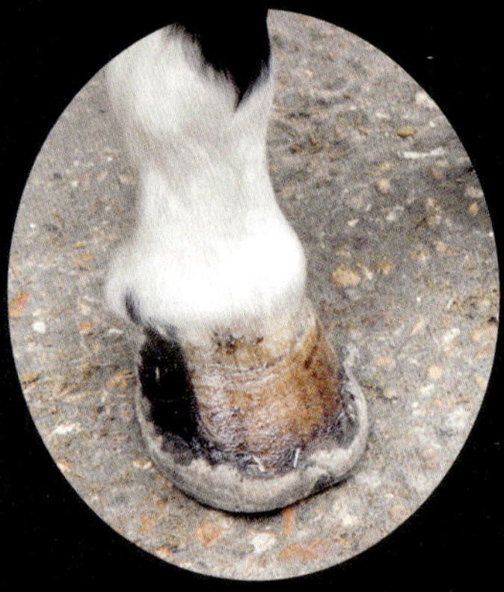

Les sabots

La couleur de la corne des sabots est en général assortie à celle des membres : foncée quand le membre l'est, claire lorsque la robe est claire ou que le membre se termine par une balzane (voir p. 26). Un cheval peut présenter des sabots de différentes couleurs. Il peut aussi avoir des sabots striés.

Les mélanges de poils

À une robe de base peut s'ajouter des mélanges de poils sur l'ensemble du corps. Ce peut être stable dans le temps, comme les poils noirs, ou évoluer en fonction de l'âge du cheval. On distingue plusieurs nuances qu'il convient d'ajouter au nom de la robe :

- Poils noirs sur tout le corps ou seulement aux extrémités : **fumé** (on parle de **louvet** pour un isabelle fumé).
- Robe stable avec des poils blancs : **granité** ou **gris fer** (pour un noir granité), **rouan** (pour un bai granité) ou **aubère** (pour un alezan granité).
- Robe évolutive avec des poils blancs : **grisonnant.**
- Si l'on ne sait pas si la robe évolue ou non, on dit **mélangé.**

Les panachures

Il s'agit de taches blanches, en dehors de celles présentes sur la tête et les membres. On en distingue deux grands types : on parle de robe **pie** quand les taches sont très grandes, ou de robe **tachetée** quand elles sont moins importantes. Dans ce cas, elles peuvent avoir différentes localisations.

- **Pie :** plages blanches dans la robe de base.
- **Pie lavé :** les plages colorées sont délavées.
- **Pie tobiano :** tête majoritairement colorée et membres plutôt blancs, plage blanche sur le dos, plages blanches plutôt verticales avec un contour net et régulier.
- **Pie overo :** tête blanche et membres plutôt colorés, plages blanches plutôt horizontales, aux contours irréguliers et flous.
- **Pie sabino :** tête majoritairement blanche, taches aux contours très déchiquetés, dentelé.
- **Pie balzan :** tête, membres et ventre plutôt blancs, contours des taches nets et réguliers.
- **Pie tovero :** cheval quasiment blanc avec quelques plages colorées sur les flancs, la base de la queue et le haut de la tête.
- **Tacheté :** nombreuses taches colorées de taille et forme très inégales sur une robe de base encore identifiable.
- **Léopard :** robe blanche à peau rose avec des taches de couleur sur tout le corps, de forme et taille variables, sur une peau noire.
- **Capé uniforme** ou **blanket :** grande plage blanche unique sur la croupe, parfois jusqu'au garrot.
- **Capé tacheté :** la cape présente des taches colorées.
- **Marmoré :** robe majoritairement blanche présentant des plages diffuses colorées.
- **Rayé :** robe portant des raies blanches.
- **Bringé :** robe portant des rayures noires.

v De gauche à droite :
- Jeunes chevaux arabes aux poils mélangés (et un alezan).
- Cheval gris pommelé.
- Cheval pie tobiano.
- Chevaux aux crins lavés.

Autres caractéristiques

Il s'agit de caractéristiques des poils, des crins ou de la peau présentes sur une partie ou sur tout le corps.

- La **raie de mulet** sur le dos, la **bande scapulaire** sur les épaules et la **bande cruciale,** qui rassemble les deux précédentes, sont des bandes de poils foncés.
- On parle de robe **pangarée** quand il y a des zones avec des poils plus clairs que le reste du corps.
- Quand la robe présente des réseaux de zones sombres et claires formant de petits cercles, on dit qu'elle est **pommelée**.
- Si le cheval est gris mais présente des petites touffes de poils marron, on dit qu'il est **truité.** Tout le corps n'est pas forcément concerné.
- S'il y a des petites touffes de poils blancs, on parle de robe **floconnée.**
- Les crins peuvent être **lavés** (plus clairs que la robe de base), **argentés** ou **mélangés.**
- Quand la peau est piquetée de petits points noirs, la robe est **champagne.**

Génétique des **robes**

Grâce à la recherche scientifique, on en sait aujourd'hui beaucoup sur les facteurs génétiques qui influencent la robe d'un cheval, et donc sur l'hérédité de cette caractéristique importante. C'est une aide précieuse pour les éleveurs.

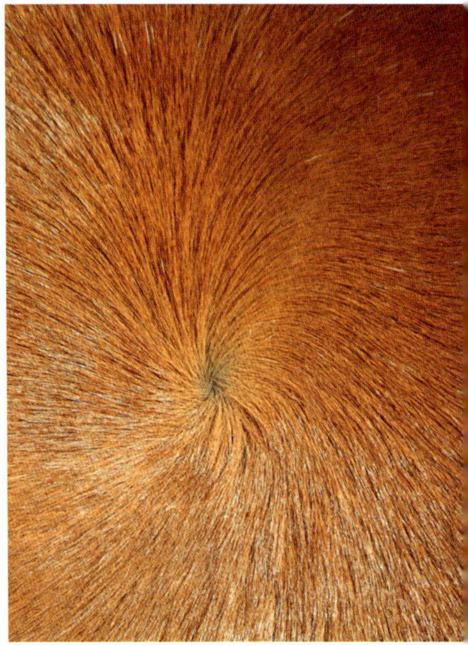

Les études scientifiques

Depuis une vingtaine d'années, beaucoup d'études scientifiques ont été réalisées sur la génétique des robes chez le cheval. Plusieurs raisons à cela :

- c'est le premier critère d'identification, et il peut même, de façon empirique, servir à contrôler la filiation d'un cheval ;
- cela fait partie des standards de certaines races ;
- c'est aujourd'hui un critère financier qui peut influencer le prix d'un cheval, surtout s'il s'agit d'un reproducteur dont on espère qu'il va transmettre sa robe ;
- il existe des liens avec certaines maladies d'origine génétique.

Gènes et pigments

Deux pigments sont présents dans la peau et les poils du cheval : **l'eumélanine**, de couleur noir-brun foncé, et **la phéomélanine**, de couleur jaune-rouge. Leur production dépend de nombreux facteurs codés par plusieurs gènes. Par ailleurs, d'autres gènes interviennent comme par exemple des facteurs de dilution qui modifient la robe de base. De fait, la relation entre **le génotype** (les gènes) et **le phénotype** (l'apparence du cheval) est parfois complexe.

Robes de bases et cas pratiques

Le noir, le bai et l'alezan résultent de deux gènes :

• **Le gène extension** (E) existe sous deux formes : E_E est dominant et permet la production des deux pigments, E_e est récessif, lorsqu'il est présent en deux exemplaires, il bloque la production d'eumélanine.

Un alezan est forcément homozygote, c'est à dire qu'il possède deux copies du gène E_e. Deux chevaux alezans ne peuvent donc produire que des poulains alezans.

• **Le gène agouti** (A) existe lui aussi sous deux formes : A_A est dominant et restreint la production d'eumélanine uniquement aux extrémités (crins et membres plus foncés). A_a est récessif, lorsqu'il est présent en deux exemplaires la robe est de couleur uniforme.

Un cheval bai a forcément au moins une copie du gène A_A mais plusieurs génotypes possibles. Lorsqu'on croise deux bais, le poulain peut donc être bai, alezan ou noir.

Un cheval noir est forcément homozygote, c'est à dire qu'il possède deux copies du gène A_a. Deux chevaux véritablement noirs ne peuvent donc produire que des poulains noirs.

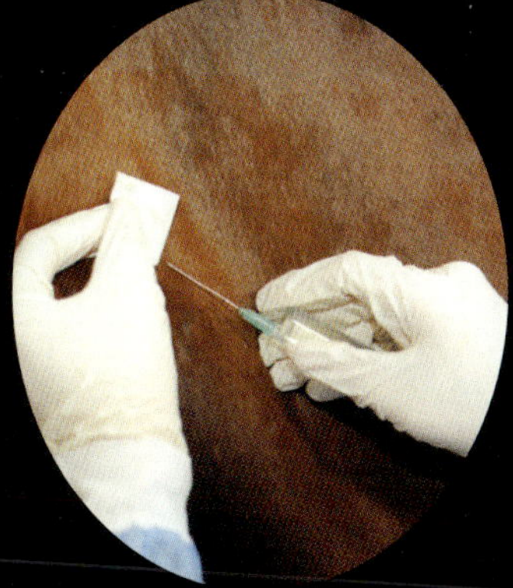

Les tests génétiques

Ils permettent de connaître le génotype d'un cheval pour les principaux gènes de la robe. Cela n'est intéressant que si l'on veut le faire se reproduire et qu'on s'interroge sur les probables robes du poulain à venir. Dans ce cas, il est indispensable de connaître aussi le génotype de l'autre reproducteur. Le test est effectué à partir d'un prélèvement sanguin ou de simples crins. Si le prélèvement est réalisé par un vétérinaire, un test d'indentification génétique est réalisé en même temps et les résultats sont validés par les Haras Nationaux. Cette procédure complète est fortement recommandée si l'on veut que les résultats aient une valeur commerciale.

D'autres gènes

• **Les gènes de dilution** modifient les robes de base : par exemple le gène crème qui donne les robes palomino, isabelle ou perlino ; les gènes champagne et silver.

• **Le gène dun**, impliqué dans la présence d'une raie de mulet et de zébrures sur les membres.

• **Le gène gris** qui conduit à un destruction progressives des pigments : un poulain ne naît jamais gris, il le devient en grandissant.

^ De gauche à droite : Plusieurs exemples de robes.

Les **marques** d'identification

En dehors des robes et de leurs particularités, certaines marques permettent d'identifier un cheval. Il s'agit de marques blanches sur la tête ou les membres, d'une implantation des poils irrégulière, d'une dépigmentation de la peau ou même de marques volontairement réalisées par l'homme.

v De gauche à droite :
- Sous les taches blanches présentes au niveau de la tête, la peau peut être brune ou rose.
- Les balzanes au bas des membres se prolongent parfois sur les sabots qui ont alors une corne claire.

Les marques des membres

• **Les balzanes.** Il est très fréquent chez les chevaux de trouver des marques blanches au niveau des extrémités des membres. On les appelle balzanes. Quand elles touchent le sabot, la corne de celui-ci est en général claire. Selon leur hauteur, on leur donne différents noms : la « trace » est une tache blanche peu étendue qui ne fait pas le tour de la couronne ; si elle en fait le tour, on parle de « principe ». Ensuite, quand elle gagne en hauteur, on parle successivement de balzane « sous le boulet », « sous le canon », puis de balzane « haut chaussée » lorsqu'elle dépasse le genou. Quand la balzane ne touche pas le sabot, on parle de « bracelet ». On précise aussi si les balzanes concernent un antérieur ou un postérieur, à gauche ou à droite, et si elles ont un bord supérieur régulier ou non.

• Une **herminure** ou une **truiture** est composée de taches noires ou fauves, en couronne, dans la marque blanche chez un cheval bai ou noir, ou chez un cheval alezan.

• Quant aux **zébrures**, il s'agit de bandes plus foncées, en stries, au niveau des membres.

Les marques de la tête

• La tête des chevaux porte aussi très fréquemment des zones de poils blancs sur une peau claire. Lorsqu'elles sont situées sur le front, on les appelle **en-tête**. On peut les nommer selon

Les marques d'élevage

Dans certains élevages, on pratique encore le marquage au fer rouge, en général sur la cuisse mais parfois aussi sur l'encolure. Ainsi, tous les chevaux lipizzans ou castillonnais présentent une marque sur la cuisse. Cela permet d'identifier leur race ou le haras où ils sont nés, et le cas échéant de faire la distinction entre les chevaux lorsqu'ils sont mis au pré ou en estive tous ensemble.

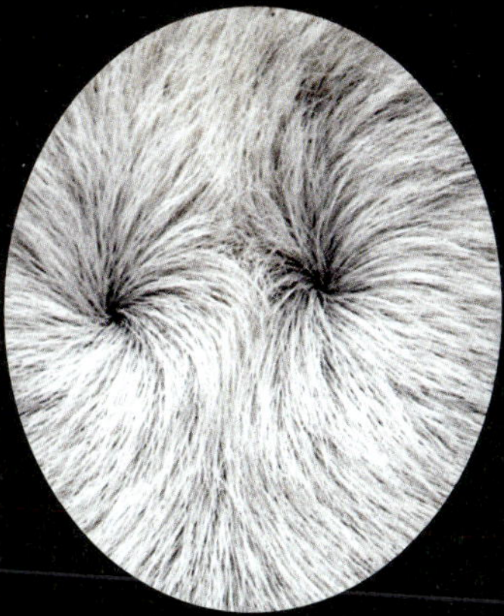

Les épis

Il s'agit de petites zones où les poils sont implantés de façon irrégulière, formant un petit cercle autour d'un point. Quand on remplit le document d'identification d'un cheval, il faut préciser les endroits où il présente des épis.

^ Une belle face est une tache blanche qui couvre une grande partie de la tête d'un cheval.

leur forme si cela ressemble à une figure géométrique, on parle alors d'en-tête en ovale, en triangle, en étoile, en pelote… On peut aussi préciser l'étendue de l'en-tête, sa position par rapport à l'axe médian (vertical, oblique…) et ses particularités (tachée, arrondie en bas, aux bords irréguliers…).

• Si la marque blanche descend plus bas sur le chanfrein, on parle de **liste**. Elle peut être fine, large, interrompue, débordante, médiane, plus à droite… Ces deux types de marques sont toujours décrits de haut en bas. Ainsi, on précise d'abord la forme de la tache au niveau du front, puis au milieu de la tête et enfin près des naseaux. Si seul le bout du nez est blanc, on dit que le cheval « **boit dans son lait** ».

Les ladres

Certains chevaux présentent des zones dépourvues de poils où la peau est rose, contrairement au reste du corps. Le plus souvent, ces ladres sont présents au niveau du bout du nez, autour des narines et de la bouche, ou autour des yeux. Mais ces ladres peuvent apparaître à d'autres endroits du corps, suite à une blessure, par exemple.

L'identification en **pratique**

Pour être en règle, tout équidé vivant sur le territoire français doit être clairement identifié puis enregistré auprès du SIRE, et disposer d'un transpondeur électronique.

Le fichier SIRE

Le Système d'Information Relatif aux Équidés (fichier SIRE) a été créé en 1976 : c'est une base de données où sont enregistrés tous les équidés nés en France ainsi que leur filiation et leurs principales caractéristiques d'identification. Dans les autres pays, les informations sont plutôt éparpillées dans les différents stud-books. De la saillie d'une jument à l'inscription d'un cheval sur la liste sport pour sortir en compétition, de la naissance d'un poulain aux changements de propriétaire, le SIRE enregistre tout !

Les documents officiels

• Le document d'identification d'un équidé est aussi appelé **livret** ou **passeport**. Il a valeur de document d'identification, de certificat d'origine (lorsque les origines sont reconnues) et d'inscription éventuelle dans un stud-book, de document sanitaire et de passeport. Il doit accompagner le cheval dans tous ses déplacements. Il contient notamment :
– Le numéro SIRE ;
– Le nom du cheval, du poney ou de l'âne ;
– Le sexe, la robe et la race ;
– La date et le lieu de naissance, le nom du naisseur et de l'élevage ;
– La filiation (noms et races des ascendants sur 3 générations si connus) ;
– Le stud-book d'inscription ;
– La date de la castration éventuelle ;
– La description précise de la robe et des marques (avec localisation sur un schéma type) ;
– Le numéro de transpondeur ;
– Le carnet de vaccination ;
– Les visas des douanes ;

• **La carte d'immatriculation** permet le suivi de la propriété de chaque cheval. Elle renseigne notamment le numéro SIRE et le nom du cheval, le nom et l'adresse du propriétaire déclaré et enregistré au fichier central. À chaque transfert de propriété (vente, donation ou autre), la carte d'immatriculation doit être complétée et signée par l'ancien et le nouveau propriétaire.

Déterminer la robe pas à pas

La méthode préconisée actuellement par les Haras Nationaux se déroule selon **quatre étapes**. Le nom d'une robe peut donc contenir jusqu'à quatre éléments de précision :

1/ On détermine d'abord la robe de base. Treize sont officiellement reconnues, regroupées en quatre familles : noir (noir, noir pangaré), bai (bai, isabelle, souris), alezan (alezan, alezan brûlé, café au lait, palomino), autres (blanc, crème, gris, chocolat).

2/ On recherche ensuite les poils blancs ou noirs dans **la robe de base**. Si des poils blancs sont mélangés aux poils de la robe de base, on parle de **robes mélangées** (grisonnant si le mélange est évolutif dans le temps, rouan ou aubère si le mélange est stable). Lorsqu'il s'agit de poils noirs on parle de **robes fumées** (poils noirs : louvet ou fumé).

3/ Puis on définit d'éventuelles **panachures blanches**. Il y a les robes pies (tobiano, overo, tovero, balzan rabican et sabino) et les robes tachetées (léopard, tacheté, cape, marmoré, rayé et bringé).

4/ Viennent enfin les **adjonctions** telles que les crins lavés ou argentés, la raie de mulet, le pommelé, les zébrures…

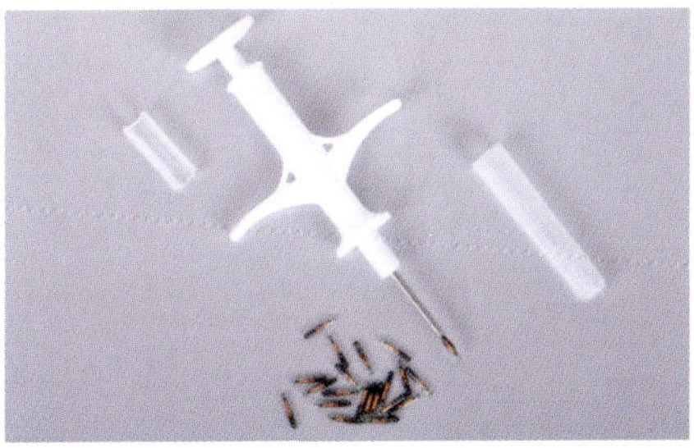

Identification électronique

La puce (ou transpondeur électronique) est un élément obligatoire de l'identification des équidés en France depuis quelques années. C'est une petite capsule de verre de la taille d'un grain de riz, qui renferme notamment un numéro unique d'identification, et qui se comporte comme un récepteur-émetteur. Il suffit d'approcher un lecteur de puce compatible pour lire ce numéro. La puce est implantée sous la peau, dans le tissu graisseux au niveau de l'encolure. Elle ne gêne pas l'animal et elle est totalement inoffensive. Chez les animaux de rente, c'est-à-dire destinés à la boucherie, elle peut être placée dans une boucle au niveau de l'oreille.

Le pur-sang anglais

C'est le cheval de course par excellence ! Il est né en Grande-Bretagne, au XVIIe siècle, de croisements entre des juments autochtones et des étalons de sang arabe. Aujourd'hui, l'élevage français, basé essentiellement en Normandie, se situe au troisième ou quatrième rang mondial par sa qualité.

Fiche d'identité

- Cheval avec un dos court, un poitrail assez large, une croupe qui peut être relativement plate ou avalée, mais toujours bien musclée. Il mesure en moyenne 1,65 m au garrot. Les robes les plus fréquentes sont l'alezan, le bai et le gris.
- Le pur-sang anglais est un cheval fin et athlétique. Le profil est plutôt rectiligne, le front large et la tête très expressive.
- Il possède toutes les caractéristiques du cheval taillé pour la course : une épaule longue et oblique qui permet une grande amplitude des foulées au galop, des avant-bras longs et des canons courts.
- En France, le pur-sang anglais est avant tout élevé pour les courses hippiques. Ceux qui ne brillent pas sur les hippodromes deviennent bien souvent des chevaux de loisir. Le pur-sang anglais est aussi utilisé en croisement dans de nombreuses races de sport auxquelles il apporte sang, légèreté et élégance.

EFFECTIF : 4 733 naissances en France en 2013 d'après les Haras nationaux.

Des origines orientales

Trois mâles d'origine orientale ont donné naissance au XVIIIe siècle aux trois chefs de race dont sont encore aujourd'hui issus tous les pur-sang anglais : il s'agit des célèbres Matchem, Hérode et Éclipse. À la même période, des aristocrates français importent quelques chevaux anglais et organisent les premières courses sur notre territoire.

Sur les hippodromes

Aujourd'hui, notre pays compte environ 10 000 pur-sang anglais à l'entraînement. Ils participent à 4 300 courses sur le plat et 2 200 courses d'obstacles, et se partagent chaque année plus de 200 millions d'euros de primes et de prix. Chaque année, quelque 500 d'entre eux sont exportés.

La plus célèbre course de plat au monde est le Prix de l'Arc de Triomphe sur l'hippodrome de Longchamp. Elle est considérée comme le championnat du monde des pur-sang anglais.

> Les pur-sang anglais règnent sans aucun doute sur les épreuves de vitesse pure.

Le pur-sang arabe

On dit de lui qu'il a été créé par Allah avec une poignée de souffle de vent du Sud. Élevé par les Bédouins du désert depuis plus de deux mille ans, il est le père de très nombreuses races de sang à travers le monde. C'est grâce à ce petit cheval très résistant que s'est développée tout naturellement une discipline qui fait de plus en plus d'adeptes : la course d'endurance.

Fiche d'identité

- Cheval de petite taille avec une poitrine large, des membres secs et des reins courts. Taille : de 1,45 à 1,56 m – mais il est de moins en moins rare de voir des chevaux de 1,60 à 1,65 m. Les robes alezanes, baies et grises sont les plus fréquentes.
- L'encolure, longue et peu épaisse, porte une tête racée avec un profil concave, voire rectiligne, des oreilles courtes, de grands yeux expressifs et des naseaux bien ouverts.
- C'est une race très esthétique, appréciée pour sa résistance à l'effort. Dotée d'aptitudes dans de nombreuses disciplines, elle est surtout recherchée pour l'endurance et l'équitation de loisir. Il existe aussi des concours uniquement basés sur l'esthétique.

EFFECTIF : 1 289 naissances en 2013 d'après les Haras nationaux.

> Grâce à sa résistance à l'effort, le pur-sang arabe est le roi des épreuves d'endurance.

Du haut de ces pyramides…

En France, le pur-sang arabe doit son implantation à Napoléon, qui tomba amoureux de cette race durant la campagne d'Égypte. Il est ainsi élevé en race pure dans notre pays depuis plus de deux cents ans. Les pur-sang arabes français sont parmi les meilleurs mondiaux, tant en course qu'en endurance, alors même que notre pays n'est que le troisième éleveur mondial, après les États-Unis et l'Australie.

Un étalon de légende

Mort en 2001, Persik reste aujourd'hui le meilleur reproducteur dans le monde de l'endurance. Né en Russie en 1969, il arrive en France cinq ans plus tard et remporte la première édition de la plus célèbre course d'endurance équestre en France : les 160 km de Florac, épreuve désormais mythique. Il est le père de 320 poulains avec, pour la seule discipline de l'endurance, deux champions et deux vice-champions du monde, deux vice-champions d'Europe, huit champions nationaux, dont cinq en France !

Le selle français

C'est l'une des meilleures races de chevaux de sport au niveau international et la plus présente en France. Née de croisements entre étalons pur-sang anglais et juments de races locales, elle est issue du travail de plusieurs générations d'éleveurs français, situés principalement en Normandie. Leur objectif est aujourd'hui de produire des champions de saut d'obstacles.

Fiche d'identité

- Modèle généralement important avec une forte masse musculaire et du sang sous la masse. Taille : de 1,60 à 1,75 m au garrot. Les robes les plus fréquentes sont l'alezan et le bai.
- Tête large, ganaches prononcées, chanfrein droit ou légèrement busqué. Encolure et dos longs, membres forts, avec de puissantes articulations, épaules massives et poitrail large, reins courts et croupe puissante.
- Bon tempérament et caractère facile, puissance, allure énergique.

EFFECTIF : 6 038 naissances en France en 2013 d'après les Haras nationaux.

> Eric Levallois et Diamant de Semilly, médaille d'or par équipe aux championnats du monde de Jérez en 2002.

Une race en constante évolution

Plus tard, la race fit appel à des trotteurs français, des anglo-arabes et des pur-sang arabes pour faire évoluer son modèle. Aujourd'hui, les sélections se font avant tout sur les performances en saut d'obstacles. Si la race s'est récemment ouverte aux étalons étrangers, elle a aussi fortement influencé quelques grandes races européennes de chevaux de sport.

Les pères fondateurs

On se souvient de cinq étalons pur-sang considérés comme les pères de la race dans la première moitié du XXe siècle : Furioso, Fra Diavolo, Rantzau, Ultimate et Orange Peel. Ensuite, s'il est un étalon incontournable dans la génétique du selle français, c'est bien l'un des fils de ce dernier, Ibrahim, né en 1952. Il est le père d'Almé, chef de file d'une très longue lignée de champions.

Fiche d'identité

- Il n'y a pas vraiment de standard reconnu chez le trotteur français, mais ces chevaux ont souvent une tête rectiligne, un sternum proéminent et un format compact. L'épaule est inclinée et le dos bien charpenté. Les robes les plus fréquentes sont le bai et l'alezan.
- Le trotteur français peut être utilisé pour des courses de trot monté ou de trot attelé. Mais c'est aussi une monture très fréquente dans les clubs hippiques, où l'on retrouve notamment les animaux réformés des courses.
- Environ un tiers seulement des trotteurs nés en France courent un jour sur un hippodrome.

EFFECTIF : 10 889 naissances en France en 2013 d'après les Haras nationaux.

Le trotteur français

Le trotteur français est né au XIXe siècle en même temps que les premières courses de trot. Il est issu de croisements entre des juments normandes et des étalons pur-sang et, surtout, des trotteurs Norfolk venant de Grande-Bretagne. Avec l'essor des courses de trot en France, il n'a cessé ensuite d'être sélectionné pour sa vitesse à cette allure.

Un élevage « artisanal »

Son élevage est concentré en Normandie et dans les Pays de la Loire. Depuis les années 1980, des croisements ont été opérés avec des trotteurs américains pour apporter précocité et rapidité. Bien souvent, les éleveurs n'ont guère plus de deux ou trois juments. Ils élèvent, dressent, entraînent et font courir eux-mêmes leurs chevaux.

Ourasi, le roi fainéant

C'est sans doute le plus célèbre trotteur du monde. Né en 1980, il a d'abord été considéré comme un poulain sans grand avenir. Mais grâce à un driver d'excellence, Jean-René Gougeon, il s'impose peu à peu sur les hippodromes français et reste le seul cheval à remporter quatre fois le Prix d'Amérique, considéré comme la coupe du monde des trotteurs. Dominateur et conquérant sur les champs de course mais paresseux à l'entraînement et piètre reproducteur une fois arrivé à l'âge de la retraite, il est surnommé le roi fainéant par ses admirateurs.

L'anglo-arabe

On le dit endurant, généreux, rapide, souple, près du sang, chic, avec du caractère… C'est que l'anglo-arabe est issu du croisement entre les deux races les plus nobles : des juments pur-sang anglais avec des étalons pur-sang arabes. La race est née en France, au milieu du XIXe siècle, pour fournir à la cavalerie française des chevaux polyvalents et résistants.

Fiche d'identité

- La morphologie de l'anglo-arabe a beaucoup évolué depuis la naissance de la race. Aujourd'hui, il possède une encolure longue et harmonieuse qui se termine par un garrot saillant. La poitrine est profonde, avec des épaules fortes et inclinées, la croupe est longue et bien orientée. Taille : de 1,58 à 1,65 m au garrot. Bai, alezan et gris sont les robes les plus courantes.
- Tête relativement petite et fine (yeux bien ouverts, front large), avec un profil rectiligne.
- Ossature légère, dos soutenu, avec des membres forts et secs. Selon son orientation (sport ou course), ces caractères sont plus ou moins prononcés.

EFFECTIF : 501 naissances en France en 2013 d'après les Haras nationaux.

Aujourd'hui…

L'anglo-arabe est élevé partout dans le monde, même si le berceau de la race reste la France, et plus particulièrement le Sud-Ouest. La race a connu de beaux jours sur les podiums des plus grandes compétitions équestres, mais depuis quelques années, elle doit faire face à la concurrence de plus en plus importante des autres races de chevaux de sport. Grâce à sa polyvalence, elle brille encore cependant lors de grandes épreuves de concours complet.

Sur les hippodromes

Historiquement, il a toujours existé une production d'anglo-arabes pour les courses, ce qui est logique si l'on considère ses origines. De nombreuses courses de plat et d'obstacles sont ainsi organisées, majoritairement dans le Sud-Ouest, et les meilleurs anglo-arabes se mesurent sans honte aux pur-sang. Certaines courses leur sont même réservées à Longchamp ou Enghien. Ils sont aussi utilisés en croisement pour produire des chevaux de course appellés AQPS, autre que pur-sang.

Fiche d'identité

• C'est un petit cheval robuste aux membres forts, habitué à vivre dans les marais de la Camargue. Taille : de 1,35 à 1,50 m au garrot. La robe est toujours grise, éventuellement mouchetée ou truitée. Les petits naissent rouans ou bais et s'éclaircissent avec l'âge.

• Tête généralement carrée avec un front plat et un chanfrein rectiligne. La crinière est abondante.

• Poitrine profonde, garrot marqué et dos toujours soutenu. Le rein est plutôt court et la cuisse bien musclée. Le pied est large et sûr.

EFFECTIF : 587 naissances en France en 2013 d'après les Haras nationaux.

Le camargue

Rustique, agile et très endurant, le camargue est capable de résister à de longues périodes de disettes comme aux intempéries. Très maniable et vif, c'est un cheval encore très utilisé pour le travail des bêtes en Camargue (tri des bêtes destinées aux courses camarguaises) mais c'est aussi un excellent cheval de loisir et de randonnée.

Une ancienne race française

C'est l'une des plus anciennes races françaises, au point même que l'on ne connaît pas vraiment son origine. Son élevage fut encouragé par Jules César lui-même. On le retrouva plus tard avec les camisards des Cévennes et dans la grande armée napoléonienne. Son élevage se concentre essentiellement autour de la ville d'Arles. Même si la race n'a pas un effectif très important, elle fait preuve d'une grande vivacité et mène un programme d'élevage très dynamique. Les qualités de ce cheval et les traditions régionales y sont certainement pour beaucoup.

Les manades

Il s'agit d'élevages extensifs où les chevaux vivent en liberté dans les marais de Camargue, à végétation pauvre. Bien souvent, les éleveurs ont aussi des vaches camarguaises et mêlent les deux activités. Depuis 2003, le stud-book distingue les chevaux nés en Camargue, dans ou hors d'une manade, et ceux nés en dehors du berceau de la race.

Le barbe

Cette race très ancienne d'Afrique du Nord a conquis le sud de l'Europe depuis des siècles. Lorsque les Maures envahirent l'Espagne, leurs montures étaient souvent des barbes. Croisés avec les juments locales, les étalons barbes ont contribué à la création de la race andalouse.

Fiche d'identité

- Il existe trois types principaux dont les morphologies diffèrent un peu : le barbe des plaines littorales, celui des montagnes et celui des hauts plateaux, à la limite du Sahara. Taille moyenne : 1,55 m au garrot. Les robes les plus fréquentes sont le gris, l'alezan et le bai, selon l'origine des souches d'élevage.
- Avec une morphologie type de cheval porteur et efficace, le barbe n'est pas toujours très élégant. Ses jambes sont longues et fortes, ses épaules plates et sa croupe avalée. Il a la queue portée très bas.
- Sa tête est allongée et le nez plutôt fin.

EFFECTIF : 72 naissances en France en 2013 d'après les Haras nationaux.

Le barbe aujourd'hui

Aujourd'hui, c'est une race surtout élevée dans le sud de la France et en région Rhône-Alpes par de véritables amoureux de la race. Physiquement très endurant et supportant facilement les privations, le cheval barbe est adapté à de très nombreuses disciplines. Son cousin, l'arabe barbe, avec qui il partage ses registres généalogiques, est un cheval plus sportif, au mental très complet, capable à la fois d'un grand calme et d'une formidable explosivité.

Au fil de l'histoire

À l'origine utilisé comme cheval de guerre, le barbe a participé à de nombreuses invasions autour du bassin méditerranéen. Il est même allé jusqu'en Angleterre où il a participé à la naissance de la race pur-sang. Pendant plusieurs siècles, il est à la base de la civilisation bédouine à travers tout le Maghreb. Arrivé en France, il est devenu le cheval de dressage préféré des rois de France sous les conseils de grands écuyers comme Pluvinel et La Guérinière.

Fiche d'identité

• C'est un cheval de taille moyenne, au tempérament noble, généreux et ardent. Il reste cependant docile et particulièrement endurant. Taille moyenne : 1,55 m au garrot pour les femelles et 1,60 m pour les mâles. Les robes les plus fréquentes sont le gris et le bai.

• Tête au profil légèrement convexe, plutôt fine, avec des oreilles minces. L'encolure est fine au niveau de la tête et avec une base plutôt large. Le dos est court et puissant.

• Les reins sont courts et larges, les membres plutôt secs et musclés, ce qui donne des allures souples et relevées.

EFFECTIF : 290 naissances en France en 2013 d'après les Haras nationaux.

Le lusitanien

Le pur-sang lusitanien, ou lusitano, est une très ancienne race de chevaux de selle. D'origine portugaise, elle a longtemps été considérée comme une race noble destinée à la guerre, la parade, mais aussi à la haute école ou à la tauromachie. Par son courage et sa force, elle s'illustre plus particulièrement dans le travail des bêtes.

L'élevage du lusitanien

Il a aussi été régulièrement utilisé pour apporter du sang à différentes races européennes de chevaux, mais aussi de poneys. Le lusitanien est aujourd'hui la plus importante race étrangère reconnue en France. Son élevage se développe depuis une trentaine d'années et parvient ainsi à exporter dans le monde entier.

Sur tous les terrains

Le lusitanien est un cheval très typé et cependant très polyvalent. Il s'est ainsi illustré au plus haut niveau en dressage, mais aussi en attelage ou en horse-ball. Les cavaliers apprécient sa maniabilité et son engagement physique. Par sa rusticité et son endurance, il se révèle aussi un excellent cheval d'extérieur. Enfin, son physique harmonieux et sa grande capacité d'apprentissage en font l'une des montures préférées des cascadeurs et cavaliers de spectacle.

Le hanovrien

C'est l'une des plus anciennes races allemandes, dont les origines remontent au XVIIe siècle, dans la région de la Basse-Saxe – qui a pour capitale Hanovre. Il s'agissait à l'époque de créer un cheval qui convienne aussi bien à l'armée qu'aux attelages de l'aristocratie locale.

Un peu d'histoire

Au XVIIIe siècle, lorsqu'un Hanovrien accéda au trône de roi d'Angleterre sous le nom de George Ier, il importa avec lui des chevaux de Hanovre pour tirer ses carrosses royaux. Aujourd'hui, le hanovrien est l'une des meilleures races européennes de chevaux de sport. Il s'illustre très régulièrement au plus haut niveau en saut d'obstacles, en concours complet, mais aussi en dressage. Cette race très polyvalente et dotée d'un bon mental est également très appréciée des cavaliers amateurs. Il est aussi utilisé comme améliorateur pour d'autres races de chevaux de sport.

Sur les podiums

Dans le classement annuel de la fédération internationale des races de chevaux de sport (WBSFH), le hanovrien se retrouve très régulièrement sur le podium des trois meilleures races, quelle que soit la discipline olympique. Les deux dernières olympiades ont ainsi consacré des hanovriens en dressage : en 2004, à Athènes, Salinero remporte la médaille d'or, puis en 2008, à Pékin, c'est Satchmo qui remporte le titre individuel et par équipe en dressage.

Fiche d'identité

- Le hanovrien est un cheval puissant, équilibré et intelligent, qui se démarque par son physique imposant. Taille moyenne : entre 1,55 et 1,73 m au garrot. Les robes les plus courantes sont simples : bai, alezan, gris et noir, mais on rencontre aussi des chevaux isabelle et souris.
- Il possède une tête de taille moyenne, au front large, avec un œil calme et intelligent. L'encolure est longue et le poitrail assez large.
- Son arrière-main est arrondie et musclée, avec une queue attachée assez haut.

EFFECTIF : 51 naissances en France en 2013 d'après les Haras nationaux.

^ Satchmo et sa cavalière allemande Isabell Werth à Pékin en 2008.

Fiche d'identité

- C'est un cheval près du sang qui se distingue par son chic et son élégance, hérités de ses ascendants orientaux. Taille moyenne : entre 1,60 et 1,70 m au garrot, avec quelques individus qui toisent jusqu'à 1,90 m. Toutes les robes sont admises.
- Il présente un corps harmonieux avec des masses musculaires bien réparties, des membres solides et de très bons aplombs. Le garrot est saillant et la poitrine assez vaste.
- La tête est expressive, relativement mince au niveau des naseaux, les oreilles assez longues.

EFFECTIF : 10 naissances en France en 2013 d'après les Haras nationaux.

^ Solero et la cavalière allemande Anja Plönzke au Grand Prix de dressage à Aix-la-Chapelle en 2008.

> Daren Chiachia et Windfall 2, médaille de bronze pour les États-Unis au concours complet par équipes aux JO d'Athènes en 2004.

Le trakehner

En 1732, le roi Frédéric-Guillaume de Prusse fonde un haras dans la province orientale de son pays, dans la ville de Trakehnen. Là sont effectués des croisements mêlant les meilleurs chevaux arabes et pur-sang du pays avec des juments autochtones reconnues pour leur solidité et des juments venues d'Angleterre, du Danemark ou de Turquie. C'est ainsi que naît cette excellente race de chevaux de selle, baptisée du nom de la ville.

Allemand ou polonais ?

Jusqu'à la Seconde Guerre mondiale, le trakehner était avant tout un cheval destiné à la cavalerie allemande. La région – donc le haras qui avait vu naître la race – devint ensuite polonaise. La race continua alors à être élevée dans les deux pays. Le trakehner est encore aujourd'hui une excellente race allemande de cheval de sport. On compte environ 6 000 représentants dans le monde.

Le Grand Trek

À la fin de 1944, l'armée russe survole Trakehnen. Malgré l'interdiction des autorités locales, le directeur du haras décida d'évacuer ses 1 100 chevaux. Quelques juments et leurs poulains furent d'abord envoyés à Berlin et Hambourg. Les 800 chevaux restants quittèrent le haras au matin du 5 octobre. Mais la plupart tombèrent quelques jours plus tard aux mains des Soviétiques et furent transportés dans le sud de la Russie où ils furent ensuite élevés en race pure. Les petits éleveurs tentèrent eux aussi de fuir. Certains parcoururent ainsi plus de 2 000 km vers l'ouest, au plus dur de l'hiver. Cette épopée mythique de la race est appelée le Grand Trek.

Le lipizzan

Ce fier cheval blanc constitue l'image de marque de la célèbre École espagnole de Vienne, en Autriche. Pourtant, c'est en Slovénie qu'il est né, au début du XVIIIe siècle, dans le haras de la ville de Lipizza. Le but était de produire des chevaux pour le manège espagnol de Vienne – qui tire son nom des chevaux provenant au départ de ce pays.

Fiche d'identité

- Le lipizzan est un cheval robuste et énergique. Taille moyenne : entre 1,55 et 1,58 m au garrot. La robe largement majoritaire est le gris clair, mais il existe quelques individus bais. Le lipizzan vit en moyenne plus vieux que les autres chevaux.
- La tête est massive, avec de larges naseaux, portée par une encolure robuste et un garrot puissant.
- Le poitrail et la croupe sont très musclés, les membres courts, mais puissants.

EFFECTIF : 61 naissances en France en 2013 d'après les Haras nationaux.

Fixation de la race

Au début du XVIIIe siècle, le haras de Lipizza se fournissait en Andalousie, où les chevaux étaient réputés pour leur aptitude à la haute école. Par la suite, des croisements furent effectués, avec des barbes et des arabes notamment, jusqu'à la fixation de la race en six lignées pures. Élevé principalement en Europe centrale, mais aussi aux États-Unis, le lipizzan est un excellent cheval de dressage. Docile et puissant, il est aussi très recherché en attelage.

Noms et marques

Quelle que soit leur origine, il existe des règles pour nommer les lipizzans. Les étalons portent un double nom, celui d'un étalon traditionnel suivi du nom de leur mère, et les juments reçoivent le nom de famille de leur mère suivi d'un chiffre indiquant leur place chronologique dans cette famille. Tous les chevaux portent sur leur croupe l'initiale de l'une des six lignées mâles d'origine, un chiffre indiquant l'ordre chronologique de leur naissance dans l'élevage et une marque distinctive de la lignée mâle du grand-père maternel. Enfin, lorsqu'ils sont issus de grands haras, ils en portent aussi la marque.

^ Les lipizzans de l'École espagnole de Vienne.

Fiche d'identité

- C'est un cheval aux proportions plutôt baroques : une encolure bien galbée, un dos long parfois un peu creusé, de longs membres aux appuis solides. Taille : 1,60 m au garrot en moyenne. La robe est toujours noire, bien qu'une étoile blanche en tête soit tolérée – pour les juments et les hongres seulement. Le frison se reconnaît aussi à sa crinière et sa queue très fournies ainsi que ses fanons abondants.
- La tête est expressive, avec de petites oreilles et des yeux très vifs.
- Le frison a des allures souples et très relevées, ce qui en fait un cheval élégant.

EFFECTIF : 36 naissances en France en 2013 d'après les Haras nationaux.

Le frison

C'est la seule race indigène des Pays-Bas, née au nord du pays, dans la province de la Frise dont elle tire son nom. C'est l'une des plus anciennes races d'Europe – on estime que ses origines remontent au XVIe siècle. À cette époque, les Pays-Bas étant occupés par les Espagnols, il a certainement reçu du sang andalou et barbe.

Une morphologie stable

Tour à tour cheval de ferme, cheval de l'armée, cheval des rois d'Europe et de la bourgeoisie flamande, puis cheval des courses au trot, il semble que sa morphologie n'ait guère changé depuis ses origines. Il est aujourd'hui recherché avant tout en attelage et en dressage. Mais il brille aussi dans de nombreux spectacles ou au cirque. Son caractère très docile et sa proximité avec l'homme en font en outre un très bon cheval de loisir.

Une sélection très rude

À sa naissance, un poulain frison est inscrit dans le registre des poulains. Pour en sortir et être confirmé dans la race, une seule solution : passer devant les juges du stud-book du haras royal du frison. Chaque année, des juges font ainsi le voyage jusqu'en France pour examiner le cheptel français selon des critères qui sont les mêmes dans le monde entier. Les critères de sélection sont extrêmement sévères concernant les étalons. Il faut savoir aussi que le frison a toujours été sélectionné sur son tempérament, ce qui fait aujourd'hui de lui un cheval doué d'une forte capacité d'apprentissage, d'une grande douceur et de bonne volonté.

^ Le cavalier allemand Hinrich Romeike et Marius aux Jeux olympiques de Pékin en 2008.

Le holstein

Cette race de selle, appelée aussi holsteiner, trouve ses origines en Allemagne au XVIe siècle. Originaire de régions marécageuses, ce cheval mi-lourd est d'abord utilisé pour les transports et les travaux des champs. Au siècle suivant, il est croisé avec des trakehner et des pur-sang anglais, ce qui a pour effet d'alléger notablement son modèle.

> Cumano et son cavalier, le Belge Jos Lansink, médaille d'argent aux championnats d'Europe en 2007.

Fiche d'identité

- Il a un corps harmonieux, mais encore un peu lourd, certainement à cause de ses origines de cheval dédié aux travaux agricoles. Il possède une forte encolure, une poitrine très musclée, un garrot saillant et une arrière-main puissante. Taille moyenne : entre 1,63 et 1,73 m au garrot. Toutes les robes simples sont admises, les marques blanches sont très rares. De toutes les races allemandes, le holstein est celui qui présente le plus de chevaux gris.
- La tête est allongée avec un profil rectiligne, des oreilles assez longues et des yeux vifs.
- Les membres sont bien musclés, avec des articulations importantes et des pieds massifs.

Cette race n'est pas reconnue en France.

Aujourd'hui…

Plus tard, quelques selles français et anglo-arabes apportent du sang neuf à la race pour en faire un véritable cheval de selle. Aujourd'hui, le holstein s'illustre bien souvent au plus haut niveau des compétitions équestres. C'est un cheval puissant qui possède des aptitudes aussi bien pour le saut d'obstacles que pour le dressage.

Les holstein aux Jeux olympiques

1988, Séoul : Corlandus et la Française Margit Otto Crépin sont médaillés d'argent en dressage.

1996, Atlanta et 2000, Sydney : Calvaro V et le Suisse Willi Mellinger sont à deux reprises médaillés d'argent au concours de saut d'obstacles. Un clone de ce hongre est né en France en 2008.

2008, Pékin : Marius et l'Allemand Hinrich Romeike sont médaillés d'or par équipe et en individuel au concours complet.

Le KWPN

C'est le cheval de sport par excellence aux Pays-Bas. C'est une race relativement moderne, née du croisement entre des chevaux de deux autres races hollandaises, le gelderland et le groningue, dont il tire puissance et rusticité, mais aussi de pur-sang anglais et de quelques chevaux de selle français et allemands.

Fiche d'identité

• C'est un cheval à la conformation très harmonieuse. Taille moyenne : entre 1,52 et 1,65 m au garrot. Toutes les robes unies sont représentées, avec en majorité le bai et l'alezan.

• Il présente un profil rectiligne, avec un front large, des yeux très expressifs, exprimant une remarquable intelligence.

• Les épaules sont obliques et la poitrine profonde, le garrot prononcé, le dos court et la croupe musclée et ronde.

• Les jambes sont plutôt fines et les allures soutenues.

EFFECTIF : 1 naissances en France en 2009 d'après les Haras nationaux.

Une race récente mais performante

Son nom vient de *Koninklijk Warmbloed Paardenstamboek Nederland*, qui signifie stud-book royal hollandais du cheval à sang chaud. Dans le classement annuel de la Fédération internationale des races de chevaux de sport (WBSFH), le KWPN se retrouve très régulièrement sur le podium des trois meilleures races, quelle que soit la discipline olympique. Il est ainsi utilisé régulièrement par d'autres races européennes de chevaux de sport pour amener du sang neuf et performant.

Le stud-book du KWPN

Il a été créé en 1958 et comprend actuellement quatre sections : le gelderland (ou gelderlander), le tuigpaard, ou cheval d'attelage léger, les chevaux de selle pour le dressage et les chevaux de selle pour le concours de saut d'obstacles. Ainsi, c'est le premier stud-book de chevaux de sport qui a réglementé de telles spécialisations pour l'utilisation de ses produits. Même s'il est parmi les stud-books de chevaux de sport les plus récents en Europe, c'est l'un des plus couronnés de succès, brillant régulièrement au plus haut niveau des compétitions équestres.

^ La cavalière américaine Beezie Madden et Judgement au CHIO d'Aix-la-Chapelle en 2008.

> Épreuve de marathon attelé à Aix-la-Chapelle (2007) : l'Autrichien Boyd Axell conduit un attelage de gelderlands.

Le knabstrup

Appelée aussi knabstrupper, cette race tire son nom de la ville de Knabstrup, au Danemark, dont elle est originaire. Elle a été créée au XIXe siècle à partir d'une seule jument à la robe tachetée, nommée Flæbenhoppen, dont on dit qu'elle était d'origine andalouse. De là viendrait la caractéristique principale de cette race : une robe tachetée, comme l'appaloosa.

Fiche d'identité

- Le knabstrup est principalement sélectionné sur sa robe, il n'existe donc pas vraiment de standard morphologique pour la race. Taille moyenne : 1,55 m au garrot ; mais on trouve des chevaux de toutes les tailles et même des poneys. Ils sont généralement dotés d'un corps harmonieux, avec des épaules fortes, un dos large et musclé et une croupe très musclée.
- La tête est petite, au profil rectiligne, voire convexe. Les membres sont secs et vigoureux. Quant aux sabots, souvent blancs ou striés, ils ont une corne très solide.

Cette race n'est pas reconnue en France.

Un cheval plein de qualités

De ses ancêtres, la race a aussi hérité une endurance impressionnante et une grande capacité de travail. C'est ainsi qu'elle a été très prisée par la noblesse danoise qui s'en est servie tant pour ses loisirs que pour des jeux équestres et des carrousels. Elle devint ensuite l'une des races préférées des têtes couronnées d'Europe pour leur attelage d'apparat. Aujourd'hui, elle est toujours élevée au Danemark comme cheval de selle, destiné avant tout aux loisirs et à l'attelage léger, et elle est appréciée dans tous les pays nordiques et en Allemagne.

Fifi et Oncle Alfred

Tour à tour cheval de la cavalerie danoise, d'attelages paysans ou de cirque, le knabstrup est aussi le fidèle compagnon de la célèbre héroïne danoise Fifi Brin d'Acier, petite fille de neuf ans au visage couvert de taches de rousseur et aux couettes rousses. Fifi n'hésite pas à faire vivre son cheval Oncle Alfred dans sa propre maison, il lui arrive même de lui faire prendre des bains dans sa baignoire !

L'oldenbourg

L'oldenbourg est un excellent cheval de selle, présentant des aptitudes à toutes les disciplines olympiques. C'est aujourd'hui l'une des meilleures races au monde en dressage et en attelage léger. Cette race a une histoire bien particulière, marquée par deux phases distinctes puisqu'elle a été considérablement allégée ces cinquante dernières années.

^ L'Allemand Thomas Mühlbauer et Asti Spumante au Grand Prix des nations à Calgary en 2008 (où il obtint la deuxième place).

Fiche d'identité

- C'est un cheval au corps puissant et musclé. Taille moyenne : entre 1,62 et 1,72 m au garrot. Il a une encolure puissante, un poitrail profond, des épaules et une croupe très musclées, des jambes plutôt courtes. Toutes les robes simples sont admises.
- La tête est bien faite, avec une gorge épaisse, le profil rectiligne, voire légèrement convexe. Les naseaux sont évasés, les oreilles longues et pointues.
- L'oldenbourg n'est pas particulièrement résistant et endurant, mais sa force, sa maturité précoce et sa bonne longévité en font une monture recherchée.

Cette race n'est pas reconnue en France.

Une histoire bien particulière

Dès le XVIIe siècle, ce cheval originaire des Pays-Bas est élevé dans la province de l'Oldenbourg, en Allemagne. Il est alors croisé avec de nombreuses races très diverses. Croisé avec des chevaux ibériques, puis des pur-sang anglais, des hanovriens et même des bais de Cleveland (race anglaise de trait léger), l'oldenbourg est au début du XXe siècle un excellent cheval d'attelage, grand et puissant, sans être trop lourd. Dans la deuxième moitié du XXe siècle, la race est considérablement allégée grâce à des croisements avec des pur-sang anglais et des selles français.

Le carrossier

Il existe une branche de la race oldenbourg spécifiquement destinée à l'attelage. C'est certainement le plus « lourd » des chevaux de sang. Très proche du frison, il se distingue par une taille plus importante que l'oldenbourg de selle et des robes en général plus foncées. Une tête au profil convexe et plus massive est aussi distinctive de cette branche.

Le cheval de Mérens

Ce cheval typique de la haute vallée de l'Ariège est une race très ancienne dont on ne connaît pas vraiment l'origine. Il a su garder sa typicité au fil des siècles grâce à un élevage en race pure en semi-liberté. Polyvalent et proche de l'homme, le mérens a été utilisé pour les travaux agricoles jusque dans les années 1970.

Fiche d'identité

- Le mérens est un cheval de petite taille qui se distingue avant tout par sa robe noire. Ses crins sont abondants, drus et crêpelés. Taille moyenne : entre 1,45 et 1,55 m au garrot. La grande majorité des éleveurs sont situés dans la région Midi-Pyrénées de la France, mais son élevage se développe un peu partout en Europe et connaît aussi un engouement important sur l'île de la Réunion.
- La tête est expressive et distinguée, attachée sur une encolure plutôt fine et bien orientée. Le garrot est proéminent et le dos large et soutenu. Le poitrail est plutôt ouvert.
- La croupe est large et musclée, plutôt ronde. Les membres sont forts et les articulations bien marquées.

EFFECTIF : 268 naissances en France en 2013 d'après les Haras nationaux.

Et maintenant...

Aujourd'hui, le cheval de Mérens est surtout apprécié pour son pied sûr et sa rusticité. Il est tout particulièrement adapté à l'équitation de loisir et à la randonnée. Mais il s'illustre aussi en attelage, ainsi qu'en voltige. Enfin, son caractère attachant en fait un excellent partenaire des enfants, mais aussi des centres d'équithérapie.

La transhumance des mérens

La plupart des éleveurs pyrénéens de mérens conduisent chaque été leurs chevaux en estive dans les prés d'altitude. On appelle aussi cette transhumance « montagnage ». Les premiers départs ont lieu en général début juin. L'essentiel des troupeaux est amené par la route et les chemins de randonnée, encadré par des cavaliers. Il faut parfois trois jours pour rejoindre l'estive. Les chevaux sont alors laissés en liberté pendant trois à cinq mois dans les montagnes. Pour les distinguer, on les marque en général au fer rouge. Certains chefs de harde portent aussi une cloche.

^ Certains chevaux en estive portent une cloche autour du cou.

Le cheval castillonnais

On l'appelle aussi cheval de Castillon, cheval de Biros ou Saint-Gironnais. Le cheval castillonnais serait issu de très anciennes hardes de chevaux sauvages dont on retrouve les représentations dans les grottes d'Ariège. Il se serait par la suite croisé avec des chevaux de sang oriental et ibérique, comme l'indique encore aujourd'hui sa morphologie.

Fiche d'identité

- Le castillonnais est un cheval polyvalent, avec des allures étendues, présentant un fort engagement des postérieurs. Taille moyenne : entre 1,35 et 1,55 m au garrot. Il présente une robe noire pangaré ou bai foncé avec comme particularités des marques de feu aux flancs et un nez de renard.
- Son encolure est moyenne et bien orientée ; elle présente une attache de tête légère.
- Le poitrail est ouvert et profond, le dos large et bien soutenu, les membres plutôt musclés.

EFFECTIF : 18 naissances en France en 2013 d'après les Haras nationaux.

> Comme son cousin le mérens, le cheval castillonnais part chaque été en estive dans les montagnes.

Une race « rescapée »

Sans l'intervention d'un petit groupe de passionnés dans les années 1980, cette race aurait sans doute disparu. Comme son cousin le cheval de Mérens, dont il diffère surtout par la robe, le cheval castillonnais est surtout élevé dans l'Ariège (Midi-Pyrénées). C'est un cheval aux pieds sûrs, parfaitement adapté à la montagne. Il est utilisé pour les loisirs, la randonnée et l'attelage. Sur la cuisse gauche, les chevaux castillonnais arborent une marque caractéristique symbolisant le sabot pointu en bois typique de la vallée de Bethmale dans les Pyrénées.

Un sauvetage programmé

Pour éviter la disparition de cette race, deux axes prioritaires ont été mis en place par les éleveurs. Il s'agit dans un premier temps de mesures d'ordre génétique – mises en œuvre avec l'aide de laboratoires de recherche et du haras national de Tarbes – visant à éviter les problèmes liés à la consanguinité et à respecter les standards de la race. D'autre part, des soutiens financiers à l'élevage doivent permettre de conserver les jeunes mâles conformes au standard. L'objectif de ce programme d'élevage est de doubler le nombre de poulinières de qualité d'ici à 2014.

Fiche d'identité

- En dehors de sa robe tachetée caractéristique, l'appaloosa moderne possède une morphologie très proche du quarter horse. Taille moyenne : autour de 1,50 m au garrot. C'est un cheval compact et musclé. Environ un quart des appaloosas présentent une robe unie, appelée *solid color.* Pour être reconnus dans la race, ils doivent arborer trois autres caractéristiques : une sclérotique visible (« blanc » de l'œil), une peau marbrée autour de la bouche, des yeux et des parties génitales, et des sabots striés.
- La tête est petite et le poitrail large. Le dos est court et l'arrière-main puissante.
- Les crins sont peu fournis.

EFFECTIF : 52 naissances en France en 2013 d'après les Haras nationaux.

L'appaloosa

De l'appaloosa, on retient avant tout la robe. S'il existe des chevaux tachetés au XVIIe siècle en Europe, l'histoire de l'appaloosa est quant à elle intimement liée à la tribu indienne des Nez Percés, en Amérique du Nord, qui vivait au bord de la rivière Palouse. Ces Indiens élevaient des chevaux tachetés, descendants de chevaux espagnols arrivés avec les conquistadors.

Et après...

Avec la disparition progressive des Indiens, l'appaloosa faillit disparaître lui aussi, mais c'était sans compter la passion de quelques éleveurs américains pour cette race si particulière. Au XXe siècle, la race a été mélangée avec beaucoup de sang étranger, mais aussi d'autres races américaines, tel le quarter horse. Aujourd'hui, ce cheval demeure particulièrement apprécié pour sa gentillesse.

Un modèle « original »

L'appaloosa de type « fondation » descend directement des premiers chevaux qui furent répertoriés lors de la création du stud-book de la race en 1938. Il ne possède pas ou très peu de sang d'autres races. Sa morphologie est très proche de celle des chevaux des Nez Percés. Certains éleveurs préfèrent d'ailleurs appeler ces chevaux Palouse horses, pour marquer la différence. Ils portent tous derrière leur nom la mention F (comme fondation) suivie d'un chiffre qui doit être inférieur à 69 999.

Fiche d'identité

- Le quarter horse est un cheval plutôt compact et très musclé. Taille moyenne : entre 1,50 et 1,60 m au garrot. Il se distingue par une arrière-main très puissante qui lui permet de faire de grosses accélérations et changements brusques de direction. Toutes les robes sont admises, sauf le pie ; les chevaux crème et palomino sont parmi les plus recherchés.
- La tête est petite, avec un front large et un profil rectiligne.
- L'encolure est de longueur moyenne et attachée haut. Les épaules et le poitrail sont larges.
- Le dos est court et compact, l'arrière-main particulièrement massive.

EFFECTIF : 221 naissances en France en 2013 d'après les Haras nationaux.

Le quarter horse

C'est le cheval américain par excellence ! Au départ sélectionné pour sa rapidité au sprint (sur une distance d'un quart de mile, d'où son nom), il est devenu le meilleur compagnon des cow-boys et excelle dans l'art du travail du bétail. Ce serait aujourd'hui la race équine la plus représentée dans le monde (4 millions de chevaux inscrits au stud-book).

Un peu d'histoire

L'histoire du quarter horse remonte aux chevaux espagnols, barbes et arabes arrivés lors de la conquête du Nouveau Monde par les colons européens. La race a été ensuite allégée par des croisements avec des pur-sang anglais. Les quarter horses excellent dans toutes les disciplines de l'équitation américaine, mais aussi comme chevaux de selle plus classiques, et conviennent même à l'attelage. Grâce à leur caractère très sûr, ce sont des chevaux très recherchés pour la randonnée.

Le « *cow sense* »

Le quarter horse est particulièrement apprécié pour son mental, très calme, et sa très grande disponibilité au travail. On dit de ce cheval très prisé des cow-boys qu'il a le « *cow sense* », c'est-à-dire le sens du bétail. À la manière de certains chiens de berger qui apprennent intuitivement à regrouper un troupeau, le quarter horse est capable bien souvent d'isoler une vache ou de trier du bétail sans grande intervention de son cavalier. Ses prédispositions s'illustrent particulièrement lors de différentes épreuves de l'équitation western.

Le criollo

Comme ses cousins d'Amérique du Nord, le quarter horse ou l'appaloosa, le criollo (« créole » en espagnol) descend des chevaux andalous, barbes et lusitaniens arrivés sur le Nouveau Continent avec les colons, au XVIe siècle. Mais le criollo s'est plutôt développé dans les grandes plaines d'Amérique du Sud.

De la pampa à l'ensemble du continent

Compagnon emblématique des gauchos de la pampa en Argentine, le criollo est une monture extrêmement douée pour le travail du bétail. Particulièrement rustique, ce cheval présente de grandes qualités de résistance aux maladies et aux conditions de vie parfois rudes. La race a essaimé à travers tout le continent sud-américain et on la retrouve donc dans différents pays. C'est ainsi qu'un syndicat des éleveurs de criollos a été mis sur pied là-bas dès le milieu du XXe siècle. En Argentine, les criollos sont encore bien souvent élevés en liberté, avec très peu de contact avec l'homme jusqu'à l'âge de trois ans. La rusticité de ce cheval et son endurance en font une monture particulièrement adaptée à la randonnée ou aux épreuves d'endurance.

Cheval de polo

C'est en croisant des criollos argentins avec des pur-sang anglais que des éleveurs ont donné naissance aux fameux poneys de polo connus dans le monde entier. Rapides, puissants et très près du sang, ces poneys ont un sens inné du jeu. Ils sont plutôt de petite taille (moins de 1,50 m au garrot) et possèdent une grande explosivité. Les qualités primordiales d'un cheval de polo sont la sensibilité, la docilité et la rapidité.

Fiche d'identité

- Ce cheval présente un corps plutôt ramassé avec une encolure très musclée. Taille moyenne : entre 1,33 et 1,50 m au garrot. Toutes les robes sont admises ; il présente souvent une raie de mulet sur le dos et des zébrures sur les membres. Les crins sont fournis et la crinière souvent taillée en brosse.
- La tête est courte et large, les épaules sont fortes.
- L'arrière-main est puissante. Les membres sont plutôt courts.

La race n'est pas reconnue en France.

> Poneys de polo.

Le paint

Caractérisée par sa robe pie, cette race américaine de chevaux de selle a été créée au moment où le stud-book du quarter horse a décidé de ne plus accepter les chevaux pie. Le paint présente donc de nombreuses caractéristiques du quarter horse : compact et musclé, particulièrement docile et prompt à travailler le bétail, il est très apprécié dans l'équitation western.

Fiche d'identité

- Le paint horse est plutôt ramassé et très puissant. Taille moyenne : entre 1,50 et 1,60 m au garrot. Il se distingue par une arrière-main très puissante. Toutes les robes pies sont admises avec comme variantes le tobiano, l'overo et le tovero, ainsi que les chevaux à la robe unie s'ils ont des ascendants paint. Ceux qui naissent avec une robe unie sans tache blanche autre que sur la tête ou les membres, comme les appaloosa, sont dits *solid color*.
- La tête est petite, avec un front large et un profil rectiligne.
- L'encolure est de longueur moyenne et attachée haut. Les épaules et le poitrail sont larges. Le garrot est peu prononcé.
- Le dos est court et compact, les cuisses musclées et l'arrière-main particulièrement massive.

EFFECTIF : 335 naissances en France en 2013 d'après les Haras nationaux.

Un cheval qui s'exporte

Le paint horse connaît un engouement évident outre-Atlantique. En effet, l'American Paint Horse Association (APHA) est la deuxième association de race aux États-Unis par le nombre de chevaux enregistrés annuellement. Reconnu en France depuis le 1er janvier 2005, il rassemble de plus en plus d'amateurs à travers l'Hexagone. La rusticité de la race permet un élevage en extérieur dans toutes les régions françaises. Les cavaliers amateurs apprécient sa docilité et son pied sûr.

L'islandais

Ce petit cheval, surtout connu pour ses allures particulières, l'amble et le tölt, est élevé en race pure depuis plus de mille ans. Cela fait de lui la race la plus protégée au monde. Aujourd'hui, le cheval islandais est très présent en Allemagne, mais aussi dans l'est de la France où il est arrivé dans les années 1960.

Fiche d'identité

- L'islandais se démarque des autres races équines par sa petite taille – entre 1,30 et 1,40 m au garrot –, qui devrait le classer parmi les poneys. Cependant, les Islandais eux-mêmes tiennent à ce que leurs montures soient considérées comme des chevaux. Toutes les robes sont admises ; il est fréquent de trouver des crins lavés, des raies de mulet et des zébrures sur les membres. Les crins sont très fournis et laissés longs.
- La tête, sèche et expressive, est portée par une encolure puissante. Le garrot est haut et long.
- Le poitrail est large et profond, le dos long, souple et bien musclé.
- La croupe est inclinée et longue. Les membres sont musclés et secs.

EFFECTIF : 67 naissances en France en 2013 d'après les Haras nationaux.

Une race très pure

L'Islande a fermé ses frontières à toute importation équine depuis 930, moins d'un siècle après la colonisation de l'île, interdisant tout croisement, notamment avec des chevaux d'origine nordique. Ainsi isolé de longue date sur une île au climat très rude, l'islandais est aujourd'hui un cheval de petite taille, très rustique. Il a d'ailleurs été pendant longtemps exporté dans toute l'Europe pour travailler dans les mines.

Des allures latérales

L'amble est une allure à deux temps où l'antérieur et le postérieur du même côté se déplacent en même temps. Le cheval peut ainsi atteindre la vitesse de 45 km/h ! Quant au tölt, il s'agit d'une allure à quatre temps où le cheval ne pose qu'un ou deux membres sur le sol à chaque foulée. C'est très confortable pour le cavalier. Ces allures latéralisées existaient chez bon nombre de chevaux à la Renaissance. D'autres races présentent l'une ou l'autre de ces allures latérales, mais seul le cheval islandais est capable de marcher à cinq allures différentes.

^ Le tölt est une allure marchée spécifique au cheval islandais.

Fiche d'identité

• Le henson ressemble à un poney fjord, un peu plus élancé. Il présente un corps ramassé, une encolure relativement courte et large et un poitrail éclaté. Taille moyenne : entre 1,50 et 1,60 m au garrot. La robe est toujours isabelle, avec des variantes plus ou moins foncées.

• La tête est courte, avec des ganaches marquées.

• Les membres sont court-jointés.

• La présence d'une raie de mulet est obligatoire et les zébrures sont assez fréquentes. Toute marque blanche, sur la tête comme sur les membres, est plutôt évitée, et même rédhibitoire chez les reproducteurs.

• La crinière est bicolore, souvent en brosse.

EFFECTIF : 36 naissances en France en 2013 d'après les Haras nationaux.

Le henson

Créée de toutes pièces dans les années 1970 par deux passionnés, Lionel et Marc Berquin, c'est la race française la plus récente. À l'origine, le henson est issu de croisements entre des étalons fjords (poneys scandinaves à sang froid) et une jumenterie locale composée de pur-sang, d'anglo-arabes, de selle français…

Reconnu officiellement en 2003

L'objectif était de produire un petit cheval de loisir tout à fait polyvalent, tonique, endurant, rustique et pouvant vivre toute l'année dehors. Le berceau de la race est la baie de Somme, dans le nord de la France. Depuis 1995, le stud-book est fermé, ce qui signifie que seuls les chevaux issus de parents henson peuvent y être inscrits. Il n'y a donc plus d'apport de races extérieures. La race a été reconnue officiellement en 2003. Leur docilité et leur rusticité font de ces chevaux, particulièrement adaptés à l'équitation d'extérieur, de très bons compagnons pour les cavaliers amateurs.

Dans les polders de Marquenterre

Le premier et principal élevage de chevaux henson se situe dans le parc ornithologique du Marquenterre, en baie de Somme. Il s'agit d'un environnement de polders, c'est-à-dire une étendue de terre dont le niveau est inférieur à celui de la mer et qui a été créée par assèchement de marais ou d'estuaires de fleuves. Là, l'élevage est pratiqué selon une approche naturelle : les saillies et les poulinages se font en liberté.

L'akhal-téké

C'est une race très ancienne d'Asie centrale dont l'histoire récente est très chaotique... Rapide, endurant et très intelligent, l'akhal-téké séduit bon nombre de cavaliers de spectacle, mais il brille aussi dans les disciplines olympiques.

Une race chargée d'histoire

On trouve des chevaux très semblables à l'akhal-téké actuel dans des tombes de Scythes, peuple nomade d'origine turque, du Ve siècle av. J.-C. Ce sont les Téké (tribu turkmène nomade, originaire de l'oasis d'Akhal, au nord de l'Iran) qui firent de ce cheval leur monture à partir du Ier siècle av. J.-C. ; par la suite, l'akhal-téké devint l'emblème national du Turkménistan.

Plus récemment, la race, d'abord développée par l'URSS, fut ensuite quasiment exterminée pour d'obscures raisons politiques. Elle doit sa survie à la passion de quelques éleveurs isolés. Aujourd'hui, son élevage se concentre encore au Turkménistan, au Kazakhstan et au sud de la Russie, mais on compte de plus en plus d'élevages en Europe occidentale.

Les étalons fondateurs

Au milieu du XXe siècle, les akhal-téké n'étaient plus que 300 contre 20 000 cinquante ans plus tôt. De sorte qu'aujourd'hui, il est facile d'identifier dix-huit lignées issues d'autant d'étalons qui sont dits fondateurs de la race. Les trois lignées qui se développent le plus actuellement descendent des étalons Boinou (1885-1908), Sultan Guli (né vers 1910) et Tchopar Kel (né vers 1900).

Fiche d'identité

- C'est un cheval mince, avec une silhouette très longiligne. Taille moyenne : 1,60 m au garrot pour les mâles et 1,55 m pour les femelles. Toutes les robes simples sont admises, avec souvent une nuance métallique, dorée ou argentée, assez recherchée.
- La tête est légère et sèche, avec de longues oreilles implantées très haut. L'encolure est longue et ronde.
- L'épaule est longue, sur un poitrail profond. Le dos et les reins, droits et longs, se terminent par une croupe large, avec une queue attachée très bas.
- Les membres sont secs et longs.

EFFECTIF : 15 naissances en France en 2013 d'après les Haras nationaux.

> La robe dorée aux reflets métalliques de certains akhal-tékés est très appréciée.

Fiche d'identité

- Le pure race espagnole présente un corps harmonieux, aux proportions élégantes. Taille moyenne : entre 1,58 et 1,60 m au garrot. Toutes les robes simples sont admises, la plus fréquente étant le gris.
- La tête est charpentée, avec un profil plutôt convexe, l'encolure est épaisse et plutôt arquée.
- Les épaules sont musclées, le dos court et l'arrière-main large. La queue est attachée assez bas.
- Les crins sont abondants et soyeux, souvent gardés longs.

EFFECTIF : 195 naissances en France en 2013 d'après les Haras nationaux.

Le pure race espagnole (PRE)

Le cheval de pure race espagnole serait présent dans la péninsule ibérique un millier d'années avant notre ère. Il ne s'apparente pas au pur-sang arabe comme on le croit souvent, mais plutôt au barbe. Aujourd'hui, il brille tout particulièrement en dressage, où son équilibre et sa maniabilité en font un cheval très recherché.

Un peu d'histoire

Aux XVIIe et XVIIIe siècles, il est très recherché pour l'armée et la haute école. Il atteint son apogée à cette époque et s'exporte dans toute l'Europe, où il contribuera à la naissance de nombreuses races.

Le PRE, autrefois appelé cheval andalou, a beaucoup influencé l'équitation classique française et contribué à la renommée de l'école de Versailles et des plus grands écuyers français. Puis, comme de nombreuses races en Europe, il a connu d'importantes difficultés au tournant du XXe siècle. Ce n'est qu'au début des années 1970 que son élevage renaît en Espagne, puis en France.

Rejoneo et *Doma vaquera*

Dans la péninsule ibérique, le PRE s'illustre dans deux disciplines particulières. Le *rejoneo* est l'art d'affronter les taureaux à cheval. Au départ réservée à l'aristocratie, cette façon de toréer s'observe maintenant dans bon nombre de corridas dans le monde. Quant à la *Doma Vaquera*, il s'agit du travail du bétail effectué par les vachers espagnols. Il existe aujourd'hui des compétitions de Doma Vaquera un peu partout en Europe.

Fiche d'identité

- Bien que le shagya soit issu de pur-sang arabes, il se distingue par une taille plus grande, un cadre plus important et une ossature plus forte. Taille moyenne : entre 1,55 et 1,60 m au garrot. Toutes les robes simples sont admises, la plus fréquente étant le gris.
- La tête est harmonieuse, avec un chanfrein concave, portée par une encolure bien formée.
- La ligne du dos est marquée, la croupe longue et la queue portée haut.
- Les membres sont secs.

EFFECTIF : 40 naissances en France en 2013 d'après les Haras nationaux.

Le shagya

Ce pur-sang athlétique présente les mêmes caractéristiques d'endurance, de vitesse et de tempérament qu'un arabe. Reconnue en France en 1989, la race a fait de nombreux adeptes ! S'illustrant en endurance et en attelage, le shagya, par ses allures amples et sa taille, fait aussi un très bon cheval pour la compétition, dont la familiarité avec l'homme est appréciable.

Un peu d'histoire...

C'est en Hongrie, au haras de Babolna, à la fin du XVIIIe siècle, qu'a été mis au point un programme de sélection visant à obtenir des pur-sang arabes de forte constitution destinés aux armées de l'Empire austro-hongrois. Pour cela, plusieurs étalons ont été successivement importés, chacun donnant son nom à une lignée distincte, par exemple Dahoman, Mersuch, Nedjari et le célèbre Shagya.

Un étalon standard

C'est l'étalon pur-sang arabe Shagya qui a donné son nom à cette race. Né en Syrie en 1830, il fut importé au haras de Babolna six ans plus tard. Plus grand que ses congénères, cet étalon à la robe grise truitée a énormément influencé le standard de la race : forte ossature, taille importante, grande polyvalence. Il a été croisé avec des juments locales disposant elles-mêmes d'une forte proportion de sang arabe hérité de l'occupation turque. Le stud-book de la race étant méticuleusement tenu depuis cette époque, il est facile de remonter l'arbre généalogique d'un shagya d'aujourd'hui jusqu'à cet étalon fondateur.

Fiche d'identité

- Le crème est un cheval volontaire, gentil et très docile. Taille moyenne : entre 1,55 et 1,60 m au garrot. Les robes et les crins varient de blanc à crème foncé. La peau est toujours rose, avec quelques taches noires admises au niveau des yeux, de la bouche ou des parties génitales. Par contre, la peau mouchetée ou marbrée sur tout le corps n'est pas admise. Les yeux sont toujours clairs, bleus ou noisette.
- La tête est expressive, avec de grands yeux et des ganaches bien dessinées, attachée à une encolure longue et fine.
- L'épaule est longue, oblique et bien musclée, le poitrail profond. Le dos est court et les reins sont larges.
- La croupe est ronde et bien musclée.

EFFECTIF : 22 naissances en France en 2013 d'après les Haras nationaux.

Le crème

Voici une race qui ne doit sa reconnaissance qu'à sa robe ! Au départ, il s'agit en effet de quarter horses, de lusitaniens, de pure race espagnole ou de pur-sang arabes qui, depuis 1937, sont inscrits aux États-Unis dans un stud-book spécifique aux chevaux crème. Depuis 2002, toutefois, ce registre est réservé aux chevaux ayant des ascendants de race crème, afin d'homogénéiser la race.

Un cheval polyvalent

Au regard de sa sélection, le cheval crème est adapté à de nombreuses pratiques, aussi bien en concours hippique que dans les disciplines de l'équitation western. Il est aussi très souvent utilisé dans les spectacles du fait de sa robe remarquable.

Les lois de la génétique

Pour présenter ce poil si clair, un cheval doit posséder deux copies d'un gène de dilution appelé Ccr, l'une provenant de sa mère et l'autre de son père. Ainsi, un cheval à la robe de base alezane qui possède deux copies de ce gène a une robe crème ou cremello ; si la robe de base est baie, le cheval sera perlino. S'il ne possède qu'une seule copie de ce gène de dilution, l'alezan est en réalité palomino et le bai est isabelle. Les chevaux de ces deux dernières robes sont tolérés par le stud-book, au titre de reproducteurs seulement.

Le mustang

C'est le cheval sauvage par excellence, emblème des grandes plaines de l'Ouest américain. En effet, le mustang serait le descendant de chevaux espagnols importés par les colons et qui se seraient par la suite échappés. Dans la mesure où d'autres races sont revenues aussi à l'état sauvage en arrivant sur le continent, il est difficile de savoir laquelle a le plus influencé le mustang d'aujourd'hui.

Fiche d'identité

- Le mustang est un petit cheval trapu, habitué à vivre dans des conditions climatiques parfois très difficiles. Taille moyenne : entre 1,35 et 1,55 m au garrot. Les robes varient selon leur origine géographique, les robes pie sont assez fréquentes.
- La tête est petite, avec un profil rectiligne, portée par une encolure courte et souvent creuse.
- Le garrot est peu prononcé, le dos court, la croupe basse et inclinée.
- Le pied est petit et noir, l'ossature solide.

La race n'est pas reconnue en France.

Une race sauvage protégée

Au début du XXe siècle, on estime à plus d'un million le nombre de mustangs aux États-Unis. Ils servaient aussi bien de montures pour l'armée que de nourriture ou de chevaux de travail pour les cow-boys. Mais ils étaient aussi vus comme une nuisance par les éleveurs de bétail dont ils disputaient le fourrage. De grandes campagnes furent alors menées pour les éliminer.

Tant et si bien que dans les années 1970, le mustang était prêt de disparaître du paysage américain. Une loi fut alors votée pour interdire d'abattre ou d'empoisonner ces chevaux. Il existe désormais un contrôle de la population : chaque année, de grandes battues sont organisées pour capturer un nombre défini de chevaux qui sont ensuite offerts à l'adoption. Aujourd'hui, il n'existe quasiment aucun élevage de mustangs, tous sont d'origine sauvage. Entre 40 000 et 100 000 mustangs sauvages vivraient encore aux États-Unis, dont la moitié dans le seul État du Nevada.

Fiche d'identité

• Le falabella doit avoir une morphologie plus proche de celle d'un cheval que du poney. Taille moyenne : environ 0,70 m au garrot, ne pouvant pas excéder 0,76 m. Il pèse entre 10 et 30 kg. Toutes les robes sont admises, celles tachetées étant assez fréquentes.

• La tête est petite, mais massive, les oreilles petites et écartées, le profil rectiligne.

• L'encolure ne doit pas être trop lourde, l'arrière-main suffisamment musclée et les membres bien dessinés.

Bon nombre de falabellas ressemblent à des shetlands miniatures, malgré le travail de sélection opéré par les éleveurs.

La race n'est pas reconnue en France.

Le falabella

Bien que ce soit la plus petite race équine au monde, le falabella est considéré par beaucoup comme un cheval et non comme un poney. Elle doit son existence à une famille d'éleveurs d'Argentine, les Falabella, qui débutèrent son élevage au milieu du XIXe siècle. Le falabella est considéré comme un animal domestique, au même titre qu'un chien ou un chat.

D'hier à aujourd'hui...

Au départ, il s'agissait de chevaux espagnols et andalous sélectionnés pour leur petite taille, puis croisés avec des petits pur-sang anglais, mais aussi des poneys shetland, avec pour principal objectif de réduire de plus en plus la taille des chevaux. Aujourd'hui, la race est reconnue sur l'ensemble du continent américain. Sa très petite taille l'exclut de toute forme d'équitation. La sélection très poussée qui a conduit à la naissance de cette race a produit des animaux plutôt fragiles, pouvant présenter de nombreuses tares consanguines.

Un petit poucet

Aujourd'hui, le record du monde du plus petit cheval est détenu par une jument falabella répondant au nom de Thumbellina (*Petite Poucette* en anglais). À l'âge de cinq ans, elle mesurait 0,45 m au garrot et ne pesait que 26 kg. Elle vit aux États-Unis avec son propriétaire, mais fait régulièrement le tour du monde pour être montrée dans des foires.

Les chevaux de trait (1)

En France, il existe une dizaine de races reconnues de chevaux lourds. Elles descendent toutes de races locales qui avaient été développées pour le travail agricole ou l'attelage. Notre pays est l'un des rares à conserver encore aujourd'hui une telle diversité de races à sang froid.

v De gauche à droite : Trait comtois et trait breton.

Le trait comtois

Selon les Haras nationaux, on compte 3 782 naissances en 2013. Taille : entre 1,50 et 1,60 m au garrot pour 650 à 800 kg. Robe de préférence alezan foncé ou cuivré aux crins lavés, balzanes très rares, mais fanons clairs couvrant les tendons.

C'est la quatrième race équine de France en effectif ! Cheval de trait par excellence, il est issu de races lourdes importées d'Allemagne dès le ve siècle, croisées avec quelques étalons orientaux et espagnols. Ce cheval est encore aujourd'hui utilisé pour certains travaux agricoles tels que le débardage, le travail de la vigne, ou pour tracter des attelages de tourisme, par exemple.

Le trait breton

Selon les Haras nationaux, on compte 2 990 naissances en 2013. Taille moyenne : 1,58 m au garrot pour 750 à 950 kg. La robe est le plus souvent alezane ou aubère, rarement baie ou rouanne.

Le trait breton est le résultat d'une longue sélection opérée par les agriculteurs de Bretagne et de Loire-Atlantique. Des croisements avec des étalons Norfolk (trotteurs anglais) et des juments du Léon venues du Finistère ont ensuite donné naissance au postier breton, réputé dans le monde entier. Il existe aujourd'hui deux types de bretons : le trait, assez compact, et le postier, plus léger.

Le percheron

Selon les Haras nationaux, on compte 972 naissances en 2013. Taille moyenne : 1,68 m au garrot pour 500 à 1 200 kg. Les robes les plus fréquentes sont le gris et le noir. Il porte une marque sur la cuisse présentant un S entrelacé avec un P.

C'est probablement la race de trait la plus connue en France, même si ce n'est pas la plus représentée. Les origines du percheron sont lointaines, mais il semble que le modèle ait été régulièrement allégé grâce à des croisements avec des pur-sang arabes, entre autres. De sorte qu'aujourd'hui, il existe deux types de percherons : le trait et le diligencier, plus particulièrement adapté à l'attelage. Si le berceau de la race se trouve dans le sud de la Normandie, le percheron se retrouve aujourd'hui dans toute la France et il continue d'être exporté dans de nombreux pays étrangers.

< Percheron.

∨ De gauche à droite : Ardennais et cob normand.

L'Ardennais

Selon les Haras nationaux, on compte 675 naissances en 2013. Taille moyenne : 1,60 m au garrot pour 700 à 1000 kg. La robe est baie ou rouanne, éventuellement alezane, gris fer, voire isabelle.

Il s'agirait de l'une des plus anciennes races de trait en France, longtemps appréciée pour sa rusticité, son endurance associée à une certaine force, et sa docilité. Son élevage est concentré dans le quart nord-est de la France, mais, comme d'autres races lourdes, on le trouve de plus en plus dans des zones de moyenne montagne. Il présente lui aussi deux modèles, l'un lourd et l'autre plus léger.

Le cob normand

Selon les Haras nationaux, on compte 237 naissances en 2013. Taille : entre 1,60 et 1,65 m au garrot pour 550 à 800 kg. Les robes baie et alezane sont les plus fréquentes.

L'origine du cob normand se fond avec celle du cheval carrossier jusqu'au début du xxe siècle. Il conserve ainsi un type proche du demi-sang, avec une charpente plus solide, une musculature étoffée et un très bon équilibre. C'est pourquoi il est très recherché en attelage, mais aussi en tant que cheval de selle par certains cavaliers amateurs. Il est principalement élevé dans la Manche et les départements qui sont proches.

Les chevaux **de trait** (2)

Il naît chaque année en France environ 15 000 chevaux lourds. Puissants, solides et dociles, ces chevaux appartiennent parfois à des races qui ne subsistent que grâce au travail passionné de certains éleveurs.

∨ De gauche à droite : Boulonnais et auxois.

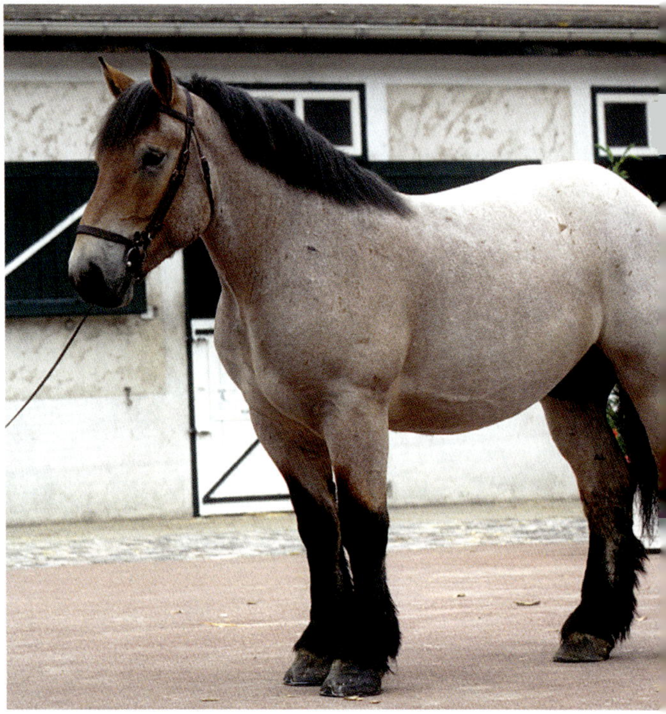

Le boulonnais

Selon les Haras nationaux, on compte 171 naissances en 2013. Taille : entre 1,50 et 1,70 m au garrot pour 550 à 750 kg. La robe grise est la plus fréquente.

C'est une race née autour de la ville de Boulogne, dans le nord de la France, issue de croisements entre juments lourdes locales et étalons andalous, arabes ou barbes. Particulièrement endurant et robuste, le boulonnais a longtemps tracté les attelages chargés d'apporter les poissons jusqu'à Paris du XVIIe jusqu'au XIXe siècle. On distingue ainsi le boulonnais mareyeur, plus léger et, surtout, plus rapide et endurant, du modèle lourd, plus adapté aux travaux des champs.

L'auxois

Selon les Haras nationaux, on compte 122 naissances en 2013. Taille : entre 1,60 et 1,70 m au garrot pour 750 à 1 100 kg. Les robes baie et rouanne sont les plus fréquentes.

C'est une race fortement apparentée à l'ardennais, à laquelle d'ailleurs elle ressemble beaucoup, même si elle a été croisée avec d'autres races de trait françaises. Élevés dans une région vallonnée, aux pâturages riches, ces chevaux sont plutôt de haute taille et de format imposant. On essaie aujourd'hui de développer la race autour d'utilisations agricoles (travail de la vigne, débardage, maraîchage…) mais aussi du côté de l'équitation de loisir.

Le franche-montagne

Selon les Haras nationaux, on compte 47 naissances en 2013. Taille : entre 1,50 et 1,60 m au garrot pour 550 à 650 kg. La robe baie est préférée, mais on trouve aussi des alezans et des noirs.

Le franche-montagne est la dernière race d'origine suisse existante. Mais c'est aussi l'un des derniers représentants des races de chevaux de trait légers (de type carrossier) en Europe de l'Ouest. C'est un cheval très élégant, sélectionné pour ses allures, ses aptitudes à l'attelage et sous la selle ainsi que sur son comportement. Aujourd'hui, il assez recherché par les cavaliers amateurs, qui voient en lui un cheval à sang froid particulièrement adapté à l'équitation d'extérieur. En France, il est surtout élevé en Rhône-Alpes et en Bourgogne.

< Franche-montagne.

v De gauche à droite : Poitevin et trait du Nord.

Le poitevin mulassier

Selon les Haras nationaux, on compte 61 naissances en 2013. Taille moyenne : 1,65 m au garrot pour 500 à 700 kg. Toutes les robes simples sont acceptées.

Née entre terre et eau, dans le Marais poitevin, la race a notamment été influencée par des chevaux de selle hollandais et des races de trait du Nord. Jamais élevée comme race à viande, elle reste relativement légère. Elle doit sa survie à sa destinée mulassière : en effet, c'est en croisant des juments de cette race avec des baudets du Poitou que l'on a fait naître des mules et mulets poitevins, animaux qui ont longtemps été exportés dans le monde entier.

Le trait du Nord

Selon les Haras nationaux, on compte 126 naissances en 2013. Taille moyenne : 1,72 m au garrot pour les mâles et 1,65 m pour les femelles. Toutes les robes simples sont admises.

Très proche de ses voisins de Belgique et de Hollande, le trait du Nord est une très ancienne race lourde, longtemps utilisée dans les grandes plaines du Nord pour les cultures céréalières et de betteraves. Il développe une grande force de traction, très appréciée dans le milieu de l'attelage. Aujourd'hui, c'est une race particulièrement menacée, avec un nombre de naissances en constante diminution. Il doit sa survie à une poignée de passionnés qui participent à des concours d'attelage.

Le poney, un cheval à part ?

La distinction entre cheval et poney ne tient-elle qu'à la taille ou bien existe-t-il des différences d'ordre morphologique ? Il n'est pas toujours évident de s'y retrouver, d'autant plus que, d'un pays à l'autre, les critères ne sont pas toujours les mêmes.

Poney : un mot à la double origine

En France, jusqu'au XIXe siècle, on utilisait préférentiellement le mot « bidet » pour désigner des équidés de petite taille et aux allures rapides. Les Écossais utilisaient depuis le XVIIe siècle le mot *powny* pour désigner ces petits chevaux. *Powny*, très proche de l'anglais *pony*, aurait été emprunté au XVe siècle au mot français *poulenet*, désignant un petit poulain.

^ Fjords.

Popularisé par les Britanniques

Plus petits et trapus que les chevaux, les poneys ont en général un passage de sangle plus large et des membres proportionnellement plus courts par rapport à leur taille. Leurs crins sont touffus, les membres portent souvent des fanons. Ce sont des montures au pied sûr et au caractère bien affirmé.

C'est en Grande-Bretagne que l'on trouve le plus grand nombre de races de poneys, désormais reconnues et exportées dans le monde entier. En effet, les Britanniques sont les premiers à avoir popularisé l'équitation pour les enfants. Ils organisent même des compétitions de *pony games*, où les jeux de vitesse et d'adresse, disputés en équipe ou individuellement, sont réservés aux enfants et à leurs petites montures.

< Highlands.

∨ De gauche à droite :

• Welsh et son jeune cavalier.

• Shetland participant à une course.

En compétition, c'est une question de taille...

• **Sont admis dans des compétitions de chevaux** les montures qui dépassent 1,47 m au garrot sans fers ou 1,48 m au garrot avec des fers – d'après le règlement officiel de la Fédération équestre internationale (FEI). En dessous, quelle que soit leur race, les animaux doivent concourir dans la section poneys.

• **Les poneys sont classés en quatre catégories distinctes :** A pour les poneys inférieurs à 1,08 m au garrot, B pour ceux entre 1,08 et 1,30 m au garrot, C pour les poneys entre 1,31 et 1,40 m au garrot et enfin D pour les plus grands, aussi appelés doubles poneys. Il existe même une catégorie E Ponam, réservée à ceux toisant plus de 1,50 m au garrot !

... mais la taille n'est pas le seul critère !

Au regard de leur taille, certains pur-sang arabes ou camarguais doivent être considérés comme des poneys. C'est d'ailleurs le cas dans les compétitions officielles. Pour autant, ces équidés sont bien considérés comme des chevaux, tant par leurs éleveurs que par leurs cavaliers. Ainsi, un poney ne se caractérise pas seulement par la taille, mais aussi par des critères morphologiques. Les poneys de souche de nos régions tempérées ont un corps plutôt rustique et primitif. Fjords, islandais ou shetlands se sont développés sur des îles au climat très rude et aux ressources alimentaires limitées. D'autres sont adaptés aux marais ou à la vie dans les montagnes. Ces conditions difficiles ont façonné un petit cheval résistant, au pied sûr, et capable de supporter quelques restrictions. Mais les poneys de selle modernes ont été créés à partir de croisements entre poneys autochtones et pur-sang arabes ou anglais. Ils présentent une morphologie plus fine, très proche de celle du cheval. Même les races les plus anciennes ont aujourd'hui tendance à s'affiner et à gagner en taille.

Une réglementation parfois un peu floue

• **L'islandais** est considéré comme un **cheval** malgré sa petite taille, simplement parce que le mot poney n'existe pas dans la langue islandaise !

• **Le camarguais et le mérens** sont dénommés **chevaux** par les associations d'éleveurs, tout comme le **fjord**, même si ce dernier n'est pas encore reconnu officiellement.

• **Pour ce qui concerne l'élevage,** il n'existe pas de réglementation officielle quant au classement d'une race dans la catégorie cheval ou poney.

Fiche d'identité

- Le connemara est un poney compact et équilibré. Taille moyenne : entre 1,28 et 1,48 m au garrot. Toutes les robes sont représentées, la plus fréquente étant le gris, sauf le pie et le crème aux yeux bleus qui ne sont pas admis par le stud-book.
- La tête est de taille moyenne, avec des ganaches bien dessinées.
- Le poitrail ne doit pas être trop ouvert et l'attache de l'encolure pas trop basse. Le garrot est marqué et l'épaule bien inclinée.
- Le dos est fort, pas trop long et soutenu par des reins forts. La croupe est musclée et souvent avalée, avec des jarrets plutôt bas.
- Les membres sont courts, avec des pieds durs, les allures sont très confortables et couvrent beaucoup de terrain.

EFFECTIF : 535 naissances en France en 2013 d'après les Haras nationaux.

Le connemara

Le Connemara est une région située sur la côte ouest de l'Irlande. Des chevaux y sont présents depuis le Ve siècle avant notre ère, qui ont par la suite reçu de nombreux apports de sang ibérique, puis de sang anglais et arabe. La race connemara a été véritablement créée au début du XXe siècle.

Une excellente monture

Le connemara connaît un fort engouement en France en raison de son tempérament facile. Son intelligence, son endurance, son pied sûr et son aptitude aux différentes disciplines équestres en font une excellente monture, tant pour les enfants que pour les adultes. Il est d'ailleurs considéré comme l'une des meilleures races de poneys de sport. Depuis quelques années, on le rencontre également en endurance ou en Trec sous la selle de jeunes cavaliers, ou encore en attelage.

Une histoire d'amour avec la France

Les premiers poneys connemara sont arrivés en France en 1965, en Normandie et en Poitou-Charentes, grâce à l'impulsion de certains éleveurs avertis. Quatre ans plus tard, la race est officiellement reconnue par les Haras nationaux. Plus tard, elle s'est répandue surtout en Bretagne et en Bourgogne, puis sa notoriété s'est étendue à tout l'Hexagone. Dès lors, la France est devenue, après l'Irlande, le premier pays producteur de poneys connemara. Elle compte de nombreux champions.

Le dartmoor

Fiche d'identité

- C'est un petit poney avec une queue et une crinière bien fournies. Taille maximale : 1,27 m au garrot. Les robes les plus fréquentes sont le bai, le noir et l'alezan brûlé avec très peu de marques blanches sur la tête et les membres, les robes composées ne sont pas admises par le stud-book.
- La tête est petite, fine au niveau du nez, puis plus large, et bien typée.
- L'ensemble du corps est compact et bien musclé. Les épaules sont puissantes, le dos et les reins très forts.
- Les membres présentent une ossature importante, les allures sont carrées et énergiques.

EFFECTIF : 58 naissances en France en 2013 d'après les Haras nationaux.

C'est un poney originaire d'un plateau aride du sud de l'Angleterre qui lui a donné son nom et sa rusticité. Présent depuis des temps très lointains, le dartmoor n'a véritablement intéressé les hommes qu'à la fin du XIXe siècle quand, dans la région, on a eu besoin de petits chevaux pour tirer les wagonnets dans les mines.

L'évolution de la race

Dès lors, il a largement été utilisé tel quel ou en croisement avec des shetland pour diminuer sa taille. On appréciait en effet sa force et son caractère plutôt facile. Aujourd'hui, le dartmoor est peu représenté en France ; il n'en est pas moins très apprécié par les familles et les centres équestres car il convient aux jeunes cavaliers débutants. Il a en effet toutes les qualités d'un cheval – allures franches et pied sûr notamment –, sans jamais en atteindre la taille.

Jude, le chef de race

Originaire des landes anglaises, le poney dartmoor a été amélioré grâce à des apports de sang oriental, notamment avec l'étalon pur-sang arabe Dwarka, au début du XXe siècle. The Leat, fils de Dwarka, a donné naissance à l'étalon Jude, véritable chef de race. En effet, on estime que pratiquement tous les poneys dartmoor actuels descendent de ses fils Jon, John, Jenson, Jenstyl et Janus.

Aujourd'hui encore, des troupeaux de poneys vivent à l'état sauvage dans leur région d'origine.

Le fjord

Grâce à sa robe et sa crinière à la « punk », le fjord se reconnaît au premier coup d'œil. Originaire de Norvège et élevé en race pure depuis près d'un siècle, il ressemble beaucoup à ses lointains ancêtres de l'époque des Vikings. Son caractère amène, sa frugalité, sa résistance à l'effort font le bonheur des randonneurs dans le monde entier.

Le fjord aujourd'hui

Dans le sud de la Norvège où le paysage est très montagneux, il a été durant des siècles un compagnon idéal, tant comme animal de bât sur les chemins escarpés que comme cheval d'attelage. Il s'adapte parfaitement à de rudes conditions d'élevage et présente un caractère très sociable, apprécié des cavaliers. Avec le travail de sélection opéré récemment par les éleveurs, le fjord s'est un peu affiné et a gagné en taille, ce qui lui confère des allures plus souples et étendues. En France, le berceau de la race se situe en Alsace, où il a parfois été utilisé pour débarder les forêts des Vosges.

Le compagnon des Vikings

Entre le VIIIe et le XIe siècle, les Vikings ont dominé la Scandinavie. Leurs poneys, lourds et rustiques, étaient aussi bien utilisés pour les travaux dans les champs ou dans les bois que comme moyens de transport et même montures de guerre. Ainsi, lorsqu'ils partaient en expédition à bord de drakkars, ils emmenaient parfois quelques poneys avec eux, influençant ainsi de nombreuses races européennes. Les Vikings élevaient aussi des poneys pour qu'ils s'affrontent lors de combats d'étalons.

Fiche d'identité

- Le fjord est un poney au caractère franc, facile à élever. Taille moyenne : 1,45 m au garrot. La robe est toujours isabelle, avec sa variante possible gris souris, caractérisée par une raie de mulet et parfois des zébrures sur les membres. Les crins sont très souvent bicolores et la crinière taillée en brosse.
- La tête est équilibrée, portée par une encolure courte et trapue.
- Le dos est court et large, l'arrière-main ronde et musclée.
- Les jambes sont vigoureuses, terminées par de petits sabots très sûrs.

EFFECTIF : 110 naissances en France en 2013 d'après les Haras nationaux.

Fiche d'identité

• Le poney français de selle ressemble véritablement à un petit cheval, alliant la rusticité du poney et les allures et aptitudes sportives des plus grandes races de chevaux de sport. Taille : entre 1,25 et 1,48 m au garrot. Toutes les robes sont admises, sauf le crème.

• Le poney français de selle doit avoir un bon équilibre et des allures amples et franches. Sa morphologie est distinguée et il doit faire preuve d'un bon caractère.

• La poitrine est large, l'épaule bien placée et le garrot bien sorti. Le dos est solide et les aplombs doivent être réguliers.

EFFECTIF : 883 naissances en France en 2013 d'après les Haras nationaux.

Le poney français de selle

À l'image du cheval selle français, cette race de poneys est issue de très nombreux croisements et a avant tout été sélectionnée pour ses aptitudes sportives, principalement en saut d'obstacles. Au départ, il s'agissait de croisements entre ponettes autochtones et étalons poneys de races britanniques ou pur-sang arabes.

Un standard difficile à déterminer

Même si aujourd'hui il est difficile de déterminer précisément un standard de la race, on réalise désormais afin d'améliorer ses performances des croisements avec des races venues d'Allemagne, de Belgique ou de Hollande, exactement comme pour le selle français ! Cela fait de lui un poney très polyvalent, adapté aussi bien aux cavaliers débutants qu'aux plus confirmés. Par sa taille, il peut convenir également à des cavaliers adultes, ce qui fait de lui un parfait « poney de famille » !

Performeur national

Chaque année, la Société hippique française (SHF) organise un circuit de compétitions destiné à repérer les meilleurs jeunes chevaux et poneys. En 2008, parmi les dix meilleurs poneys en saut d'obstacles, il y avait huit poneys français de selle dans la catégorie 4 ans, sept chez les 5 ans et quatre chez les 6 ans. Parmi les dix meilleurs poneys de dressage, on trouve sept poneys français de selle chez les 4 ans, cinq chez les 5 ans et cinq chez les 6 ans.

Le haflinger

En France, ce poney élégant, très gentil et au pied sûr, séduit de plus en plus de cavaliers. Cet animal rustique et facile à dresser convient à de nombreuses disciplines de loisir, de la randonnée au saut d'obstacles, en passant par l'attelage ou la voltige. Il existe aussi depuis peu des élevages de haflingers dédiés à la production de lait de jument.

Fiche d'identité

- Le haflinger est un poney relativement grand qui se caractérise toujours par une robe alezan aux crins lavés. Taille moyenne : de 1,44 à 1,49 m au garrot.
- La tête est courte, sèche, avec un chanfrein légèrement concave. L'œil est vif et les oreilles très mobiles.
- L'encolure doit être longue et bien orientée, le garrot marqué et la ligne du dos bien reliée.
- Les épaules sont longues et la croupe plutôt large, les membres courts et solides.

EFFECTIF : 246 naissances en France en 2013 d'après les Haras nationaux.

Un peu d'histoire…

C'est près du village de Hafling, dans le Tyrol autrichien, qu'est né en 1874 un poulain nommé Folie 249, fils d'une jument autochtone aux crins lavés et d'un étalon demi-sang arabe à la robe alezan doré. Remarqué par l'empereur François-Joseph, il devient le chef de file d'une nouvelle race… Aujourd'hui, tous les étalons de la race ont des ascendants paternels qui remontent jusqu'à cet étalon ! Malgré l'histoire chaotique du Tyrol au XXe siècle, la race est restée extraordinairement homogène. Elle a évolué d'un poney dédié au bât et aux travaux agricoles vers une monture de loisir tout à fait polyvalente, réputée et élevée sur les cinq continents.

Quelques chiffres

- Selon la tradition autrichienne, les étalons de races développées au XIXe siècle, comme le haflinger, héritent tous du nom de leur étalon fondateur, additionné d'un chiffre romain qui indique leur génération.
- Folie 249 a servi la race haflinger pendant près de vingt ans et est à l'origine des sept principales lignées que l'on retrouve encore aujourd'hui.
- Il y aurait 250 000 haflingers dans le monde. C'est le poney le plus fréquent en Autriche, en Allemagne, en Suisse ainsi qu'en Italie où il est parfois appelé *avelignese* (car le village de Hafling, où il est né, fait désormais partie du Tyrol italien et a été rebaptisé Avelengo).

Fiche d'identité

• Le highland, quelle que soit sa taille, est un poney compact, même si les plus grands sont de type plus léger. Taille moyenne : entre 1,32 et 1,47 m au garrot. Les robes vont de toutes les nuances de gris – y compris souris –, d'isabelle, jusqu'au bai ou au noir. La plupart des highlands ont une raie de mulet et beaucoup ont des zébrures sur les antérieurs. À part une légère marque blanche sur la tête, aucun blanc n'est accepté.

• La tête est large et bien portée par une encolure puissante.

• L'épaule est en arrière, permettant au garrot d'être bien sorti. Le dos est naturellement souple.

• L'arrière-main est puissante, avec une cuisse bien descendue et une queue portée haut.

EFFECTIF : 18 naissances en France en 2013 d'après les Haras nationaux.

Le highland

L'histoire du poney highland est étroitement liée à l'Écosse, depuis des siècles. Adapté à la vie sur les petites îles, aux landes et aux marécages comme aux régions plus montagneuses du nord de l'Écosse, le highland a longtemps été le seul moyen de transport pour les Écossais.

Un poney vif et rustique

Au XVIe siècle, des seigneurs ont décidé d'introduire du sang arabe, barbe et espagnol pour le rendre plus vif. Certains poneys furent aussi croisés avec des percherons afin d'acquérir de la puissance.

Ce poney rustique possède un pied très solide sur tout type de terrain. Il est donc particulièrement apprécié en randonnée, pour des épreuves de Trec ou sur des terrains de cross. Reconnu pour sa force et sa résistance, il fait aussi un très bon poney d'attelage grâce à son tempérament volontaire.

Sélectionné sur son caractère

Depuis très longtemps, les éleveurs de highlands écartent de la reproduction les poneys récalcitrants et dangereux. Aujourd'hui, le highland est un poney sûr, calme, franc et généreux. Il est tout particulièrement apprécié des enfants. En Écosse, il a longtemps été associé à la chasse au cerf à l'approche. En effet, son caractère confiant permettait à son cavalier de s'approcher très près de sa proie et de faire feu sans effrayer sa monture. Par la suite, le poney portait sans problème des carcasses de plus de 100 kg.

Le welsh

Les poneys welsh sont originaires du pays de Galles (leur nom signifie « gallois »), au sud-ouest de la Grande-Bretagne, où l'on retrouve des traces de leur existence depuis l'Antiquité. Aujourd'hui, le welsh est reconnu comme un excellent poney de sport. Alliant le courage et l'intelligence à des allures brillantes et une grande aptitude au saut, il brille dans de nombreuses disciplines.

Fiche d'identité

- Selon le stud-book, il existe quatre sections distinctes. Toutes les robes sont admises, sauf le pie.
- **Section A, ou welsh mountain** : ne dépasse pas 1,219 m au garrot. La tête est petite avec un front large, le profil est rectiligne ou concave, l'encolure longue se termine par un garrot bien marqué. Les membres sont placés « carrés », avec des sabots ronds et durs. Les allures sont franches, libres et rapides.
- **Section B** : ne dépasse pas 1,372 m au garrot. Très proche du welsh mountain, associant distinction et robustesse, avec des qualités plus marquées de poney de selle.
- **Section C ou welsh de type cob** : ne dépasse pas 1,372 m au garrot. Version plus solide et lourde que le welsh de section B car il possède une proportion importante de sang cob (race de trait).
- **Section D ou welsh cob** : pas de limite de taille. Son aspect général donne une impression de force mêlée à l'agilité. Le corps est puissant, sur de solides membres aux articulations très résistantes. Les jarrets très souples sont de puissants leviers.

EFFECTIF : 251 naissances en France en 2013 d'après les Haras nationaux.

^ Welsh cob.

> Juments et poulain welsh mountain.

Les origines du welsh mountain

Au XVIe siècle, le roi Henri VII décida de faire abattre toutes les juments de moins de 1,32 m au garrot. Mais une partie d'entre elles s'enfuirent dans les montagnes galloises où le climat, puis l'influence du sang arabe, fit naître la race que l'on connaît aujourd'hui sous le nom de welsh mountain. Par la suite, ces poneys furent largement utilisés à la ferme comme sous la selle.

Fiche d'identité

- C'est un poney élégant, possédant une robuste charpente sans être trop lourd. Taille moyenne : entre 1,20 et 1,47 m au garrot. Toutes les robes sont admises, sauf le pie et le crème aux yeux bleus. La plupart sont bais, alezans ou gris.
- La tête présente un front large et plat. On préfère une encolure plutôt longue et fine.
- L'épaule doit être bien orientée, longue et oblique. Le corps est profond et le dos soutenu.
- La croupe est solide, avec des membres droits aux articulations.

EFFECTIF : 95 naissances en France en 2013 d'après les Haras nationaux.

Le new-forest

Cette race a pour berceau le comté du Hampshire, dans le sud de l'Angleterre, où, juste après l'an 1000, Guillaume le Conquérant décida de planter une vaste forêt, dont il tire son nom. Dès lors, on distingua les poneys d'élevage, appelés *stud ponies*, des poneys de la forêt, les *forest ponies*, qui vivaient en liberté dans les landes et les marais.

Une race mélangée

Jusqu'au début du XXe siècle, la jumenterie a bénéficié de l'apport de nombreuses autres races dont les étalons étaient lâchés dans la nature : welsh, dartmoor, exmoor et même highland.

Le new-forest est peu exigeant en matière d'élevage. Il séduit de nombreux cavaliers par sa polyvalence et s'adapte aux enfants comme aux adultes. Les reproducteurs sont d'ailleurs sélectionnés en partie sur des tests de comportement. Il est aussi largement utilisé comme améliorateur pour les autres races. Les juments sont notamment très appréciées pour produire du poney français de selle.

Des courses *point to point*

Chaque année, en Angleterre, des courses *point to point* sont organisées à travers la lande et la forêt du Hampshire. Elles ont en général lieu le lendemain de Noël (*Boxing Day* en Grande-Bretagne). Seuls les points de départ et d'arrivée sont précisés aux compétiteurs, quelques instants à peine avant le départ de la course. De sorte que ceux qui connaissent le mieux la forêt ont plus de chances d'arriver les premiers. Les cavaliers et leurs new-forest parcourent entre 2 et 5 km parsemés d'obstacles naturels, constituant une sorte de mélange entre le cross et le Trec.

Le pottok

Fiche d'identité

- Le pottok est un poney de montagne au tempérament bien trempé, car habitué à vivre en liberté. Taille moyenne : entre 1,15 et 1,47 m au garrot. Toutes les robes sont admises, le pie et le noir étant très fréquents.
- La tête est plutôt longue, au profil rectiligne, portée par une encolure courte, aux crins abondants.
- La croupe est légèrement avalée, la queue, très fournie, est plantée bas.
- Les membres sont secs et forts, avec des petits sabots très durs.

EFFECTIF : 342 naissances en France en 2013 d'après les Haras nationaux.

C'est sans aucun doute la plus primitive des races de poneys en France. Présente depuis des millénaires au Pays basque, elle s'est développée sur les pentes des Pyrénées-Atlantiques, de chaque côté de la frontière. Le berceau de la race se situe plus particulièrement dans les massifs d'Ursuya, Baïgora, Artzamendi et de la Rhune.

Très proche du modèle original

Ces poneys n'ont reçu que très peu de sang extérieur, la plupart du temps accidentellement, par des croisements sauvages ayant lieu lorsque d'autres chevaux sont en estive. Aujourd'hui encore, les pottoks sont élevés le plus souvent en libre parcours : ils sillonnent la montagne au gré des saisons et se reproduisent sans intervention de l'homme. D'autres sont élevés en prairie et sélectionnés pour être des montures de loisir ou de sport. Malgré leur rusticité, ils s'illustrent régulièrement au plus haut niveau en dressage, concours complet et attelage.

Héros de la culture basque

Des deux côtés de la frontière, le peuple basque a toujours considéré le pottok comme une source d'inspiration. La légende dit ainsi que le galop des pottokak (leur autre nom) aurait inspiré les musiciens basques. Pour en reproduire le son, ils auraient créé la « txalaparta », sorte de xylophone. Avec des pilons en bois, le musicien frappe des planches de différentes essences de bois : le son produit s'apparente à celui des sabots martelant la terre. On le retrouve aussi dans la mythologie basque, où il peut être la représentation de génies souterrains. Depuis 2004, il est la mascotte officielle du club de rugby de l'Aviron bayonnais.

Fiche d'identité

- La rudesse du climat et les faibles ressources alimentaires ont fait de la race shetland l'une des plus petites au monde. À quatre ans, un poney shetland ne dépasse pas 1,07 m au garrot. Toutes les robes unies sont acceptées, le poil est fourni, les crins durs et denses.
- La tête est bien ciselée, avec un front large, des petites oreilles très mobiles et des naseaux bien ouverts.
- L'encolure est musclée, massive, avec une bonne sortie du garrot. Le poitrail est profond, le dos plus court et souple, les reins massifs et puissants.
- Les membres sont droits et bien charpentés, avec des sabots très durs.

EFFECTIF : 743 naissances en France en 2013 d'après les Haras nationaux.

Le shetland

Les premières preuves de la présence de poneys sur les îles Shetland remontent à l'âge de bronze, soit deux mille ans avant notre ère ! Ces îles battues par le vent sont situées au large de l'Écosse, à une latitude équivalente à la Norvège. On pense que les premiers shetlands descendraient ainsi de quelques poneys celtiques ou scandinaves.

Polyvalents mais de caractère

Comme tous les animaux vivant sur des îles, la sélection naturelle a conduit à produire des poneys de petite taille. Longtemps utilisés comme animaux de bât dans les tourbières, puis dans les mines de charbon, les shetlands sont aujourd'hui considérés comme des montures idéales pour les jeunes enfants ; cependant, il ne faut pas négliger leur caractère parfois bien trempé ! Ils servent aussi fréquemment pour entretenir des prairies ou tenir compagnie à des équidés plus grands.

Petit par la taille, grand par la résistance.

Proportionnellement à sa taille, le shetland est très probablement l'équidé le plus fort. Il en effet capable de porter facilement beaucoup de poids. Il peut aussi supporter des températures très basses grâce à sa petite taille et son épais poil. Habitué à un régime frugal, le shetland ne résiste mal qu'à une seule chose : l'excès de nourriture !

Les **cousins domestiques** du cheval

D'autres animaux du genre *Equus* ont été domestiqués par l'homme : il s'agit avant tout de l'âne qui, après avoir été élevé et sélectionné pendant des milliers d'années, présente lui aussi différentes races. Les croisements entre chevaux et ânes sont réalisés depuis des milliers d'années.

L'âne

L'âne aurait été domestiqué juste avant ou juste après le cheval, les chercheurs n'ont pas encore tranché. Dès l'Antiquité, des croisements ont été effectués entre ces deux espèces. La plupart des races domestiques appartiennent à l'espèce *Equus asinus*. Leurs oreilles sont plus longues que celles des autres équidés, et les yeux plus portés vers l'avant du crâne. Les robes sont très majoritairement grises, voire noires ou isabelle, avec bien souvent une raie de mulet, ou bande cruciale, appelée croix de saint André. Au contraire du cheval qui hennit, l'âne brait. Il vit plus longtemps qu'un cheval, demande moins de nourriture, est capable de porter un poids plus important et a un pied très sûr. Sa morphologie le réserve toutefois au bât ou à l'attelage.

Sept races reconnues en France

- **Le baudet du Poitou** (125 naissances en 2013) : entre 1,40 et 1,56 m au garrot, robe aux poils très fournis allant du bai brun au noir.
- **L'âne du Cotentin** (90 naissances en 2013) : entre 1,10 et 1,35 m au garrot, gris bleuté ou cendré avec le ventre plus clair, raie de mulet ou bande cruciale.
- **L'âne de Provence** (30 naissances en 2013) : entre 1,20 et

^ Mule dans une compétition (Battle of the breeds, Spruce Meadows, Calgary).

< Page ci-contre, de gauche à droite :
• Âne et poney haflinger.
• Ânes.

v De gauche à droite :
• Baudet du Poitou.
• Ânes domestiques vivant en liberté, en Sardaigne.

Des hybrides recherchés…

Le mulet est le mâle stérile issu du croisement d'une jument et d'un âne. L'hybride femelle, qui peut être fertile, est appelé mule. De la jument, le mulet hérite sa grande taille et sa force, et de l'âne sa rusticité, sa résistance aux maladies et des besoins alimentaires moins importants. Des qualités qui ont fait de lui un animal de bât et même de selle très recherché, tant par les militaires que par les agriculteurs et surtout les voyageurs. Il a ainsi joué un rôle de premier plan dans la conquête de l'Ouest américain ! Aux États-Unis, il existe même des courses hippiques réservées aux mules.

Quant à la mule poitevine, « race » reconnue par les Haras nationaux, elle est issue d'une jument de trait mulassier et d'un baudet du Poitou. C'est la plus forte et la plus grande des mules. Fleuron de l'élevage français, elle s'est exportée dans le monde entier. D'autres mules issues de races équines locales sont aussi reconnues.

… d'autres accidentels

Les bardots sont issus du croisement inverse, entre une ânesse et un étalon. C'est un animal beaucoup plus rare que la mule, car peu recherché. En effet, si la mule tire les avantages de ses deux parents, le bardot a plus tendance, lui, à en hériter les défauts ! De sorte qu'aujourd'hui, un bardot nait le plus souvent à cause d'un accouplement accidentel au pré.

1,33 m au garrot, gris clair à gris foncé avec une bande cruciale bien marquée.
• **L'âne normand** (39 naissances en 2013) : entre 1,10 et 1,25 m au garrot, bai brun et ventre gris avec une bande cruciale.
• **L'âne des Pyrénées** (87 naissances en 2013) : jusqu'à 1,60 m au garrot, poil ras, bai brun à noir brillant avec le ventre et l'extrémité des membres plus clairs.
• **Le grand noir du Berry** (31 naissances en 2013) : entre 1,35 et 1,45 m au garrot, bai brun à bai foncé, ventre et extrémité des membres plus clairs.
• **L'âne bourbonnais** (9 naissances en 2013) : entre 1,25 m au garrot, gris foncé avec le bout du nez, le ventre et l'aine gris clair.

Des espèces sauvages

Il existe différentes espèces d'ânes sauvages : l'âne sauvage d'Afrique de l'Est *(Equus africanus)*, l'âne sauvage d'Asie *(Equus hemonius)* aussi appelé hémione, qui a certainement dû être quelquefois domestiqué en Asie centrale, l'âne sauvage d'Inde *(Equus onager)* appelé aussi onagre, qui pourrait se révéler n'être qu'une sous-espèce de la précédente, et enfin l'âne sauvage du Tibet *(Equus kiang)*, ou kiang. La plupart de ces espèces sont menacées, voire en voie d'extinction. Quelques-unes peuvent être observées en captivité.

Des équidés **jamais domestiqués**

Le genre *Equus* comprend quelques espèces qui n'ont jamais été domestiquées. Aujourd'hui, beaucoup de ces zèbres sont menacés de disparition, tout comme le cheval de Przewalski, dont on a longtemps cru qu'il était l'ancêtre du cheval domestique.

v Chevaux de Przewalski.

Przewalski, un cheval à part

Le cheval de Przewalski (*Equus przewalskii*) est une espèce distincte du cheval domestique. Il se démarque notamment par une paire de chromosomes en plus (66 chromosomes au lieu de 64 chez *Equus caballus*), et des caractéristiques morphologiques communes à d'autres équidés sauvages : crinière en brosse, raie de mulet sur le dos, zébrures sur les membres, quasi-absence de toupet, dos large et garrot très peu marqué.

Originaire des steppes d'Asie centrale, il est surnommé *takhi* par le peuple mongol qui le vénère. Contrairement à ce que l'on a longtemps cru, il n'est pas l'ancêtre de notre cheval domestique, mais plutôt un cousin. Le cheval de Przewalski tire son nom de celui de l'explorateur russe qui l'a « découvert » à la fin de XIXe siècle. À l'époque, de vastes campagnes de captures, parfois très violentes, furent organisées pour envoyer des animaux dans tous les zoos d'Europe. C'est ainsi que le Przewalski a quasiment disparu à l'état sauvage : le dernier individu sauvage aurait été aperçu en 1966 dans le désert de Gobi.

En 2009, on dénombrait environ 2000 Przewalski à travers le monde. Grâce au stud-book tenu par le zoo de Prague, on sait qu'ils descendent tous de seulement treize individus.

Pas une, mais des espèces de zèbres

Ils vivent tous en Afrique, portent des bandes verticales noires et blanches et mesurent entre 1,20 et 1,35 m au garrot. On distingue plusieurs espèces, mais les scientifiques ne sont pas toujours d'accord sur le nombre de rayures et leurs liens de parenté.

- **Le zèbre des plaines** *(Equus burchellii)* est le plus commun. Il comprend de nombreuses sous-espèces : zèbre de Grant, zèbre de Chapman... réparties dans le sud-est de l'Afrique. Il possède en moyenne 25 à 30 rayures.
- **Le zèbre des montagnes** *(Equus zebra)* vit principalement en Afrique du Sud et en Namibie (deux sous-espèces). Il a en général un ventre blanc et des rayures plus fines que son cousin des plaines (entre 40 et 45 rayures).
- **Le zèbre de Grévy** *(Equus grevyi)* se trouve surtout au Kenya, en Somalie et en Éthiopie. Il est plus grand, entre 1,50 et 1,60 m au garrot, possède des oreilles légèrement arrondies et des rayures encore plus serrées que les autres (environ 80 rayures).

Le retour à la vie sauvage

L'homme n'a jamais réussi à domestiquer le cheval de Przewalski. De façon paradoxale, alors que de nombreuses races domestiques sont retournées à la vie sauvage (mustangs, brumbies...), le seul véritable cheval sauvage avait perdu sa liberté à cause de l'homme. Mais depuis une quinzaine d'année, différents programmes de réintroduction ont été mis sur pied. Des chevaux vivent en semi-liberté dans différentes réserves en Europe (France, Pays-Bas, Autriche...). Ces animaux se nourrissent et se reproduisent sans intervention humaine. Régulièrement, des jeunes nés dans ces conditions très proches de la vie sauvage sont envoyés en Mongolie, en Chine ou au Kazakhstan où ils sont relâchés et vivent en totale liberté dans leur milieu d'origine, les grandes steppes. Aujourd'hui, ils seraient plus de 300 à vivre de la sorte rien qu'en Mongolie.

Drôles d'hybrides...

- On raconte que les Mongols avaient pour habitude de laisser leurs juments domestiques se reproduire avec des étalons Przewalski sauvages. Ils obtenaient ainsi des chevaux rapides et plus résistants mais plus difficiles à dresser.
- L'homme a parfois provoqué des croisements entre zèbres, ânes et chevaux qui donnent tous des animaux stériles : le zorse (zèbre x jument), le zoney (zèbre x poney) ou le zonkey (zèbre x âne).

^ De haut en bas : Zèbres des plaines (type Quaggga) ; Zèbre des montagnes (du Cap) ; Chevaux de Przewalski.

Comprendre le cheval

Façonnés par notre longue histoire commune, les chevaux domestiques n'ont pour autant pas perdu leurs instincts et leurs caractéristiques animales.

Pour les traiter avec respect et bienveillance, mais aussi garantir leur bien-être au quotidien, il faut connaître ces spécificités physiques et comportementales.

Les **trois âges** du cheval

Le cheval est un animal doté d'une grande capacité d'apprentissage, qui peut s'exprimer à tout âge. Si la puberté est un âge crucial, tant dans la nature que dans la vie domestique, morphologie et comportement peuvent évoluer tout au long de sa vie.

Le cycle de vie

Selon les races, les chevaux atteignent leur **taille adulte** et leur pleine maturité sexuelle entre 4 et 6 ans. Auparavant, leur ossature n'est pas complètement développée et leurs cartilages sont encore importants au niveau des articulations. Il faut donc adapter le travail qu'on leur demande et les contraintes mécaniques.

Toujours selon la race, mais aussi la qualité de vie qu'ils ont, notamment l'alimentation et l'activité physique, les chevaux commencent à **vieillir** à partir de l'âge de 10 à 15 ans. Mais cela ne les empêche pas de pouvoir travailler jusqu'à 25 ou 30 ans si on adapte leur charge de travail.

∧ De gauche à droite :
- Chevaux de Camargue, juments et poulain.
- Yearlings de sang arabe.

Une robe qui évolue

Il est rare qu'un cheval conserve la même robe toute sa vie. Les chevaux gris comme les camarguais ou les lipizzans naissent avec une robe sombre qui s'éclaircit progressivement pour obtenir sa couleur définitive à l'âge adulte. À l'inverse, certaines robes ont tendance à foncer avec l'âge.

En revanche, la forme des taches chez les chevaux pie, la forme des balzanes, des listes et des marques en tête sont les mêmes durant toute la vie d'un cheval. On s'en sert pour identifier un animal : elles sont mentionnées sur son document d'identification. De nouvelles marques blanches peuvent éventuellement survenir après une blessure.

Les ventes de yearlings

Chaque année, elles battent des records à travers le monde : il s'agit de vendre des chevaux de course vers l'âge de 18 mois avant même qu'ils n'aient débuté leur entraînement ! Les prix de vente, qui peuvent exceptionnellement atteindre plusieurs millions d'euros, dépendent avant tout de leur pedigree.

ÉVOLUTION DE LA MORPHOLOGIE DU CHEVAL AVEC L'ÂGE

Poulain (10 jours) Yearling (18 mois) Cheval adulte (8-10 ans) Vieux cheval (25 ans)

Une morphologie qui évolue avec l'âge

• **Durant sa première année,** le cheval est appelé poulain, pouliche ou foal. Il a de très longs membres par rapport à son corps, sa crinière est peu fournie et sa queue encore composée de poils fins et doux à la place des crins.

• **Entre 1 et 2 ans,** on parle de « yearling » (poulain né l'année précédente) : les membres sont encore longs et fins. Bien qu'il n'ait pas terminé sa croissance, on commence à observer les caractéristiques morphologiques du futur cheval adulte. Le garrot et la croupe sont sur la même ligne horizontale.

• **Entre 5 et 15 ans,** le cheval est adulte ; il peut être monté et se reproduire tant qu'il n'est pas malade ou ne souffre d'aucune lésion. Il pèse en moyenne 600 kg pour 1,55 m au garrot.

• **Après 15 ans,** le cheval commence à vieillir, son dos se creuse, il perd en masse musculaire et ses articulations sont plus fragiles. Au niveau de la tête, les salières se creusent.

> De haut en bas :
• Jument adulte et son poulain de quelques jours.
• Cheval âgé.

Des compétitions réservées aux jeunes chevaux

Depuis près de cent cinquante ans, la Société hippique française (SHF) organise un circuit de compétitions réservé aux jeunes chevaux et poneys âgés de 4, 5 et 6 ans. Toutes les disciplines olympiques sont concernées ainsi que l'endurance, l'attelage et le hunter. Des classements sont effectués selon la discipline, l'âge et le sexe. Le but est de repérer dès le plus jeune âge les meilleurs performeurs, de les sélectionner pour les conduire au meilleur niveau de compétition et/ou de reproduction. Il existe un cycle classique, plus particulièrement destiné aux cavaliers professionnels, et un cycle libre, adapté aux cavaliers amateurs.

Un corps taillé **pour la course**

Au fil de son évolution, la morphologie du cheval a considérablement évolué. Aujourd'hui, il s'agit d'un animal au corps fait pour la rapidité et la réactivité. Pour bien comprendre son anatomie, il faut être capable de repérer les parties importantes de son corps et de les nommer correctement.

Une histoire de proportions

De façon schématique, on repère chez le cheval :

- **4 choses larges** : le front, le poitrail, la croupe, les membres.
- **4 choses longues** : l'encolure, la ligne du dos aux reins, le ventre, les hanches.
- **4 choses courtes** : les paturons, le rein, les oreilles, la queue.

Le passage entre chacune de ces régions doit se faire de manière harmonieuse.

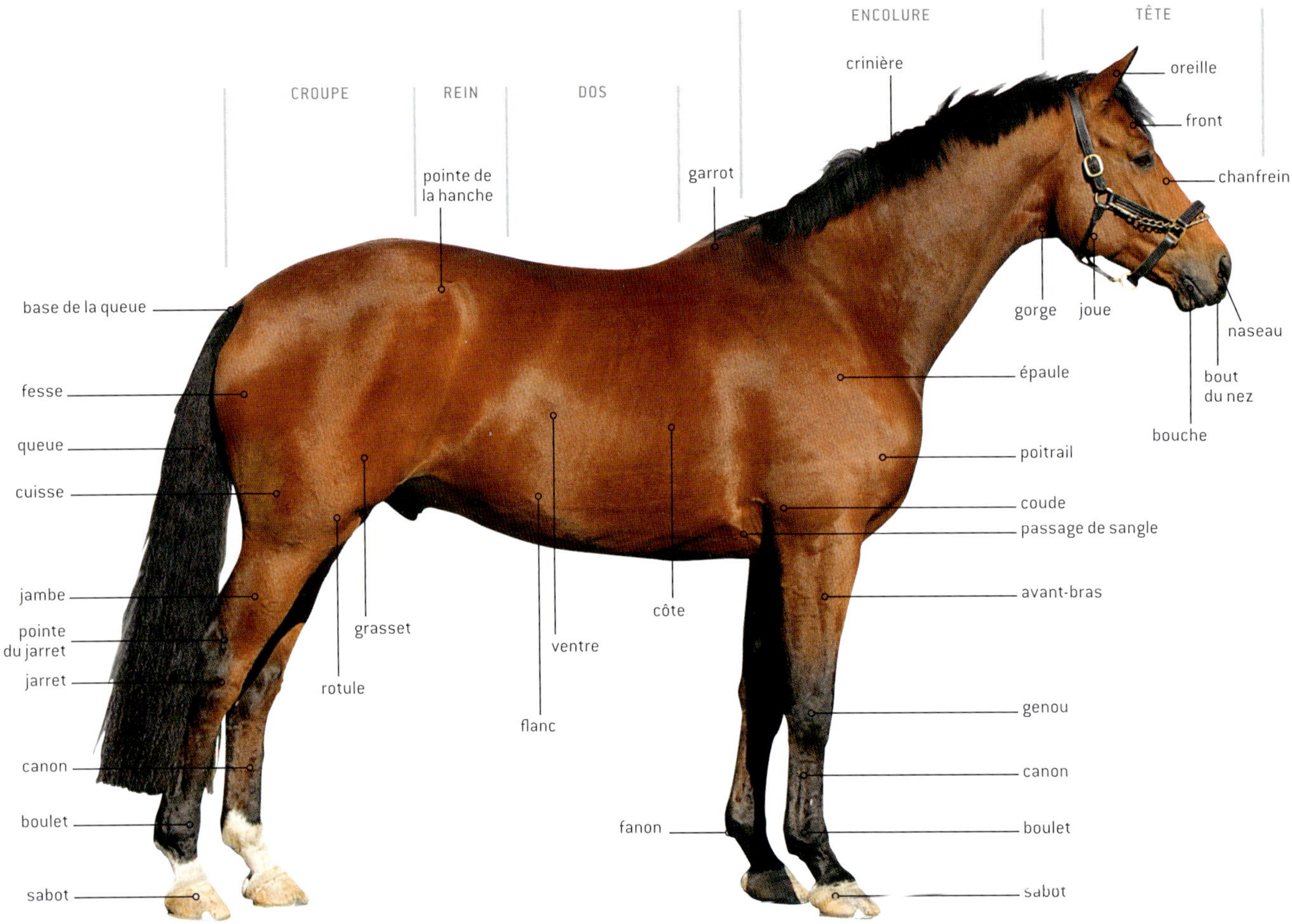

La conformation

Par ce terme, on décrit la façon dont l'**ossature** et la **musculature** du cheval sont organisées. Elle varie en fonction des races et de l'âge. Pour des observateurs aguerris, l'analyse de la conformation d'un cheval permet de déterminer ses aptitudes physiques et fournit de précieux renseignements sur ses qualités et ses défauts. Elle doit être harmonieuse, le poids se répartissant de façon équilibrée entre les quatre membres.

La conformation d'un cheval se juge de profil, de face et de derrière.

• Chez les **chevaux de course,** le corps et les membres s'inscrivent dans un rectangle horizontal, ce qui leur donne une conformation fine et légère.

• Les **chevaux de trait** ont un corps qui s'inscrit dans un rectangle vertical.

• Chez la plupart des **chevaux de selle,** le corps et les membres s'intègrent dans un carré.

• La recherche du cheval parfait est souvent vaine. Lorsque l'on juge un cheval, il faut prendre en compte sa conformation générale, sans oublier que certains défauts apparents peuvent en réalité être compensés par d'autres qualités.

Le cheval dans son ensemble doit donner une impression d'équilibre, même si les proportions des différentes parties de son corps varient avec la race.

> De haut en bas :
• Pur-sang anglais.
• Cheval de selle.
• Cheval de trait.

Un **squelette adapté** à la vitesse

Depuis très longtemps, l'homme s'intéresse à l'anatomie du cheval et cherche à évaluer ses aptitudes pour différentes activités. Connaître son squelette et ses mouvements permet de mieux comprendre ses allures et l'interaction avec un cavalier.

Un squelette de sprinter

- Le squelette représente environ 7 à 8 % du poids total d'un cheval. Il compte 205 os au total, c'est-à-dire autant que l'homme. L'ossification définitive se fait vers l'âge de 5 ans. Une particularité : le cheval n'a pas de clavicule.
- L'allongement des membres du cheval et le fait qu'il marche sur ses ongles lui permet de courir vite et donc de fuir ses prédateurs. Les muscles sont placés très haut sur les membres et leurs actions sont transmises par de longs tendons. Ainsi, le poids mobilisé lorsque les membres se déplacent reste faible et cela nécessite peu d'énergie. On peut comparer le squelette du cheval à un pont suspendu dont les jambes seraient les piliers. Cela lui confère une très grande souplesse.

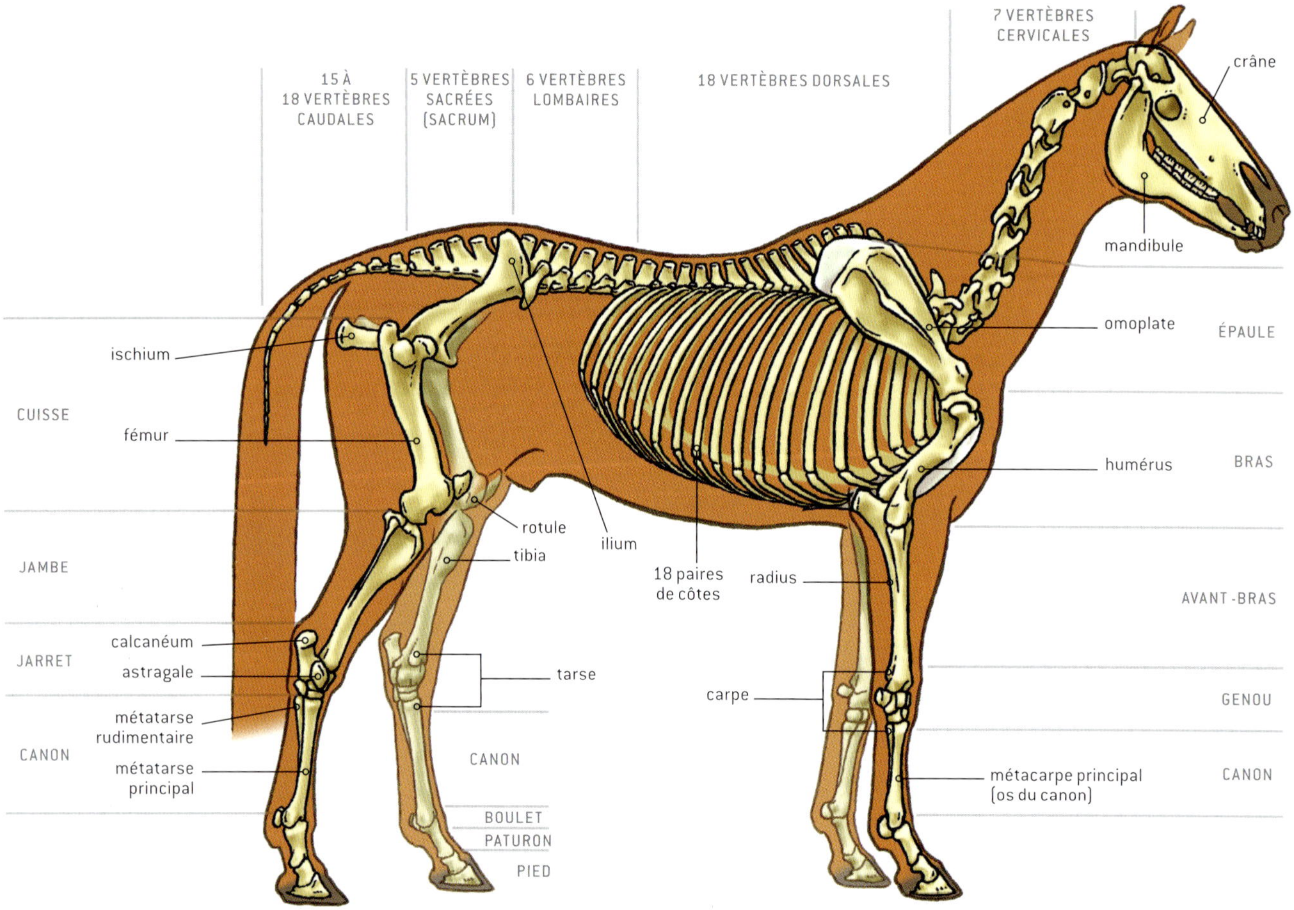

La colonne vertébrale

• **Encolure :** 7 vertèbres cervicales. C'est au niveau des deux premières, l'atlas et l'axis, que se produit l'essentiel des mouvements de la tête.
• **Dos :** 18 vertèbres dorsales. Elles se comportent comme un arc flexible dont les mouvements sont centrés au niveau de la 12e dorsale, soit plus ou moins l'emplacement d'un cavalier.
• **Rein :** 6 vertèbres lombaires. L'articulation entre la dernière lombaire et le sacrum est très mobile. Elle permet l'engagement des postérieurs sous le corps du cheval.
• **Croupe :** 5 vertèbres sacrées, soudées entre elles pour former le sacrum, qui s'articule avec le bassin.
• **Queue :** 15 à 18 vertèbres caudales, peu développées et peu mobiles.

Anatomie comparée homme/cheval

Imaginons un homme à quatre pattes ; voici les correspondances que l'on peut établir avec l'anatomie du cheval :

HOMME	CHEVAL
Ongle	Sabot
Paume/plante de pied	Canon (métatarse, métacarpe)
Poignet	Genou de l'antérieur (carpes)
Genou	Grasset (rotule)
Cheville	Jarret (tarses)

Un peu d'histoire

L'anatomie du cheval a été étudiée très tôt, car l'homme voulait comprendre le fonctionnement physique de l'animal pour mieux utiliser sa force.
• Au IVe siècle av. J.-C., le philosophe Aristote rédige une encyclopédie sur les animaux domestiques. Il y décrit l'anatomie générale du cheval et remarque notamment que celui-ci ne possède pas de vésicule biliaire.
• Au XVe siècle, le génie Léonard de Vinci réalise de nombreux dessins d'études anatomiques, notamment pour préparer de monumentales sculptures équestres.
• En 1598, le noble italien Carlo Ruini publie le premier ouvrage moderne sur les chevaux et leur anatomie. Traduit et publié dans toute l'Europe, il restera longtemps une référence.

Une **tête** bien faite

Très mobile et expressive, la tête est un élément essentiel pour les différents modes de communication du cheval. Sa morphologie compte beaucoup pour établir l'appartenance à une race. Quant à la denture, c'est un élément à surveiller de près si l'on veut s'assurer de la bonne santé de l'animal.

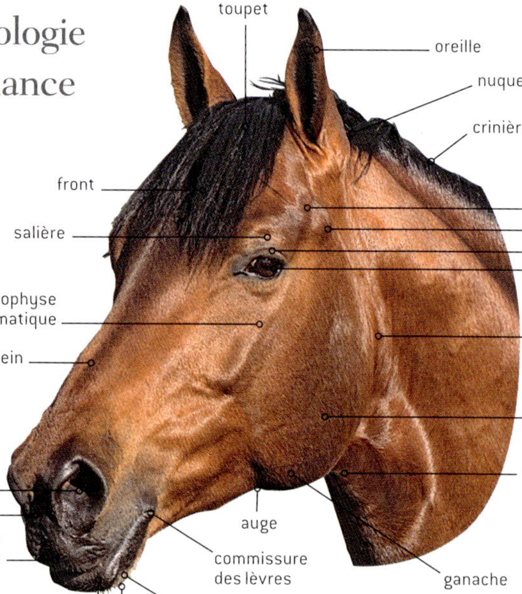

Un profil racé

Pour chaque race, il existe des standards quant à la morphologie de la tête. Chez les pur-sang arabes, les poneys welsh ou haflinger, on recherche un profil concave alors que chez les lusitaniens et les knabstrup, on préfère un profil convexe. La taille des oreilles et leur écartement comptent aussi. Il existe ainsi une race originaire d'Inde, les marwaris, dont les oreilles ont la particularité d'être recourbées vers l'intérieur !

^ Profil convexe.

^ Marwari, aux oreilles recourbées caractéristiques.

^ Profil concave.

Une bouche sensible

Le cheval est herbivore : avec ses incisives, il coupe l'herbe, puis la broie avec ses molaires. Comme chez la plupart des herbivores, un large espace, appelé barre, sépare les incisives des molaires. C'est là que repose le mors. La bouche est l'un des principaux organes de communication avec l'homme.

Si un cheval maigrit, gaspille sa nourriture ou « fait magasin » (la nourriture se coince entre les dents et la joue, et tombe lorsqu'on met le mors), cela signifie qu'il y a un problème au niveau des dents.

Une mâchoire d'herbivore

La denture complète du cheval comprend 36 dents pour les juments et 40 pour les mâles. Sur chaque mâchoire, on distingue : 3 paires d'incisives, 1 paire de canines, puis, en arrière des barres, 3 paires de prémolaires et 3 paires de molaires. En général, une jument ne possède pas de crochets, sinon on dit qu'elle est bréhaigne.

Un équilibre entre croissance et usure

Chez le cheval, les dents ont une croissance de 2 à 3 mm par an jusqu'à l'âge de 20 ans environ. Elles poussent jusqu'à une longueur donnée, puis sortent peu à peu de leur alvéole pour que le contact entre mâchoires supérieure et inférieure soit maintenu. Normalement, croissance, puis éruption permettent de compenser l'usure due à la mastication des végétaux. C'est cette usure qui permet de déterminer l'âge d'un cheval adulte.

Évaluer l'âge d'un cheval

On différencie plusieurs stades d'usure des pinces : vers 6 ans, elles sont rasées. Puis, progressivement, des taches apparaissent qui correspondent aux différentes couches de la dent. La forme de ces taches permet de déterminer l'âge. Lorsque la pulpe dentaire devient visible, elle forme ce que l'on appelle une étoile dentaire. Plus celle-ci est grande et plus le cheval est âgé. D'autre part, au niveau des coins, une encoche appelée « queue d'aronde » peut apparaître vers 7 ans, puis disparaître vers l'âge de 12 ans. Enfin, plus le cheval vieillit et plus l'angle formé par ses incisives se réduit. Il arrive qu'avec l'âge apparaissent des défauts d'occlusion. Le cheval ne peut alors plus mastiquer correctement.

ÉVALUER L'ÂGE D'UN CHEVAL À PARTIR DE SES DENTS

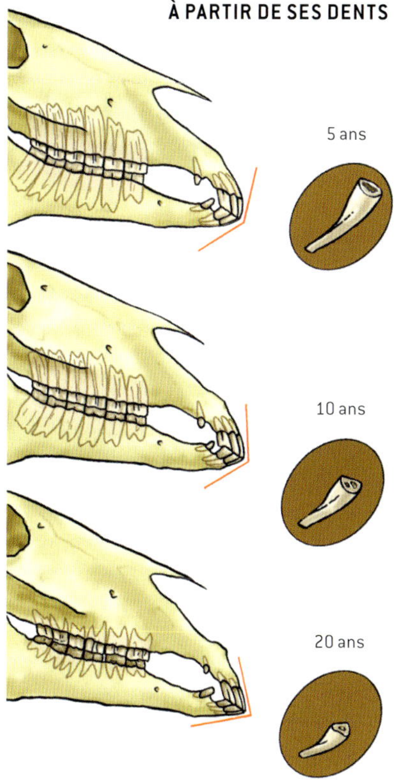

Que surveille le dentiste ?

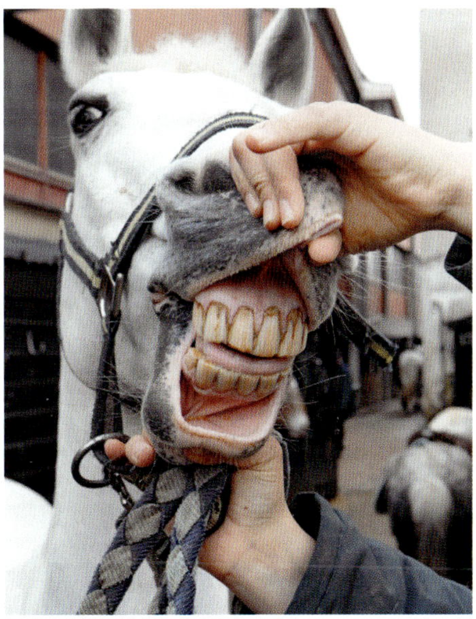

Les caries sont très rares chez les chevaux, mais l'accumulation de tartre peut causer quelques problèmes. Les autres ennuis courants sont :

- **Dents supplémentaires.** Prémolaires atypiques qui apparaissent parfois vers l'âge de 1 ou 2 ans. Très fréquentes sur la mâchoire supérieure, on les appelle « dents de loup ». Sur la mâchoire inférieure, on parle de « dents de cochon ».
- **Surdents.** Elles apparaissent lorsque les molaires ne s'usent pas assez par rapport à leur sortie de l'alvéole. Le dentiste peut les limer.

MÂCHOIRE ANTÉRIEURE DE CHEVAL

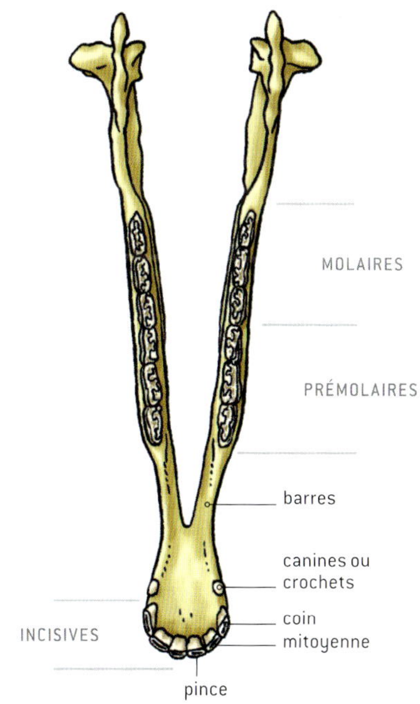

Le système **digestif**

Le cheval est un herbivore monogastrique, ce qui signifie qu'il ne rumine pas comme le font les vaches. Au pré, il passe environ seize heures par jour à s'alimenter. Son système digestif est très délicat : ainsi, il n'est pas rare de le voir souffrir de coliques.

Au pré

Un cheval domestique qui vit au pré a besoin, pour satisfaire ses besoins, d'un hectare d'herbe. Cela représente une consommation d'environ 50 kg d'herbe par jour pour un animal de 500 kg. S'il s'agit d'une prairie naturelle, l'apport nutritionnel est suffisamment diversifié pour un cheval adulte qui ne travaille pas, ou très peu. Il ne lui manque alors qu'une pierre à sel enrichie (photo ci-contre) et de l'eau.

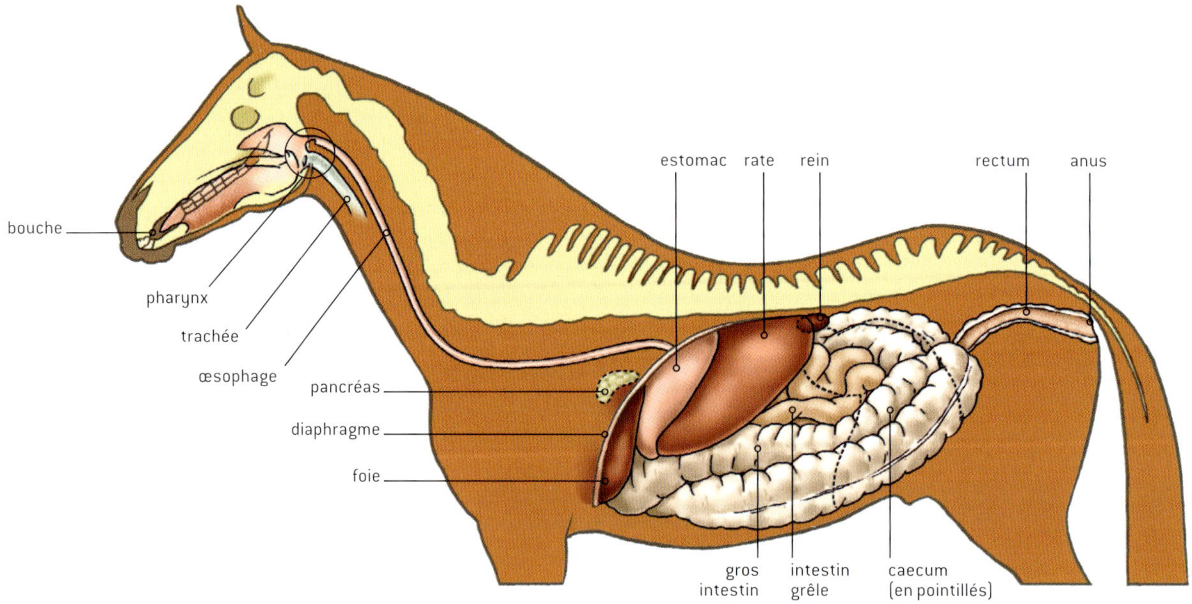

Une digestion lente

Entre l'ingestion d'un aliment par la bouche et l'évacuation des déchets via le crottin, il s'écoule entre trois et quatre jours.

• La digestion commence dans la **bouche** où les aliments sont broyés et mélangés avec la salive.

• Les aliments broyés sont ensuite dirigés vers **l'estomac** où ils restent entre trois et neuf heures. L'estomac du cheval est relativement petit (entre 15 et 18 litres) et ne se remplit qu'aux deux tiers. Ses sécrétions acides opèrent une première étape de la digestion, mais l'opération est loin d'être terminée. Des sucs digestifs sont aussi produits par le pancréas et le foie.

• Puis, les aliments transitent à travers **l'intestin** grêle, long de 7 m environ. C'est là que s'effectue l'essentiel de la digestion, et donc l'absorption des nutriments nécessaires au fonctionnement de l'organisme. Quant aux 4 m de long du gros intestin, on y trouve les micro-organismes qui aident le cheval à digérer la cellulose des végétaux ; cette étape dure en moyenne une trentaine d'heures.

Un équilibre fragile

Mieux vaut plusieurs petits repas répétés dans la journée qu'un seul festin par jour. Par ailleurs, le cheval étant un animal au système digestif fragile, il faut respecter des transitions à chaque fois que l'on change de régime alimentaire. Il faut aussi savoir reconnaître les premiers signes d'une colique, car c'est le trouble digestif le plus courant chez les chevaux qui vivent à l'écurie, et cela peut être très grave, voire mortel.

Les parasites intestinaux

L'appareil digestif du cheval est susceptible d'être contaminé par des vers, ronds ou plats, et des larves de mouches. Ces parasites peuvent provoquer diarrhées, coliques et amaigrissement prononcé. Pour prévenir toute infestation, il faut vermifuger régulièrement et évacuer les crottins dans lesquels risquent de se retrouver certains parasites ou leurs œufs.

Les coliques

Par ce terme, on désigne tous les problèmes d'ordre gastrique et intestinal. Parfois très douloureuses, les coliques sont surtout très dangereuses pour un cheval. Leurs origines sont très diverses, mais le plus souvent liées à l'alimentation. Il peut s'agir de :

- Manque d'eau.
- Absence ou insuffisance de transition lors d'un changement d'aliment ou de quantité d'un aliment.
- Absence ou quantité insuffisante de fourrage dans la ration.

^ L'estomac du cheval est fermé par un puissant muscle qui l'empêche de vomir, gare donc aux intoxications alimentaires !

< Au pré, un cheval boit en moyenne une vingtaine de litres d'eau par jour.

Surveiller le crottin

Un cheval en bonne santé émet des crottins plusieurs fois par jour, ainsi que des gaz, dus à la fermentation dans le gros intestin. Les crottins doivent être fermes, mais pas secs, de texture assez homogène, sans odeur désagréable ou piquante, avec une couleur brune à marron selon l'alimentation. Des crottins de texture molle, de couleur très claire ou très foncée, à l'odeur forte, acide ou très aigre, avec présence de longs brins de fourrage ou de grains encore entiers (visibles en cassant les boules de crottins) sont autant de signes potentiels d'une mauvaise digestion.

Le système **reproducteur**

Entre étalon et jument, il existe de grandes différences de comportement qui s'expliquent notamment par les hormones. Celles-ci sont produites en grande partie par les organes reproducteurs. Même si on décide la plupart du temps de castrer les mâles et/ou de ne pas faire se reproduire les juments, une bonne connaissance du système reproducteur est indispensable.

L'étalon

• **Des testicules dès la naissance.** Présents dans les bourses dès la naissance, les testicules ne commencent véritablement à se développer que vers l'âge de 10 mois à un an. Ils deviendront apparents environ six mois plus tard. Lorsque le cheval atteint un an et demi, les testicules produisent des spermatozoïdes et de la testostérone, l'hormone mâle principale. Cela signifie qu'un yearling mâle est théoriquement capable de se reproduire.

• **Le pénis** est composé d'une partie fixe qui reste dans le fourreau et d'une partie libre que l'on peut voir quand l'étalon est mis en présence d'une jument en chaleur ou quand il urine. Au repos, cette partie libre mesure à peine 20 cm, mais elle peut atteindre 90 cm lors de l'érection.

L'étalon pif

C'est un mâle cryptorchide : ses testicules ne sont pas correctement descendus dans les bourses et restent en quelque sorte cachés dans l'abdomen. Extérieurement, il ressemble à un hongre, mais il a pourtant toutes les caractéristiques comportementales et musculaires d'un étalon. Si un seul testicule est descendu, on parle d'étalon monorchide.

Le hongre, un cheval à part ?

Le hongre est un cheval mâle qui a été castré. Comme il ne produit plus d'hormones sexuelles, il a un caractère plus facile qu'un étalon et moins fluctuant qu'une jument. Les hongres sont ainsi largement majoritaires sur les terrains de concours

APPAREIL REPRODUCTEUR DE L'ÉTALON

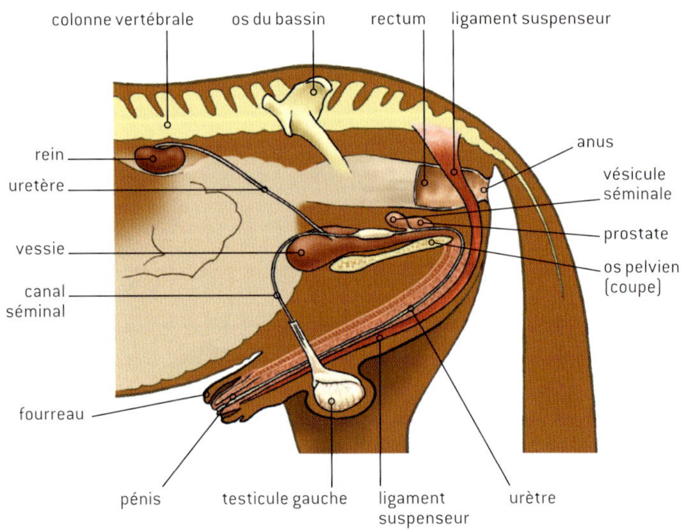

^ De gauche à droite :
• Saillie naturelle, en liberté.
• Jument appaloosa avec son poulain.

et dans les clubs équestres. On peut choisir de castrer un étalon dès que ses testicules sont apparents. On peut aussi attendre un peu. Il n'y aurait en effet aucun lien entre l'âge de castration et le comportement du cheval une fois adulte.

La jument

• Si les premiers cycles menstruels de la jument surviennent vers l'âge de 18 mois (la puberté), elle n'est en réalité capable de mener à terme une gestation qu'à partir de l'âge de 3 ou 4 ans.

• Chez la jument, **les ovaires** ont la forme de gros haricots qui mesurent environ 6 cm de long. Dès la naissance, ils contiennent des milliers d'ovocytes. Ils sécrètent de nombreuses hormones impliquées dans le comportement sexuel et le cycle menstruel, comme les œstrogènes.

• **Le vagin** de la jument mesure en moyenne 20 à 35 cm de long sur 12 cm de large. Il est séparé de l'utérus par un puissant muscle, appelé col de l'utérus, d'environ 4 cm de large.

APPAREIL REPRODUCTEUR DE LA JUMENT

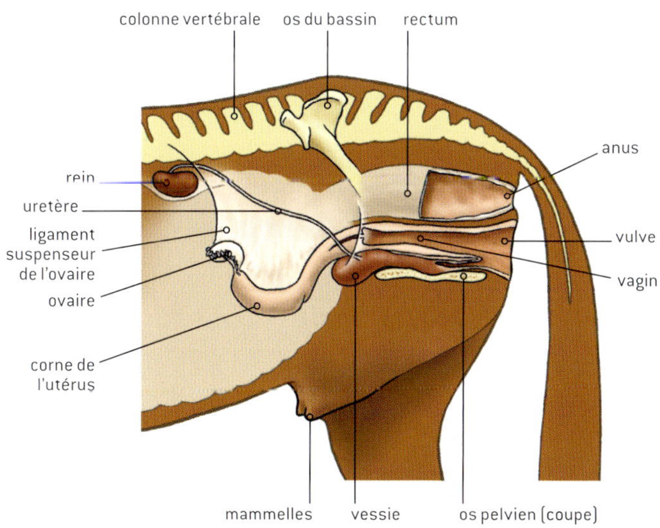

Les chaleurs

La période de fertilité de la jument est appelée chaleurs et dure de 5 à 7 jours. Les chaleurs surviennent tous les 20 à 25 jours, mais sont surtout importantes au printemps, période naturelle de reproduction chez les équidés. Quand la jument est fertile, elle peut se montrer légèrement agitée, perdre l'appétit ou faire preuve d'agressivité envers les autres juments. En revanche, elle est très réceptive aux sollicitations d'un étalon ! À cause de ces variations d'humeur, bon nombre de cavaliers disent ne pas apprécier les juments et leur préfèrent les hongres.

Lors des chaleurs, les ovaires augmentent un peu de taille, ce qui peut provoquer des douleurs chez la jument et parfois bloquer ses vertèbres lombaires, entraînant quelques problèmes de locomotion. L'intervention d'un ostéopathe peut se révéler fort utile.

Des **membres** fragiles, mais **puissants**

L'évolution a donné au cheval des membres qui font de lui un animal particulièrement adapté à la course. Actionnés par de puissants muscles, ils sont cependant fragiles. Ils s'appuient sur des sabots qui sont le véritable socle de la locomotion.

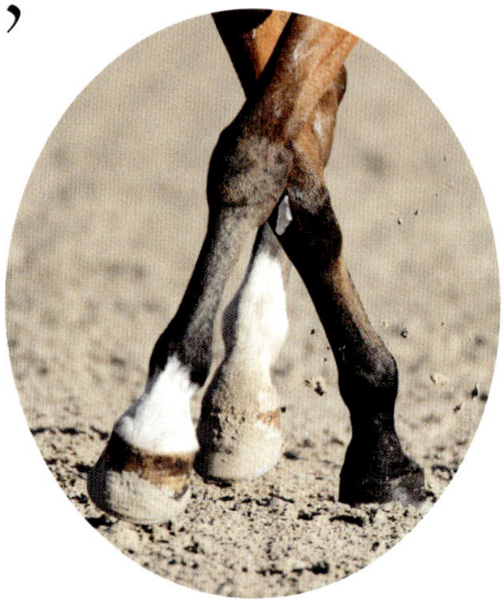

MEMBRES ANTÉRIEURS : TENDONS ET OS

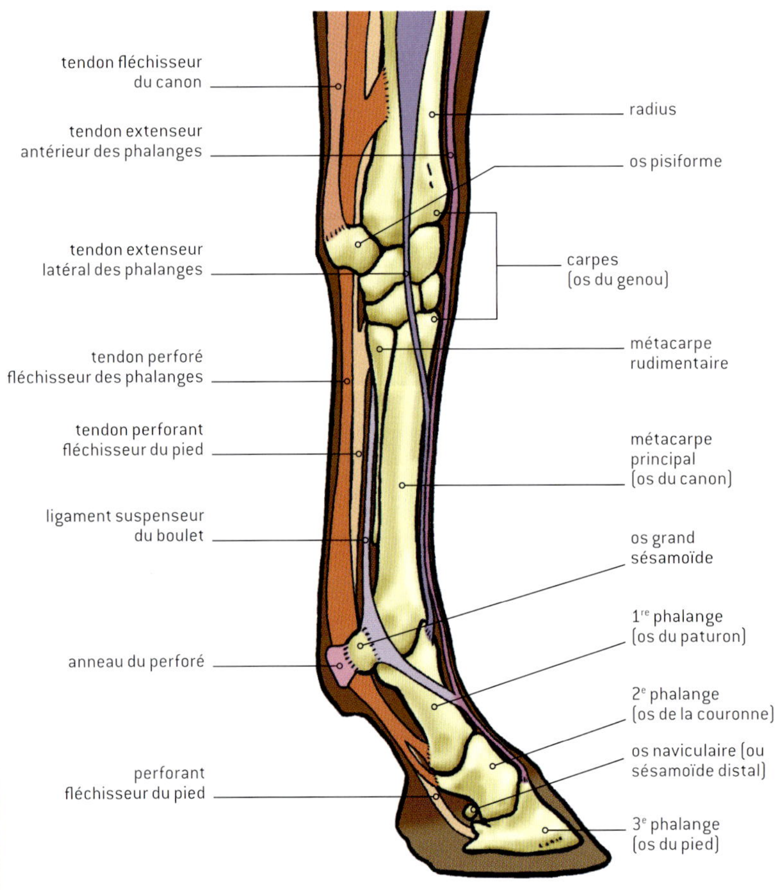

Les piliers du corps

Les muscles qui mettent en mouvement les membres sont surtout concentrés dans leur partie supérieure : épaule et avant-bras pour l'antérieur, croupe et cuisse pour le postérieur. Ainsi, chez le cheval, la séparation visible entre le corps et les membres se fait au niveau du coude et du genou, et non au niveau de l'épaule et de la hanche comme chez l'homme. Dans la partie inférieure des membres, on trouve essentiellement des **tendons et ligaments**, ce qui explique leur très grande fragilité en cas de coups.

La propulsion

- **L'arrière-main** est le véritable centre de propulsion du cheval. En observant les angles formés par les différents os des postérieurs, on peut avoir une indication sur son potentiel locomoteur. Un os du bassin peu incliné s'observe chez les chevaux qui ont une foulée ample, alors que chez les sprinteurs de type quarter horse, il est plus incliné.
- Au niveau de l'épaule, l'angle formé par l'omoplate et l'humérus donne, lui aussi, une information sur l'ampleur de la foulée. Chez les galopeurs, on trouve en général un humérus proche de la verticale et une omoplate très inclinée en arrière.
- Chez le cheval, on ne parle jamais de pattes, les membres sont qualifiés de « **jambes** ».

« Pas de pied, pas de cheval »

• **Ce que l'on appelle pied** chez le cheval correspond chez l'homme aux deux dernières phalanges des doigts. La **paroi** est la partie visible du sabot. Elle est constituée de corne qui pousse régulièrement, à raison de 1 à 2 cm par mois, à partir du haut du sabot, au niveau du bourrelet périoplique. La **sole** correspond à la voûte plantaire. Formée de corne desséchée, elle n'est pas en contact direct avec le sol. Lorsqu'une pression mécanique très importante s'exerce sur le pied, il peut arriver que la fourchette touche le sol.

• **Un rôle d'amortisseur**. La dernière phalange, appelée os du pied, repose sur un coussinet plantaire qui joue un rôle fondamental d'amortisseur lorsque le pied entre en contact avec le sol. Quant aux cartilages présents au niveau de chaque articulation, ils sont eux aussi particulièrement adaptés à l'effort mécanique supporté par les pieds.

ANATOMIE DU PIED

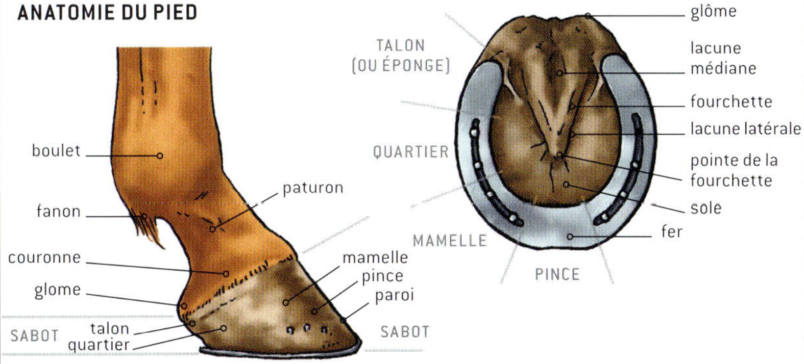

À chaque cheval son sabot

Les races équines présentent toutes des particularités au niveau des sabots– fruit de la sélection naturelle, mais aussi du travail des éleveurs. Les sabots fins se retrouvent plutôt chez les chevaux de course ou les races évoluant sur des terrains secs et pierreux. Les chevaux d'obstacle et les races qui vivent sur des sols meubles, voire sableux, ont des pieds plutôt larges. Quant aux camarguais, la corne de leurs sabots est particulièrement résistante à l'humidité – une adaptation à la vie dans les marais

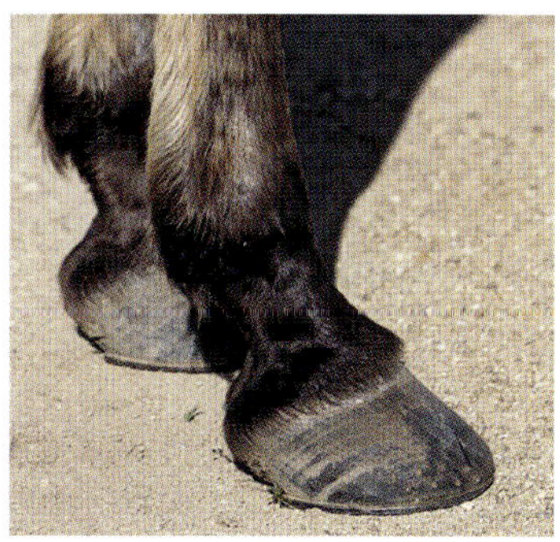

Les **aplombs**

Les axes des membres du cheval constituent les axes d'appui de sa masse et définissent les « aplombs ». Lorsque les membres présentent certains défauts, il arrive que les aplombs soient défectueux, ce qui peut avoir des conséquences sur l'équilibre et la locomotion du cheval.

Des défauts à surveiller

Les défauts d'aplomb peuvent être congénitaux, d'autres sont acquis, le plus souvent à cause d'une fatigue prématurée des membres. À la longue, ces défectuosités peuvent abîmer les articulations et les tendons du cheval et provoquer des douleurs. Mais il faut se garder de vouloir les rectifier à tout prix. Lorsqu'ils sont mineurs, ils sont en général compensés. Tout est une question d'équilibre !

Objectif : la verticale

• **Les quatre membres** du cheval supportent l'ensemble du poids du corps. Pour que ce soutien soit de bonne qualité et assure une locomotion correcte, la direction que suivent ces membres doit être proche de la verticale – c'est ce qu'on appelle les aplombs. Cela dépend du cheval, de sa race, de son âge, de la façon dont il est utilisé et d'éventuels problèmes anatomiques qu'il peut présenter.

• **Porter un jugement sur les aplombs** d'un cheval n'est pas toujours facile. Il faut un sens de l'observation bien développé et, surtout, une très bonne connaissance de l'anatomie de l'animal. Apprécier un modèle demande donc du bon sens et une certaine culture équine.

À l'arrêt

Pour juger si un cheval a de bons aplombs, il faut d'abord l'observer à l'arrêt, sur un sol plat et régulier, en prenant soin de le regarder de profil (des deux côtés), de face et de derrière. Voici quelques exemples de défauts.

Au niveau des antérieurs, on parle ainsi d'un cheval campé, sous lui, court-jointé ou brassicourt (voir dessin ci-contre) selon l'axe de ses membres et leur verticalité.

Pour les postérieurs, le cheval peut notamment être ouvert du derrière, serré du derrière, panard ou cagneux (voir dessin p. 95)

APLOMBS À L'ARRÊT : LES ANTÉRIEURS VUS DE PROFIL

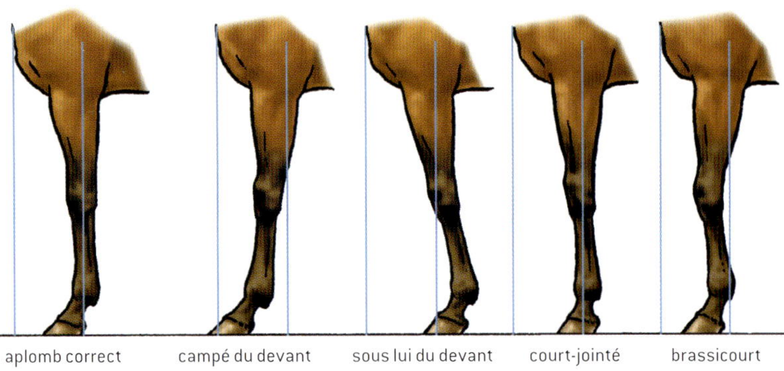

< L'observation des aplombs en mouvement.

APLOMBS EN MARCHE : LES ANTÉRIEURS VUS DE DEVANT

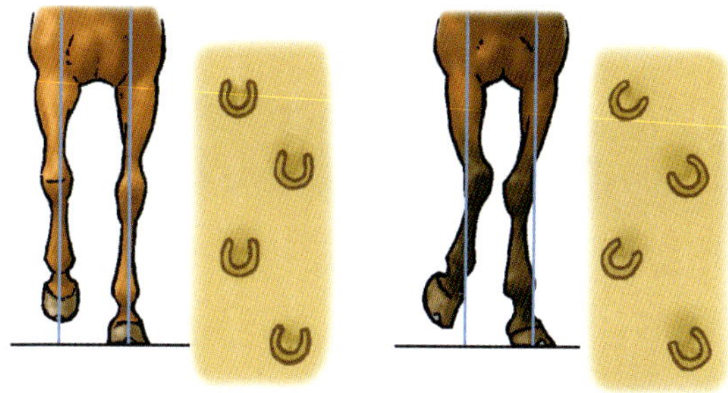

^ cheval d'aplomb

^ cheval qui billarde (genoux cagneux et pieds panards)

En marche

Si on constate un défaut d'aplomb à l'arrêt, il faut ensuite mettre le cheval en mouvement pour apprécier les conséquences sur sa locomotion. Cela permet de juger à quel niveau se situe le problème (par exemple, pour un cheval panard, est-ce au niveau des genoux, des boulets ou des sabots ?). En fonction de l'importance du défaut et de ses conséquences sur la locomotion, on pourra utiliser des protections pour les membres et les sabots et éventuellement prévoir une ferrure particulière pour limiter les dégâts.

- **Cheval d'aplomb :** au pas, les empreintes des sabots sont alignées sur deux lignes parallèles.
- **Cheval qui billarde :** en l'air, le sabot est jeté vers l'extérieur puis ramené à l'intérieur au moment du poser. Souvent, c'est le cas d'un cheval aux genoux cagneux et aux sabots panards.
- **Cheval qui se croise :** les pieds antérieurs ou postérieurs se posent l'un devant l'autre pendant la marche ; le cheval risque de buter.
- **Cheval qui forge :** le sabot du postérieur levé vient taper le sabot de l'antérieur. Si le cheval est ferré, cela provoque un bruit caractéristique.
- **Cheval panard en marche :** le pied au lever se rapproche de celui qui se pose ; le cheval risque alors de se blesser avec son fer.

Les défauts d'aplomb peuvent entraîner des douleurs et un vieillissement accéléré des articulations, c'est pourquoi il ne faut pas les négliger.

^ Chez un cheval d'aplomb, les empreintes des sabots sont sur deux lignes parallèles.

v Cheval qui billarde.

APLOMBS À L'ARRÊT : LES POSTÉRIEURS VUS DE DERRIÈRE

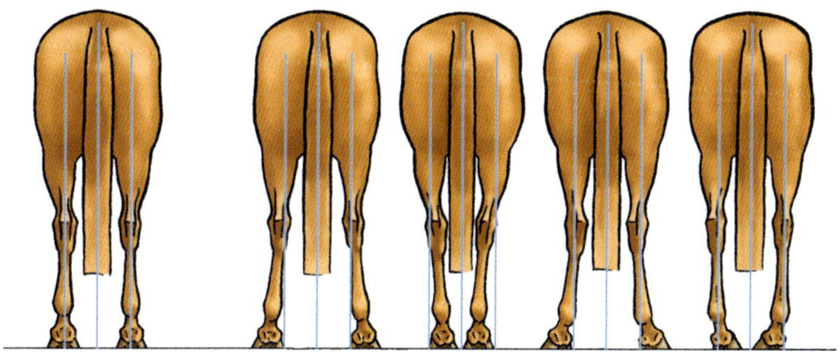

aplomb correct | ouvert du derrière | serré du derrière | panard du derrière | cagneux du derrière

Les **tares**

On observe parfois, au niveau des membres des chevaux, des déformations que l'on qualifie de « tares ». Dures ou molles, il faut en chercher l'origine et tenter de les soigner si elles provoquent une gêne.

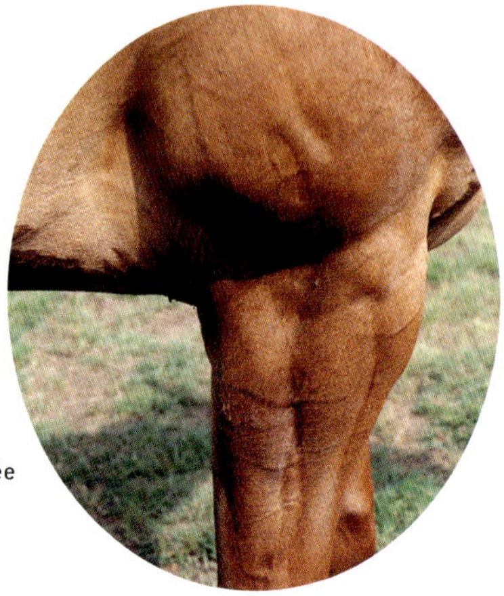

> L'éponge est une sorte d'ampoule située dans l'épaisseur de la peau.

Les tares molles

Ce sont des poches de liquide situées au niveau des articulations. En effet, chaque articulation baigne dans un liquide – la synovie – qui sert de lubrifiant. Si l'articulation reçoit un coup ou bien si elle est abîmée en raison d'un défaut d'aplomb, on peut voir apparaître une inflammation : le volume de la synovie augmente et cela crée une tare molle. Elle n'est parfois que passagère, mais comme les tissus qui entourent les articulations sont peu élastiques, les gonflements peuvent devenir définitifs.

• **Les molettes.** Ce sont des tares molles situées au niveau du boulet, sur les membres antérieurs ou postérieurs.
Si la molette a une forme allongée et s'observe plutôt sur la face arrière du membre, c'est qu'elle touche un tendon, et on parle alors de **molette tendineuse**. C'est relativement fréquent et sans gravité. Si elle est dure et chaude, cela signifie qu'elle est en pleine évolution. Si la molette est plus en avant sur le membre et de forme plutôt arrondie, elle touche probablement l'articulation elle-même et le cartilage. On parle alors de **molette articulaire**, à surveiller car c'est peut-être un signe d'arthrose.

• **Les vessigons.** Ils concernent les jarrets et peuvent eux aussi avoir deux origines.
Le **vessigon tendineux** s'observe entre la pointe et la corde du jarret ; de forme plutôt sphérique, il est rarement associé à une boiterie.

Si l'on observe trois zones de gonflements, l'une en avant et les deux autres en arrière de part et d'autre de l'articulation, il se peut que ce soit un **vessigon articulaire,** susceptible de provoquer une gêne au cheval.

• **D'autres tares molles.** Elles s'apparentent à nos ampoules : il s'agit juste de poches de liquides situées dans l'épaisseur de la peau. Sans lien direct avec une articulation, elles sont en général sans danger. C'est le cas des **éponges**, des **hygromas du genou** ou de la **bursite du garrot**.

TARES MOLLES

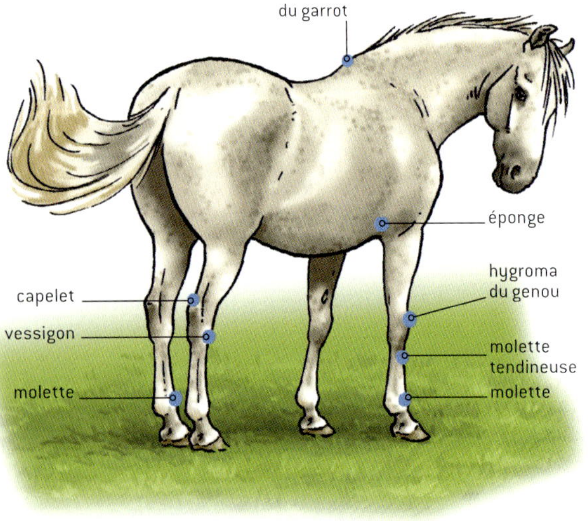

Prévenir et guérir

Après une séance de travail intense ou une compétition, un coup de jet d'eau froide, la pose de bandes de repos ou d'argile sur les membres sont autant de mesures de prévention utiles contre l'apparition des molettes ou pour en éviter l'aggravation.

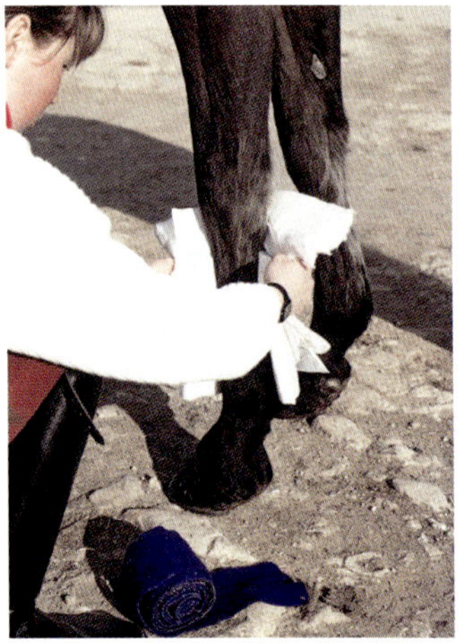

> Pose de bandes de repos.

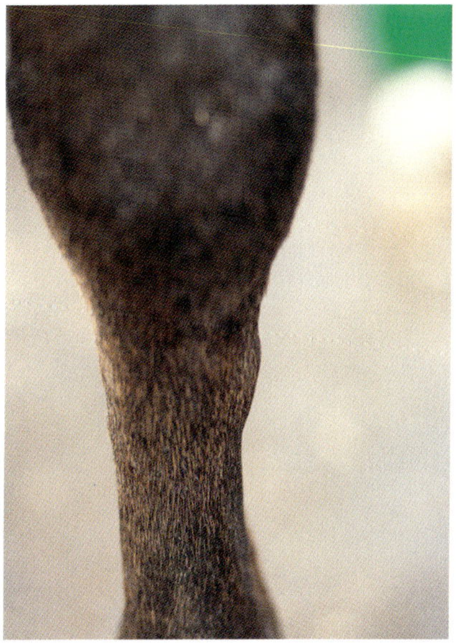
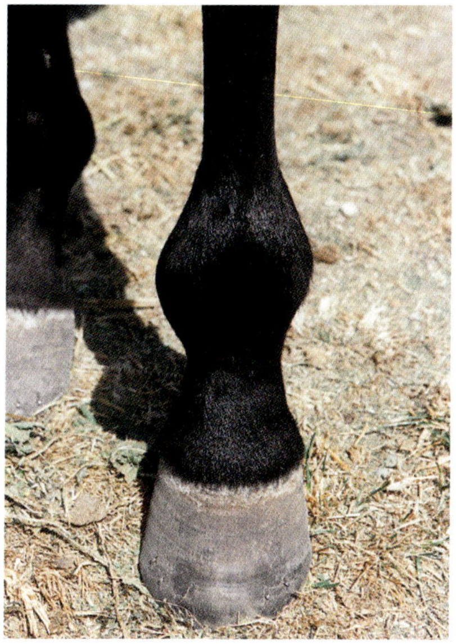
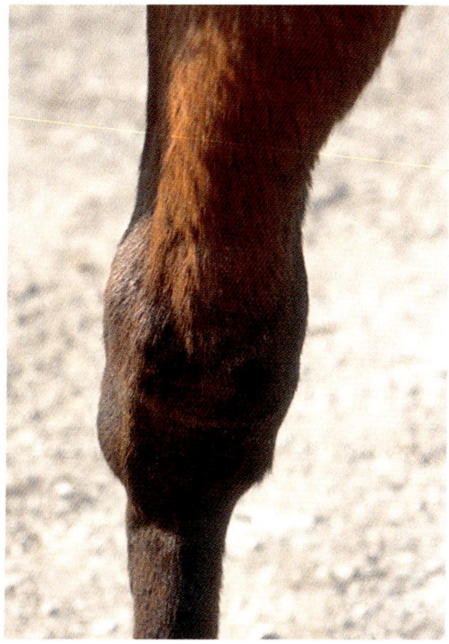

Les tares dures

Ce sont des proliférations anormales du tissu osseux au niveau des membres. Elles ont plusieurs origines.

• Les ligaments, qui sont des tissus souples, peuvent se minéraliser progressivement en raison d'une déformation importante. C'est le cas de certains **suros**, qui sont la conséquence de défauts d'aplomb, des **jardes** et des **courbes**.

• Quand une articulation est en souffrance, et plus particulièrement à cause d'un défaut d'aplomb, il arrive qu'elle se déforme progressivement. Lorsque c'est en cours, cela entraîne parfois de vives douleurs pour le cheval. Mais une fois cette déformation stabilisée, elle peut être parfaitement indolore, même si elle est très visible. Il s'agit notamment de l'**éparvin**, sur la face interne et inférieure du jarret.

• Enfin, parfois, des microfractures consécutives à un choc conduisent à la formation d'un cal osseux. Plus la fracture est mobile et plus ce cal est important et risque de gêner le cheval.

^ De gauche à droite :
• Suros.
• Boulet enflé.
• Éparvin.

v Examen des membres.

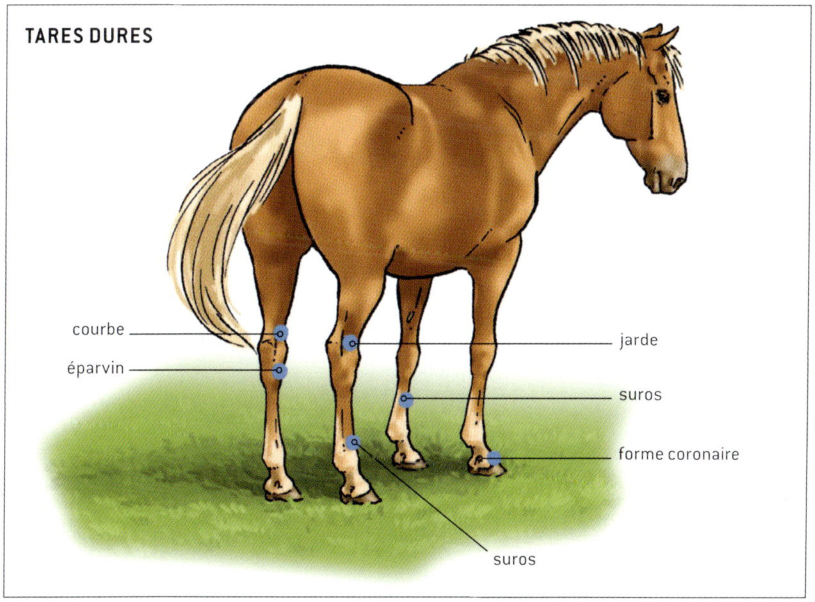

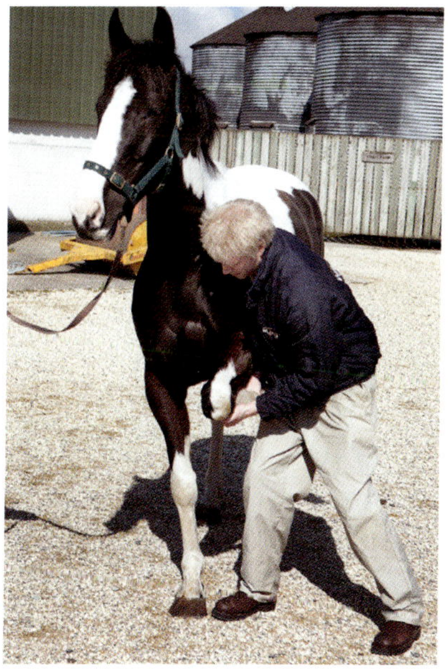

Du pas au trot

Le cheval est un quadrupède capable de se déplacer selon trois allures différentes. Totalement instinctives, elles sont communes à d'autres espèces d'équidés. Au pas comme au trot, il y a un rythme particulier de pose des sabots au sol et des mouvements d'encolure caractéristiques.

Le pas

• **Une allure à quatre temps :** les quatre sabots se posent alternativement sur le sol : d'abord le postérieur droit, puis l'antérieur droit, suivi du postérieur gauche, puis de l'antérieur gauche. Le cheval a toujours au moins deux pieds posés au sol. Les mouvements de haut en bas de l'encolure et les ondulations de la colonne vertébrale sont très marqués et facilement ressentis par le cavalier.

• **L'allure idéale pour détendre un cheval et l'échauffer.** Après un effort important, elle lui permet de reprendre son souffle et de récupérer une bonne fréquence cardiaque. Quelques minutes au pas à la fin d'une séance de travail évitent au cheval des courbatures le lendemain et sont l'occasion de vérifier qu'il ne souffre d'aucun défaut de locomotion lié à une blessure.

À chaque travail son pas

• **Rênes longues :** c'est l'allure naturelle du cheval, que l'on adopte avant et après le travail ou lors d'une randonnée. L'encolure est allongée et la tête plutôt basse. Normalement, l'empreinte de chaque postérieur se pose devant celle de l'antérieur situé du même côté.

LES 4 ÉTAPES DU PAS

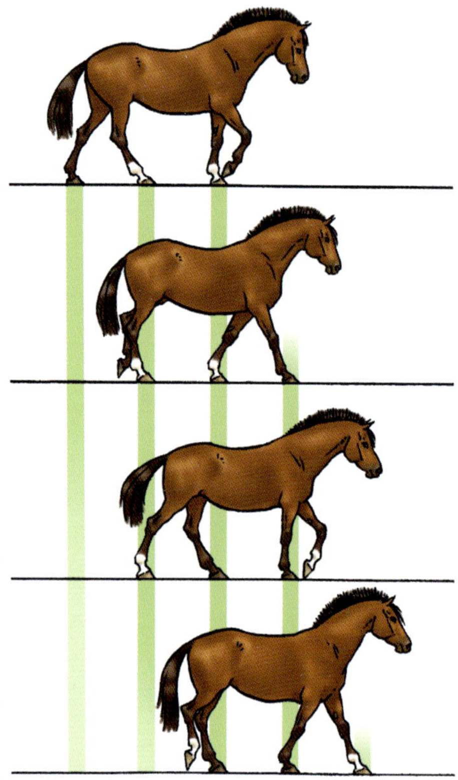

∨ De gauche à droite :
• Pas rênes longues.
• Pas rassemblé.

LES 4 ÉTAPES DU TROT

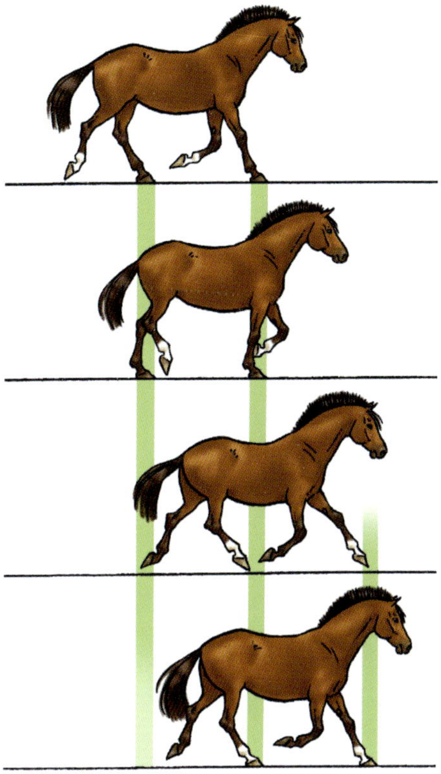

• **Le pas moyen :** les rênes sont ajustées pour avoir un bon contact avec la bouche du cheval. Les mouvements de l'encolure sont moins perceptibles. Le cheval se déplace à environ 6 km/h.

• **Le pas allongé :** le cavalier demande au cheval d'allonger sa foulée et l'accompagne avec son bassin. L'encolure se détend, mais le contact avec la bouche doit être constant.

• **Le pas rassemblé :** même rythme que le pas moyen, mais les foulées sont plus ramassées. L'encolure est redressée et la nuque fléchie pour que le chanfrein soit à la verticale. Les empreintes des postérieurs et des antérieurs se recouvrent. C'est l'allure recherchée dans le dressage ; elle demande une bonne musculation et une soumission du cheval.

Le trotting

Il s'agit d'une séance de travail à l'extérieur où l'on alterne de longues phases de trot sur différents types de terrains et du pas pour la récupération. Pratiqué une ou deux fois par semaine, le trotting permet au cheval de travailler son endurance, de muscler son dos et, surtout, son cœur – c'est une forme de cardiotraining. Le cavalier doit penser à changer régulièrement de « diagonale » dans son trot enlevé afin de faire travailler symétriquement le dos de son cheval.

Le trot

C'est une allure symétrique à deux temps. La séquence de pose est : diagonal droit (postérieur gauche et antérieur droit), suspension (aucun membre ne touche le sol), diagonal gauche (postérieur droit et antérieur gauche). Les mouvements de la colonne vertébrale sont très faibles. La vitesse moyenne est de 15 km/h. On peut faire du **trot de travail**, qui est l'allure la plus naturelle pour le cheval, ou lui demander un **trot allongé**, ou encore **rassemblé**.

Au trot, le cheval utilise assez peu son encolure et sa colonne vertébrale reste relativement rigide. Les mains du cavalier doivent donc éviter de trop bouger.

Trot assis ou enlevé

• Le cavalier peut faire du **trot assis :** il reste bien calé dans sa selle, absorbe les mouvements avec le bassin et les mains en laissant les jambes tomber le long du corps du cheval, sans perdre le contact. Au trot assis, certains chevaux sont beaucoup plus confortables que d'autres !

• Au **trot enlevé**, le cavalier se lève en alternance à chaque phase de suspension. Il utilise pour cela la poussée naturelle du corps du cheval, c'est donc beaucoup plus confortable pour les deux ! Le cavalier trotte sur le diagonal droit lorsqu'il se lève juste après le poser du diagonal droit, et vice-versa. Pour le savoir, il suffit de regarder l'épaule du cheval.

> Trot assis.

Du **galop** au **saut**

Le galop est l'allure la plus rapide du cheval ; au naturel, il se déplace aux environs de 20 à 25 km/h, mais, lancé en plein sprint, un pur-sang de course peut dépasser les 60 km/h ! C'est aussi l'allure qui facilite le plus la prise d'élan lorsqu'il s'agit de franchir un obstacle.

Le galop

C'est une allure dissymétrique, à trois temps inégaux suivis d'un temps de suspension où aucun membre ne touche le sol. La séquence de pose est : appui du postérieur droit, pose du diagonal droit (postérieur gauche, antérieur droit), appui de l'antérieur gauche, projection (suspension).

Pour suivre son cheval au galop, le cavalier peut rester assis dans la selle, en accompagnant bien les mouvements avec le bassin et les mains. Il peut aussi se mettre en équilibre sur ses étriers en avançant légèrement ses épaules. Il doit ensuite s'adapter au rythme du cheval.

< Cheval au galop au pré.

> Page ci-contre, de haut en bas :
• Galop rassemblé.
• Galop allongé.

Les différents galops

• **Le galop de travail.** C'est le plus naturel pour le cheval – on l'appelle aussi « canter ». Il utilise au maximum les mouvements de balancier de son encolure et semble basculer au-dessus de ses antérieurs.

• **Le galop moyen.** L'allure est plus soutenue, la propulsion des postérieurs plus importante et l'effort musculaire fourni est plus important lui aussi. C'est l'allure adoptée sur un parcours d'obstacles.

• **Le galop allongé.** Les foulées sont encore plus longues et la vitesse plus rapide, le cheval étend son encolure dans le prolongement de son dos. C'est l'une des allures demandées lors d'une compétition de dressage, et c'est aussi à cette allure que l'on s'engage sur un parcours de cross. Le cavalier doit faire bien attention à suivre avec ses mains les mouvements de la tête du cheval pour ne pas perdre le contact avec la bouche de celui-ci, ou au contraire le gêner.

• **Le galop rassemblé.** Nuque fléchie, tête haute et chanfrein à la verticale, le corps du cheval est ramassé, les foulées très raccourcies, avec un fort engagement des postérieurs. Le cheval doit être souple et faire preuve de soumission.

À droite ou à gauche

Le galop étant une allure dissymétrique, si l'antérieur droit se pose en avant de l'antérieur gauche, on dit que le cheval galope à droite. Ce doit être le cas lorsque l'on tourne sur un cercle à main droite. Et vice versa. Si le cheval galope à droite alors qu'on tourne à gauche, on dit qu'il « galope à faux ». C'est une allure parfois recherchée en dressage, qui exige beaucoup d'équilibre de la part du cheval. Quand on passe du galop à droite au galop à gauche, on effectue un changement de pied.

Terrains et allures

Il faut choisir son allure en fonction de la nature du sol et de l'état de son cheval. On préférera toujours un terrain souple et régulier à un terrain trop meuble qui risque de fatiguer les articulations et le dos de l'animal ou un terrain dur qui use la ferrure et risque de provoquer l'apparition de tares dures.

Au pas : sur le macadam, sur des terrains escarpés.
Au trot : sur un terrain régulier et pas trop dur.
Au galop : sur un terrain meuble, de type sable ou herbe.

LES 4 ÉTAPES DU GALOP

Le saut

Le geste peut être décomposé en six étapes : dernière foulée d'abord avec un fort engagement des postérieurs sous le corps et la tête un peu relevée, battue d'appel (levée des antérieurs), poussée et détente des postérieurs, planer, bascule et réception sur les antérieurs, reprise du galop. Aujourd'hui, le saut se pratique en équilibre pour le cavalier, en suspension sur les étriers, mais jusqu'à la fin du XIXe siècle, on enseignait la position en arrière : bien assis dans la selle, le haut du corps penché en arrière, les rênes un peu lâches – il était alors bien difficile d'enchaîner plusieurs obstacles !

Des **allures** plus **rares**

Certaines races sont naturellement capables de se déplacer à des allures très rares. Pour d'autres, il s'agit de défauts ! À chacun d'apprécier à sa juste mesure.

Défauts d'allures

- **L'aubin** est une allure où le cheval trotte des antérieurs et galope des postérieurs, ou vice versa. Cela dénote un manque d'engagement de l'avant-main ou de l'arrière-main.
- **Le galop désuni** survient lorsque le cheval galope à droite avec ses antérieurs et à gauche avec ses postérieurs, et inversement. Cela peut être sévèrement sanctionné lors d'une compétition de dressage.
- **Le traquenard** est un trot désuni où les battues des diagonales sont dissociées, ce qui peut être provoqué par une vitesse trop importante ou un mauvais dressage du cheval.

> Page ci-contre : Tennessee walker.

v De gauche à droite :
- Cheval islandais à l'amble.
- Cheval islandais au tölt.

L'amble

C'est une allure symétrique à deux temps qui ressemble un peu au trot, à cette différence près que ce sont les bipèdes latéraux, et non diagonaux, qui se posent en alternance. Ainsi, les deux membres – postérieur et antérieur – du même côté se lèvent et se posent en même temps, ce qui donne une démarche assez caractéristique. C'est une allure partagée par de nombreux quadrupèdes, et notamment le chien.

- Pour le cavalier, c'est une allure plus confortable que le trot : elle est appréciée par les cavalières qui montent en amazone ou autrefois par les voyageurs à cheval.
- Certaines races de chevaux ou de mulets ont été sélectionnées pour leur aptitude naturelle à l'amble. Autrefois, on entravait deux membres latéraux des poulains pour les forcer à apprendre à marcher à l'amble. Pourtant, cette allure est aujourd'hui considérée comme défectueuse par de nombreux cavaliers et elle est même sévèrement sanctionnée dans les épreuves de dressage.

Le tölt

C'est une allure à quatre temps où les sabots viennent successivement se poser au sol dans le même ordre qu'au pas, mais à une allure bien plus rapide. Cela ressemble en quelque sorte à un trot à quatre temps. C'est une allure que l'on ne trouve que chez les chevaux islandais et qui est très confortable pour le cavalier.

Des races aux allures particulières

• **Le petit cheval islandais** est le seul au monde qui soit naturellement capable de marcher aux cinq allures : pas, trot, galop, amble et tölt. C'est même l'une de ses caractéristiques !

• **Les chevaux de race tennessee walker** – race américaine née dans les plantations de coton au sud du pays – possèdent trois allures qui leur sont propres : le flat foot walk est un pas lent et glissé à quatre temps, si ample et délié que le cheval semble flotter au-dessus du sol ; le running walk est un pas rapide et dissocié, sorte de version accélérée du précédent, et le rocking-chair canter est un galop rassemblé présentant un mouvement de roulis et obtenu par une élévation de l'avant-main, tandis que l'arrière-main reste quasiment horizontale.

Ces allures confortables permettaient aux cavaliers de parcourir sans relâche les vastes plantations.

Faire reculer un cheval

Même si ce mouvement est inné chez le cheval, ce n'est pas vraiment naturel pour lui. Un cheval préférera toujours faire volte-face que reculer ! Il faut donc une certaine soumission et du calme pour que le cheval accepte de reculer. C'est une « allure » que l'on demande lors des compétitions de dressage. On peut d'abord pratiquer en main, puis le demander au cheval en selle.

Le **monde visuel** du cheval

Connaître les particularités de la perception visuelle d'un cheval et les différences par rapport aux nôtres permet de mieux comprendre son comportement. Revue de détail de ce sens qui permet au cheval de détecter le moindre danger et de s'adapter à son environnement.

Comme un daltonien ?

Alors que sur sa rétine, l'homme possède trois types de récepteurs, sensibles au vert, au bleu et au rouge, le cheval n'en possède que deux. Ce qui laisse penser qu'il voit probablement le monde comme les daltoniens. Probablement les verts et les jaunes lui apparaissent-ils semblables, ne différant que par leur luminosité et leur brillance. Contrairement à certaines idées reçues, le cheval ne voit donc pas en noir et blanc, mais sa perception des couleurs est différente de la nôtre. Cette vision dichromatique du cheval est parfaitement adaptée à son milieu naturel, mais elle peut lui poser quelques problèmes dans des environnements imposés par l'homme.

CHAMP VISUEL DU CHEVAL

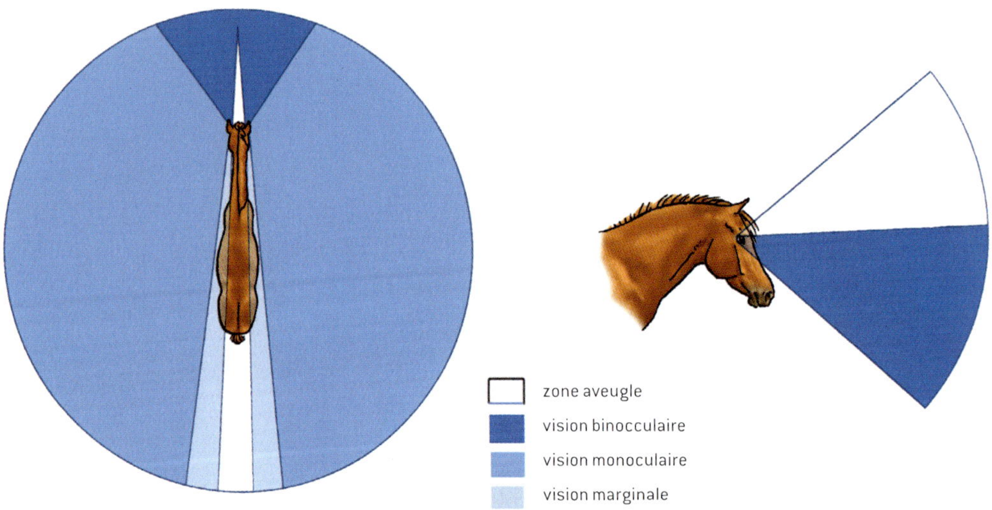

Un champ visuel d'herbivore

• Le cheval dispose d'un **champ visuel très différent du nôtre**. Placés de chaque côté de la tête de façon saillante, ses yeux lui permettent d'avoir un champ de vision qui couvre presque 340° sur les 360° qui l'entourent – soit presque sur un cercle complet sur le plan horizontal. Chaque œil couvre environ 200°, avec une vision binoculaire sur environ 80° devant lui. La seule région aveugle est une bande étroite vers l'arrière, qui correspond plus ou moins à la largeur de son corps. Ce qui explique pourquoi il ne faut jamais aborder un cheval par l'arrière ! Mais il lui suffit de légèrement tourner la tête pour voir dans cette direction et donc observer son cavalier.

• **Sur un plan vertical,** le cheval est capable de voir ce qu'il broute en même temps qu'il surveille au loin. Ainsi, le cheval est équipé pour examiner le sol devant lui tout en surveillant les alentours, ce qui est essentiel pour sa survie ! En pratique, la position du chanfrein par rapport à la verticale est déterminante pour la vision vers l'avant ; c'est pourquoi, face à un obstacle, mieux vaut laisser le cheval assez libre de placer sa tête comme il le souhaite.

^ Pour discerner les mêmes détails que nous, le cheval doit être deux fois plus proche de l'objet...

Gros œil

Parmi les mammifères terrestres, le cheval compte au nombre de ceux qui ont les plus grands yeux : avec un diamètre entre 4,5 et 5,5 cm, ils sont deux fois plus gros que les yeux humains. C'est sans doute pour cela que l'on a tendance à croire qu'il voit deux fois plus grand. Mais c'est totalement faux !

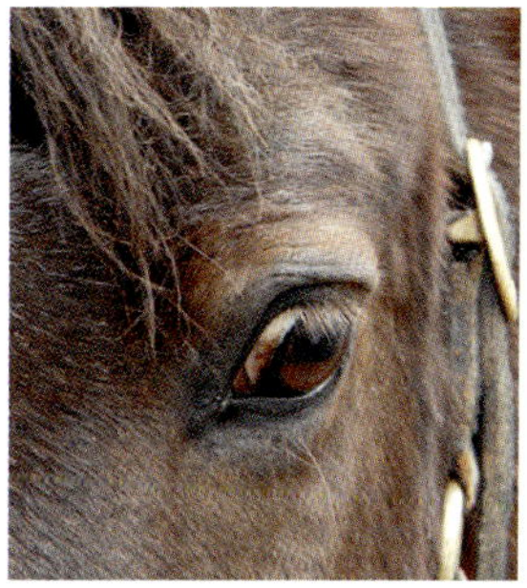

Une vision adaptée à son mode de vie

• On a pu estimer que le cheval a une **acuité visuelle inférieure d'environ 40 %** à la nôtre : pour voir les mêmes détails que nous, il doit être deux fois plus proche de l'objet. C'est tout de même bien mieux qu'un chien, et cela représente une acuité trois fois supérieure à celle d'un chat ! Bien sûr, il existe aussi des différences entre individus. Comme chez l'homme, il peut y avoir des chevaux myopes ou hypermétropes.

• **Surveiller l'horizon**. Chez le cheval, la fovéa, c'est-à-dire la zone au centre de la rétine où les détails sont les plus nets, a la forme d'une fine bande au format panoramique où les récepteurs visuels sont plus concentrés. Cela lui permet de surveiller l'horizon. On suppose par ailleurs que sa vision périphérique est assez brumeuse, mais très sensible aux mouvements. Cela expliquerait pourquoi, en bordure de son champ visuel, le cheval réagit avant tout à un mouvement plutôt qu'à la simple présence d'un objet.

L'audition et le toucher

Voici deux sens qui, chez le cheval, sont fortement impliqués dans la relation aux autres, qu'il s'agisse de ses congénères ou des êtres humains. Et s'ils ont été relativement peu étudiés par les scientifiques, on aurait tort de les sous-estimer !

v De gauche à droite :
- En faisant bouger ses oreilles, le cheval peut repérer d'où provient un bruit.
- Comportement agonistique (agression).

Des oreilles très mobiles

Le cheval est capable de bouger ses oreilles indépendamment l'une de l'autre et dans n'importe quelle direction, grâce à treize groupes de muscles qui desservent chaque oreille. Lorsque le cheval est au pré, il se sert avant tout de ses oreilles pour repérer le moindre changement dans son environnement, l'approche d'un danger. En les faisant bouger, il peut déterminer de quelle direction provient un bruit. Ce mécanisme est particulièrement efficace pour les basses fréquences, c'est-à-dire les sons graves. Par contre, quand il s'agit de sons très aigus et très brefs, les études scientifiques montrent que le cheval n'est pas toujours capable de savoir d'où ils proviennent ; c'est pourquoi, face à des sons aigus, sa première réaction est bien souvent la peur, voire la fuite.

Une bonne mémoire auditive

Plusieurs études ont été réalisées sur les juments et leurs poulains. Après les avoirs séparés, on leur a fait entendre des enregistrements de vocalises et hennissements de plusieurs individus. Dans la plupart des cas, les observations indiquent qu'il existe une reconnaissance sonore entre une mère et son foal.

Des organes sensibles

Le cheval perçoit des sons plus aigus qu'un être humain, mais entend moins bien les basses fréquences : il entend en effet des sons allant de 55 Hz jusqu'à 33 500 Hz alors que l'homme entend de 20 Hz jusqu'à 20 000 Hz. Il lui arrive donc d'être effrayé par des sons que son cavalier n'a même pas perçus. Par ailleurs, les sons les mieux perçus par l'oreille du cheval se situent autour de 4 000 Hz, tout comme l'oreille humaine. Or, cette fréquence sonore correspond à celle des hennissements et vocalisations diverses émises par un équidé, mais aussi à celle de la voix humaine. En revanche, murmures et chuchotements semblent vains : si l'oreille humaine est capable de percevoir une voix d'homme à un très faible volume – 4 dB à peine –, il faut monter un peu plus le son pour que le cheval l'entende à son tour : 18 dB au moins sont nécessaires !

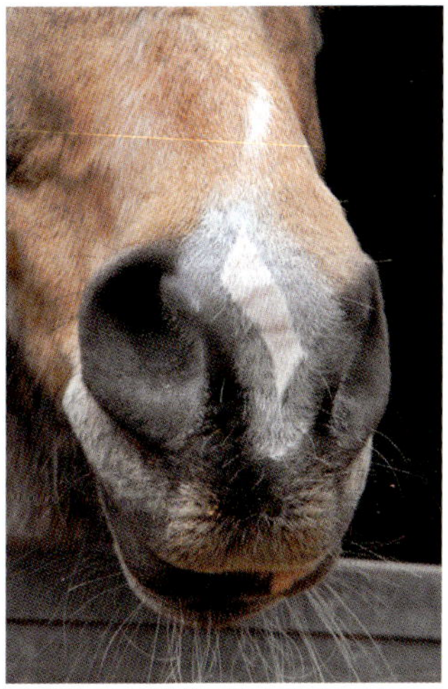

Les vibrisses

L'une des parties les plus sensibles au toucher chez le cheval est sans doute la tête, et plus particulièrement les zones autour des yeux, des oreilles, des naseaux et de la bouche. Certains chevaux n'apprécient pas vraiment qu'on les touche à cet endroit. Si on y regarde de plus près, on découvre sur le bout du nez du cheval de longs poils très fins – des vibrisses. Celles-ci lui sont très utiles lorsqu'il broute car le cheval ne peut voir ce qui ce situe juste à portée de ses dents ; il ne faut donc jamais couper ces poils !

Du toucher au tact

Que serait l'équitation si le cheval n'avait pas un sens du toucher très développé ? Comment percevrait-il un subtil déplacement d'une jambe le long de son thorax ? S'il est assez peu sensible à la douleur, il perçoit au contraire très bien la moindre pression ou effleurement. D'ailleurs, il suffit d'observer avec quelle vitesse et précision un cheval réagit lorsqu'une mouche se pose quelque part sur son corps, simplement en faisant frémir la surface de sa peau pour déloger l'insecte.

Cette sensibilité tactile est très importante dans les relations entre les chevaux, notamment parce que les séances de toilettage mutuel sont une des bases des relations entre individus. L'homme se sert aussi de cette sensibilité pour communiquer avec sa monture, notamment au niveau de la bouche du cheval.

Pour préserver cette réceptivité, il faut donc veiller à garder le contact avec la bouche de son cheval lorsqu'on monte, sans la solliciter outre mesure et encore moins la blesser.

^ De gauche à droite :
- Séance de toilettage mutuel.
- La sensibilité de la bouche est utile au cavalier pour communiquer avec sa monture.

Le goût et l'odorat

La perception du goût et de l'odeur est un mécanisme essentiel lors de l'alimentation du cheval. Mais ces deux sens sont impliqués dans bien d'autres comportements, et notamment la reproduction. Beaucoup plus développé que celui des humains, l'odorat sert aussi à la jument à identifier son poulain, par exemple.

Des papilles gustatives

Les mammifères ont un sens gustatif extrêmement développé. Comme nous, il semble bien que le cheval dispose sur sa langue de papilles sensibles au sucré, au salé, à l'amer et à l'acide. Côté préférence, aucun doute, le cheval apprécie beaucoup le sucré ! Les cavaliers l'ont bien compris, qui distribuent du sucre ou des pommes pour faire plaisir à leur monture, mais aussi les industriels qui développent des aliments concentrés en ajoutant de la caroube (graine très sucrée) ou de la mélasse (sorte de sirop de sucre) pour en augmenter l'appétence. À l'inverse, la plupart des chevaux n'apprécient pas l'amer et l'évitent du mieux qu'ils peuvent.

Il arrive aux chevaux de lécher la boue, riche en sels minéraux.

Les chevaux se reniflent mutuellement pour se saluer.

Mais il ne faut pas oublier que toutes les subtilités des aliments se perçoivent aussi à travers leur parfum. En effet, la cavité buccale est en connexion avec les fosses nasales, via les sinus. Ce qui explique que la perception des goûts soit fortement altérée lors d'un rhume.

Des préférences individuelles

Le cheval est sans doute l'herbivore qui a la plus grande capacité d'adaptation alimentaire. Comme les porcs, il est quasiment omnivore. Il peut donc presque manger de tout, à condition d'effectuer des changements alimentaires très progressifs. Mais ce n'est pas pour autant qu'il faut sans cesse varier son alimentation : le cheval s'accommode très bien d'une alimentation toujours identique !

En fonction de son expérience, chaque cheval développe ses propres préférences alimentaires. Ainsi, un animal qui n'aura jamais mangé de sucre de sa vie ne manifestera aucune attirance face à un petit cube blanc. À l'inverse, s'il a connu des désagréments digestifs après l'ingestion d'un aliment particulier, il aura tendance à ne plus le consommer par la suite.

Certains chevaux plus sensibles que d'autres

En matière de goût, les chevaux sont comme les hommes : certains sont plus difficiles que d'autres ! De quoi compliquer les déplacements, pour des concours ou des randonnées, où il faut faire avec la nourriture disponible sur place. Pour ces chevaux sensibles aux changements, il existe un truc : parfumer leurs aliments avec un goût qu'ils apprécient particulièrement (du miel très doux ou du jus de pomme, par exemple). Il suffit ensuite de partir en déplacement avec un bocal de miel ou une bouteille de jus de pomme et d'en ajouter quelques cuillerées aux aliments fournis sur place ! Gare aussi aux aliments mal conservés qui dégagent parfois une odeur trop forte.

L'odorat et la reproduction

Pour détecter si une jument est en chaleur, l'étalon se sert de son odorat : il renifle notamment l'urine des juments et est capable de détecter les différentes hormones qu'elle contient et qui sont liées au cycle menstruel de celles-ci.

L'odorat joue aussi un rôle essentiel dans la reconnaissance entre la jument et son poulain. Dans les premières heures qui suivent la naissance, la jument opère une toilette de son petit et s'imprègne de son odeur. Certains scientifiques pensent que cette reconnaissance passe aussi par le goût, car en léchant son poulain, la jument reconnaîtrait sa propre odeur, présente dans le liquide amniotique où baignait le petit avant sa naissance.

L'emploi du temps du cheval

Lorsqu'il vit à l'état sauvage ou au pré avec des congénères, le cheval passe le plus clair de son temps à s'alimenter. Mais il ne faut pas négliger l'importance des relations sociales, car le cheval est un animal grégaire, fait pour vivre en groupe.

SA PREMIÈRE ACTIVITÉ : S'ALIMENTER

Une jument y consacre en moyenne 16 heures par jour – un étalon une ou deux heures de moins. Plusieurs raisons à cela : d'abord, les juments ont plus de besoins quand elles sont gestantes ou allaitantes, ensuite, l'étalon doit assurer sa mission de surveillance et de cohésion du groupe et il a donc un peu moins de temps disponible pour brouter !

> Page ci-contre, de gauche à droite :
• Les déplacements sont une activité importante pour les chevaux.
• Se désaltérer ou brouter se pratique indifféremment de jour ou de nuit.

Un emploi du temps très stable

Lorsque les chevaux vivent dans des conditions très proches de leur mode de vie naturel, la répartition de leurs différentes activités sur 24 heures est relativement constante. Le cheval est un animal qui aime la routine : il passe 12 à 16 heures à s'alimenter, 3 à 5 heures à se reposer, et le temps restant est partagé entre les déplacements, notamment pour trouver des points d'eau, et les interactions sociales avec les autres chevaux.

Selon les saisons, la composition du groupe de chevaux, les naissances à venir ou qui ont déjà eu lieu, mais aussi l'environnement, la répartition de ces différentes activités peut varier lors d'une journée. En plein été, les chevaux cessent en général toute activité pendant les heures les plus chaudes et s'agitent plutôt en début et fin de journée, et même la nuit. À l'inverse, quand l'hiver vient et que la nourriture se fait plus rare, ils consacrent plus de temps à s'alimenter.

Se reposer

Le cheval ne dort en moyenne que 4 heures par jour lorsqu'il vit dehors : le sommeil est en général réparti tout au long d'un cycle de 24 heures sur cinq à sept épisodes, qui durent entre 30 et 40 minutes chacun. En tant qu'herbivore, le cheval est une proie facile : dormir trop longtemps signifierait prendre des risques !

Le plus souvent, il reste debout, immobile, avec un postérieur légèrement fléchi, l'encolure basse et les paupières à demi fermées. Mais il lui arrive aussi de se coucher (on dit alors qu'il est couché en vache ou bien en décubitus latéral), notamment lors du sommeil paradoxal (phase de sommeil où ont lieu les rêves). Les poulains s'allongent plus souvent car ils dorment plus, et la proportion de sommeil paradoxal serait chez eux plus importante.

Et la nuit ?

Le cheval dispose d'une très bonne vision nocturne, ce qui fait qu'il organise sa journée sur 24 heures. Brouter ou dormir sont des activités pratiquées indifféremment de jour comme de nuit. La nuit devient même une période privilégiée pour les déplacements ou les interactions entre individus en été, car les températures sont bien supportables et les insectes moins envahissants.

Dormir debout

Pour le cheval, dormir debout est une question de survie. Il y parvient parce qu'il possède dans ses membres des muscles et des ligaments très particuliers qui lui permettent de bloquer ses articulations en faisant le minimum d'efforts. Lorsqu'on le voit en appui sur trois jambes seulement, un postérieur légèrement fléchi, c'est qu'il utilise cette sorte de système autobloquant sur trois de ses membres, ce qui est suffisant pour tenir debout pendant son sommeil.

Son espace vital

Le cheval n'est pas à proprement parler un animal attaché à un territoire, mais selon ses conditions de vie – selon qu'il est domestique ou sauvage – et la disponibilité des ressources alimentaires, il a différentes façons d'occuper l'espace qui est à sa disposition.

Des itinéraires balisés

Lorsqu'ils se déplacent en groupe, les chevaux ont pour habitude de se suivre à la queue leu leu, empruntant toujours les mêmes sentiers, de sorte qu'à force, ces chemins sont facilement repérables. Le long de ces sentiers, il n'est pas rare d'observer des piles de crottins. Il s'agit de crottins de marquage, déposés par les étalons, pour signaler leur présence, plus que pour marquer leur territoire ou en empêcher l'accès à d'autres.

Ses lieux de vie

Pour un cheval, qu'il soit domestique et vive au pré ou sauvage et vive en totale liberté, le domaine vital se compose de plusieurs éléments indispensables à sa survie :

• **une zone d'alimentation**, dont la surface dépend de la quantité et de la qualité des ressources alimentaires disponibles ;
• un ou plusieurs **points d'eau ;**
• **un abri** contre les intempéries, le soleil et/ou les insectes ;
• une zone **de repos.**

En général, un cheval reste très attaché à son domaine vital, celui qui l'a vu naître. Il le connaît bien, y a ses habitudes. Il peut partager ce domaine avec d'autres groupes de chevaux, mais la cohabitation est plus ou moins difficile en fonction de la disponibilité de certaines ressources.

La cohabitation avec d'autres herbivores se passe en général très bien car il n'y a pas de réelle compétition alimentaire.

Lorsque l'environnement est favorable

Dans des conditions optimales, les chevaux vivent en groupe et ne sont pas attachés à un territoire donné. Ils vivent plutôt dans un vaste domaine vital, qui peut être partagé avec d'autres groupes de chevaux et/ou d'herbivores. Le cheval sauvage, le cheval de Przewalski et leurs cousins, les zèbres des plaines et des montagnes, vivent ainsi. Leur domaine couvre parfois jusqu'à plusieurs centaines de kilomètres carrés. En fonction des saisons, ces groupes peuvent migrer de façon massive. La migration des zèbres à travers la plaine du Serengeti, au Kenya, en est le plus bel exemple. Selon certains archéologues, on pouvait assister à un tel spectacle il y a 15000 ans en France, lorsque les chevaux quittaient les pâturages du Massif central pour aller passer l'hiver dans les riches plaines qui bordent la Saône. C'est d'ailleurs à cette occasion que certains d'entre eux se sont fait massacrer par nos ancêtres au pied de la roche de Solutré…

Certains défendent un territoire

Lorsque les ressources sont trop dispersées et ne permettent qu'un faible lien social, on observe chez certains équidés un comportement de défense du territoire. C'est le cas du zèbre de Grévy, de l'âne d'Afrique, de l'âne sauvage du Tibet et, dans certains cas, de l'hémione, qui vivent dans des habitats quasi désertiques. Chez ces espèces, mis à part les liens entre une mère et ses jeunes poulains, il n'existe aucune relation stable entre les individus. Les étalons défendent individuellement un territoire de reproduction, où ils sont les seuls à saillir les juments de passage. Il est extrêmement rare d'observer cela chez des chevaux.

Les îles, un cas à part

En écologie, les îles constituent toujours une particularité. Et les équidés qui y vivent n'échappent pas à la règle. Cet environnement peut présenter des contraintes alimentaires très fortes. On y observe parfois une organisation sociale à mi-chemin entre le harem et la territorialité : les groupes s'approprient des petits domaines vitaux qui ne se recoupent pas, et l'organisation en leur sein est plus instable.

Des lieux spécifiques

Certains emplacements, au cœur du domaine vital, sont réservés à des activités particulières. C'est le cas par exemple des sites pour se rouler : il s'agit en général d'un endroit sablonneux, poussiéreux, d'où l'on peut facilement voir le danger venir.

< Page ci-contre, de gauche à droite :
- Chevaux camarguais en liberté.
- Groupe de chevaux sauvages se suivant à la queue leu leu.

v Chevaux vivant en liberté en Sardaigne.

Harem et **hiérarchie**

Mode d'organisation sociale le plus naturel pour le cheval, le harem est composé d'un étalon, de plusieurs juments et de leurs poulains. Au sein de ce groupe, il existe une hiérarchie entre les individus. Cette structure peut évoluer dans le temps.

Le cheval n'est pas fait pour vivre seul

Le cheval est un animal profondément grégaire, c'est-à-dire fait pour vivre en groupe. Ainsi, chez des chevaux domestiques vivant au pré, il n'est pas rare de voir s'établir quelques groupes stables. Autant d'observations qui devraient pousser les propriétaires d'équidés à ne jamais laisser leur cheval seul au pré. À défaut d'autres chevaux, il est préférable de l'accompagner d'au moins un âne ou un poney.

Le harem

Chez les animaux sauvages qui vivent en groupe, différents types de collectivités peuvent exister : le **groupe familial** où tous les individus sont apparentés – c'est le cas notamment chez certains grands singes ; le **groupe matriarcal**, où seules les femelles et leurs petits vivent ensemble, sous l'autorité d'une femelle dominante – c'est le cas notamment des éléphants d'Afrique ; le **harem**, où plusieurs femelles et leurs petits sont « sous la protection » d'un seul mâle, qui est en général le père des petits de l'année. Le cheval, à l'état sauvage, vit sur ce modèle du harem. Il compte en moyenne trois à cinq femelles, suitées de leurs poulains jusqu'à l'âge de 3 ans environ. En général, la composition du harem est assez stable dans le temps.

^ Pour rassembler son troupeau, l'étalon opère une manœuvre dite de *herding*.

La place de l'étalon

Si l'étalon est le seul mâle adulte dans un harem, il n'est pas pour autant l'individu dominant ou le mâle alpha comme on l'entend chez d'autres espèces. Certes, il a acquis sa place en s'imposant face à un autre mâle, mais ce n'est pas lui qui préside à la destinée du groupe ! Il est là surtout pour assurer la cohésion ; ainsi, lorsqu'il doit rassembler son groupe, on observe un comportement de guidage par l'arrière, appelé aussi *herding* (en anglais, *to herd* signifie rassembler, regrouper) : il se place derrière les juments, encolure tendue et tête vers le bas, et balance la tête de droite à gauche.

La hiérarchie entre femelles

Entre les juments elles-mêmes, il existe une hiérarchie. Celle-ci peut facilement se déterminer si on observe les comportements agonistiques (simples menaces ou véritables conflits), mais aussi la fréquence du toilettage mutuel. Ce qui fait qu'une jument est dominante par rapport à une autre n'est pas son poids ou son agressivité, c'est plus souvent une question d'âge et donc d'expérience. Une telle jument a plus facilement les faveurs de l'étalon quand vient la saison des amours. C'est elle aussi, et ses poulains, qui passent en premier pour l'accès au point d'eau. Cette dominance peut être un héritage : en effet, un poulain ou une pouliche de mère dominante aura plus de chances de devenir à son tour dominant à l'âge adulte.

Un objectif : la stabilité

En général, la dernière jument arrivée dans un groupe occupe la place la moins haute dans la hiérarchie. Cela ne signifie pas qu'il y a perpétuellement des agressions entre les membres d'un groupe pour bouleverser cette hiérarchie. Au contraire, même, c'est grâce à cette organisation que le groupe est stable et que les relations entre individus s'y développent en toute sérénité ! « Pour vivre tranquilles, vivons organisés », semblent dire les chevaux...

< Page ci-contre : Juments welsh avec leurs poulains.

> Groupe de juments et de poulains.

Affinités et conflits

Pour établir la hiérarchie entre les membres d'un groupe et, surtout, pour en assurer la stabilité, les chevaux ont de très nombreux comportements sociaux. Ces gestes servent à manifester des liens positifs ou des affinités individuelles, mais certains conflits donnent lieu à quelques gestes bagarreurs.

Un comportement codifié

• **La réciprocité.** Chez le cheval, l'une des caractéristiques du toilettage social est la réciprocité. Il est très rare de voir un cheval se faire mordiller sans qu'il réponde en retour. Ce n'est le cas qu'entre une mère et son poulain, ou entre l'étalon et la jument au moment de la parade sexuelle. Avant de toiletter, il convient donc de bien choisir son partenaire. Les études menées par les éthologues ne sont pas toutes d'accord sur ce point : certaines montrent que le grooming a lieu en général entre animaux de rang social

^ Mâchouiller la crinière fait partie des gestes du toilettage mutuel.

> Toilettage mutuel chez les shetlands.

Le toilettage mutuel

• **Appelé aussi « grooming »,** ce comportement s'observe fréquemment chez les chevaux, qu'ils soient sauvages ou domestiques : deux individus, tête-bêche, se grattent mutuellement au niveau du garrot, le long du dos ou sur la croupe. Si ce geste a un aspect pratique indéniable, il a surtout une importance au niveau social. À l'instar des singes chez qui les longues séances d'épouillage servent à renforcer les liens entre individus, le grooming permet aux chevaux d'entretenir un rapport social. Il se pratique entre chevaux qui s'apprécient ou entretiennent des relations harmonieuses.

proche, tandis que d'autres affirment qu'il n'y a aucun lien entre hiérarchie et grooming.

• **Les juments** y consacrent plus de temps que les mâles. Enfin, les binômes qui se forment à ce moment-là sont très stables. Ils le sont d'autant plus qu'il existe un lien familial entre les deux individus. Les chevaux ont donc tendance à choisir toujours les mêmes partenaires pour se gratouiller, ce qui signifie que le grooming est un indice très fort de l'affinité qui peut exister entre deux équidés. Mieux vaut ne pas interrompre deux chevaux en pleine séance de grooming.

Avec l'homme aussi…

Un cheval qui mord l'homme, baisse systématiquement les oreilles ou donne des coups d'épaule est un cheval qui essaye d'affirmer sa dominance. Il est préférable de ne pas le laisser faire et de montrer son désaccord en haussant la voix, par exemple – comme un cheval hennirait en réponse à cette agression –, et éventuellement en lui donnant une tape sur l'encolure.

À l'inverse, il faut considérer le pansage comme une véritable séance de toilettage, au sens où l'entend le cheval. Plus on consacre du temps à cette activité et plus on noue des liens avec son cheval.

∧ Morsures et coups de sabot sont différentes manières d'intimider l'autre ou de se défendre.

• C'est une méthode de choix pour **établir un lien hiérarchique**, mais il a aussi une **fonction apaisante** essentielle, car il permet de réduire les tensions qui peuvent exister au sein d'un groupe. La preuve en est la découverte par les chercheurs qu'un cheval qui se faisait gratter au niveau du garrot voyait son rythme cardiaque ralentir !

Les comportements agressifs

Pour observer les relations au sein d'un groupe social, on peut aussi s'intéresser aux comportements agonistiques, c'est-à-dire relatifs à la lutte et aux conflits. Cela comprend toutes les manifestations agressives, qu'il s'agisse d'une simple menace, comme des oreilles couchées ou un coup de pied dans le vide, ou de véritables agressions : poursuite, morsures, ruades. Mais ce sont aussi tous les comportements qui viennent en réponse : simple évitement, éloignement ou fuite. L'étude des comportements agonistiques permet de déterminer la hiérarchie qui existe au sein d'un groupe.

De façon assez significative, les comportements agonistiques ne sont pas les mêmes entre juments, entre étalons, et entre une jument et un étalon. À chacun son registre.

Comment le cheval **communique**-t-il ?

Les chevaux étant par instinct des animaux très sociaux, cela sous-entend qu'ils communiquent entre eux. Nombreuses sont les voies de communication : sonore, évidemment, mais aussi visuelle et olfactive. Certaines ne sont pas perceptibles par l'homme.

Le langage du corps

Avec un peu d'expérience, on apprend très vite à reconnaître chez le cheval différentes postures et mimiques qui sont autant de messages à destination des autres chevaux, mais aussi parfois de l'homme.

• **L'alerte.** Il s'agit sans doute de l'une des postures les plus importantes : l'encolure est redressée, la tête haute, le regard porte au loin et les oreilles sont tendues en avant. Le plus souvent, c'est l'étalon qui est en charge de la surveillance. S'il manifeste un peu d'inquiétude et effectue quelques foulées au galop, en général, le groupe se rassemble vite à sa proximité, prêt à fuir si besoin.

• Lors des relations qui peuvent s'établir entre deux individus, qu'elles soient agressives ou expriment une certaine sympathie, il existe aussi tout un registre de mimiques qui sont autant d'informations échangées entre chevaux.

• **Le snapping.** Il s'agit d'un geste de soumission très particulier, que seuls les poulains effectuent envers le mâle du harem, et sans que ce soit une réponse à une menace. C'est une sorte de mâchonnement effectué avec l'encolure tendue vers le bas. Pour certains chercheurs, il s'agirait d'une variante du mâchouillement effectué lors du toilettage mutuel, mais pour l'instant aucune étude n'a permis de vérifier cette hypothèse.

Des oreilles très expressives

Par rapport à la taille de son corps, le cheval dispose d'une tête très importante et très mobile. Elle joue un rôle essentiel dans la communication visuelle : oreilles, lèvres et naseaux sont très mobiles. C'est ainsi que le cheval peut avoir de nombreuses expressions faciales. Pour le cavalier, il est surtout important d'apprendre à repérer lorsque les oreilles sont plaquées en arrière : le cheval s'apprête à mordre ou à donner un coup de sabots !

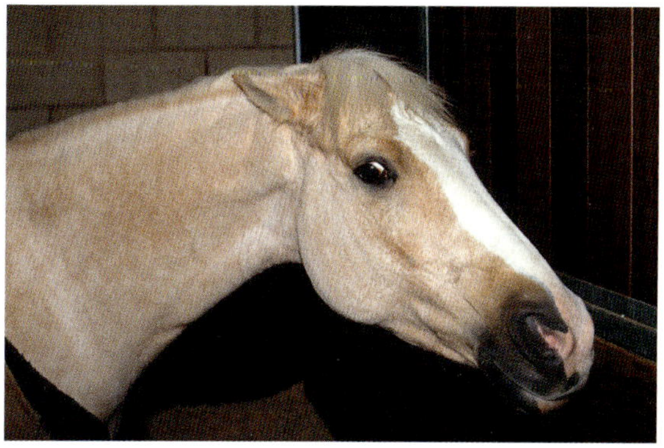

Hennissements et vocalises

Pour décrire les signaux sonores émis par un cheval, nous ne disposons que d'un seul mot, le hennissement. Pourtant, les chercheurs distinguent sept types de vocalises :

- **Le soupir**, sorte de frémissement bouche fermée quand un autre cheval est très proche.
- **L'appel de contact,** un peu plus fort, bouche fermée, mais naseaux largement ouverts. C'est la jument qui rappelle à l'ordre son poulain qui s'éloigne ou l'étalon qui « parle » à une jument en chaleur. On l'entend lorsqu'un cavalier s'approche du box de son cheval ou juste avant la distribution des rations.
- **Le hennissement bouche ouverte**, sorte de cri, souvent émis lors d'un éloignement : lorsqu'une mère a perdu de vue son poulain ou qu'un cheval signale à ses congénères son retour à l'écurie, mais aussi entre deux étalons qui se menacent.
- **Le couinement de colère**, très bref et aigu, surtout lié aux menaces.
- Le **renâclement**, sorte de ronflement dû à la vibration des naseaux, souvent émis par un cheval apeuré ou très inquiet.
- **L'ébrouement,** éternuement volontaire qui sert avant tout à dégager les voies nasales.
- Enfin, on entend parfois les étalons émettre une sorte de **grondement** lorsqu'ils sont en présence de juments qui ne sont pas en chaleur.

< Page ci-contre, de gauche à droite :
• Étalon en posture d'alerte.
• Par le snapping, le jeune poulain exprime sa soumission.

Les phéromones

Ce sont des substances chimiques émises par le cheval et perçues par ses congénères. Elles permettent notamment de renseigner sur l'état physiologique de l'animal : une jument en chaleur émet des phéromones particulières dans ses urines, elle peut aussi émettre des phéromones qui calment son poulain.

^ De haut en bas :
• Le toilettage mutuel est un des modes de communication des chevaux.
• Comme la voix chez l'homme, chaque cheval est reconnu par ses congénères grâce à ses hennissements.

La saison des **amours**

Pour les chevaux qui vivent à l'état sauvage, la saison des amours est une période cruciale ! Bien comprendre tous les comportements qui régissent les liens entre étalons et juments à ce moment-là est très important pour les éleveurs.

Le souffleur du haras

On l'appelle aussi « boute-en-train » ou, plus rarement, « agaceur ». Dans les haras, c'est un étalon qui n'est utilisé que pour détecter si une jument est en chaleur ou non. On l'amène à proximité d'une jument que l'on souhaite faire saillir pour voir s'il réagit et si elle est prête à accepter d'être saillie. Si c'est le cas, il est rapidement écarté et remplacé par l'autre étalon destiné à se reproduire. De sorte qu'un boute-en-train ne connaît que l'excitation et ne récolte jamais les fruits de son action !

La rivalité entre étalons

Pour un étalon sauvage, il n'y a que deux solutions pour s'approprier des femelles : soit il parvient à les séduire et à les faire quitter leur groupe d'origine pour le rejoindre, soit il prend la place d'un autre étalon à la tête d'un harem déjà constitué. Et pour cela, il doit affronter un autre mâle. Les combats peuvent sembler très violents, mais ils sont aussi très ritualisés : plus les étalons sont expérimentés et mieux ils maîtrisent ces rituels.

• **Le marquage.** Lorsqu'il passe à côté d'un tas de crottin, l'étalon le renifle et se renseigne ainsi sur son origine, puis il le recouvre de son propre crottin. C'est une façon de signifier à l'autre sa supériorité ou de recouvrir le crottin de ses juments en chaleur pour qu'il ne soit pas détecté par un autre mâle.

• **Jauger l'adversaire.** Avant de combattre, deux étalons cherchent d'abord à se jauger et à s'impressionner. Tête haute, queue portée fièrement, ils trottent ou galopent dans une position ramassée qui correspond au rassemblé recherché en équitation classique. Ils grattent le sol ou le frappent avec les antérieurs.

• **Le combat.** Moins il y a de préliminaires et plus il risque d'être violent. Coups d'antérieurs au niveau du poitrail et

Le flehmen

C'est l'une des attitudes caractéristiques de l'étalon : encolure tendue, naseaux grands ouverts et, surtout, lèvre supérieure retroussée, il hume le fond de l'air. Il fait pénétrer l'air dans son organe voméronasal, situé en arrière des fosses nasales, qui est spécialisé dans la détection des phéromones. Il s'agit de détecter s'il y a dans les parages des juments en chaleur.

^ Saillie en liberté.

< Page de gauche : Combats entre étalons.

< Ci-contre : Danse d'amour entre une jument et un étalon.

hennissements aigus sont fréquents. Les étalons se cabrent et tentent de se frapper l'un l'autre à la manière de deux boxeurs. Ils se mordent l'encolure, les jarrets, se bousculent pour essayer de faire tomber l'autre. En général, les juments sont totalement indifférentes à ces manifestations.

Une danse d'amour

Bien souvent, c'est la jument qui prend l'initiative d'approcher l'étalon lorsqu'elle est en chaleur. Les séances de toilettage mutuel se multiplient. La jument urine fréquemment pour permettre à l'étalon de détecter les phéromones signifiant qu'elle est fertile. Elle balance ostensiblement son arrière-train devant lui. Il manifeste alors un certain intérêt, renifle les flans et les organes génitaux de la jument. Puis commence un doux ballet entre eux : ils s'approchent, se repoussent, l'étalon tente de monter la jument, elle esquisse un refus, puis revient le solliciter en urinant. L'étalon lèche parfois la jument, encense (il secoue la tête de haut en bas) et multiplie les flehmens. Les hennissements sont nombreux et variés. Lorsqu'il la monte enfin, plusieurs essais sont parfois nécessaires avant la véritable copulation, qui ne dure en moyenne qu'une vingtaine de secondes.

Les premières heures du poulain

Le poulain naît après onze mois de gestation. Les liens qu'il va tisser avec sa mère dès ses premières minutes de vie sont essentiels. L'instinct tient une place importante. Lors d'une naissance dans un élevage, il faut en tenir compte et le respecter.

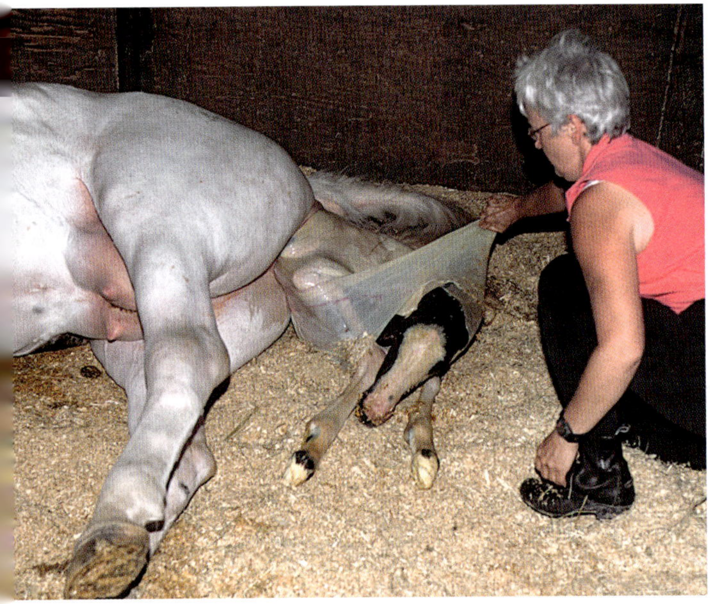

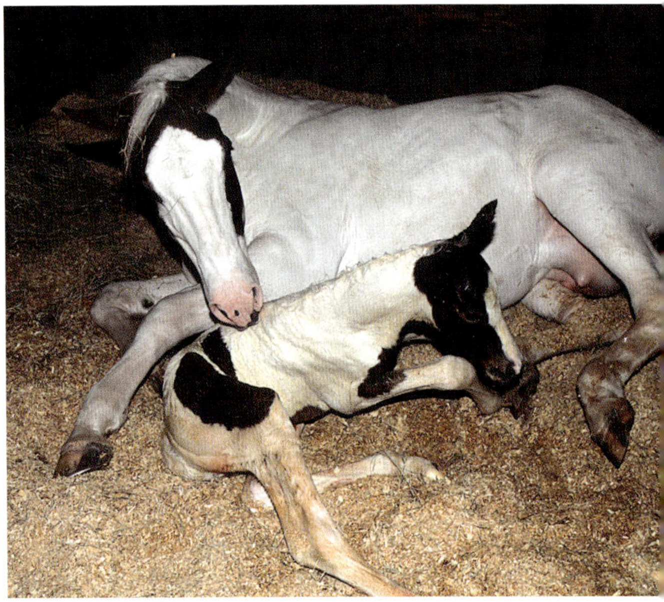

^ De gauche à droite :
- La mise bas.
- La jument opère une toilette méticuleuse de son poulain.

La mise bas

La jument peut se coucher mais peut tout aussi bien mettre bas debout. En général, la poche des eaux apparaît en premier, elle se perce et on observe des écoulements du liquide amniotique. Le nez et les sabots antérieurs du poulain se présentent en premier. On peut aider la jument en tirant légèrement dessus. À chaque contraction de l'utérus, le poulain progresse vers l'extérieur. Lorsqu'il est complètement sorti, le cordon ombilical se rompt tout seul.

- **La délivrance.** Elle intervient dans les deux heures qui suivent la naissance et correspond à l'expulsion du placenta. Il faut surveiller que celle-ci se déroule bien car sinon cela peut être une source d'infection fatale pour la jument.

Après la naissance

- **La jument.** Les premières heures, elle opère une toilette méticuleuse de son poulain. Elle s'imprègne ainsi de son odeur et le masse pour stimuler sa respiration et sa circulation sanguine. Elle insiste sur les naseaux et la zone périanale, qui pour les chevaux sont des zones essentielles dans la reconnaissance entre individus. Elle émet aussi quelques hennissements, et l'incite à lui répondre. Cette

Une maternité exclusive

Une jument n'accepte d'être tétée que par son propre poulain. Ainsi, lorsqu'un petit s'approche de ses mamelles, elle renifle à la base de sa queue pour vérifier que c'est bien le sien. Lorsque le troupeau broute ou se déplace, elle hennit régulièrement pour garder un contact sonore avec sa progéniture. Il est très difficile de faire accepter un poulain orphelin par une autre jument. Cela peut être envisageable si elle-même vient de perdre très récemment un poulain et qu'elle se trouve réceptive à un nouveau venu. On peut l'aider en imprégnant ce poulain « étranger » avec le placenta de la nouvelle mère.

Le jour de la naissance

Il existe de nombreux signes qui indiquent que la mise bas est proche. Le plus visible est le gonflement des mamelles avec l'apparition d'une substance cireuse sur les tétons. Certaines juments deviennent plus nerveuses, d'autres ont tendance à s'éloigner du groupe pour mettre bas à l'écart. La naissance peut intervenir de nuit comme de jour, et dans la plupart des cas elle se passe bien sans intervention extérieure. L'intervention de l'homme n'est nécessaire qu'en cas de mises bas dangereuses (mauvaise présentation du poulain, travail prolongé, jument inexpérimentée ou ayant déjà eu des problèmes lors d'une mise bas).

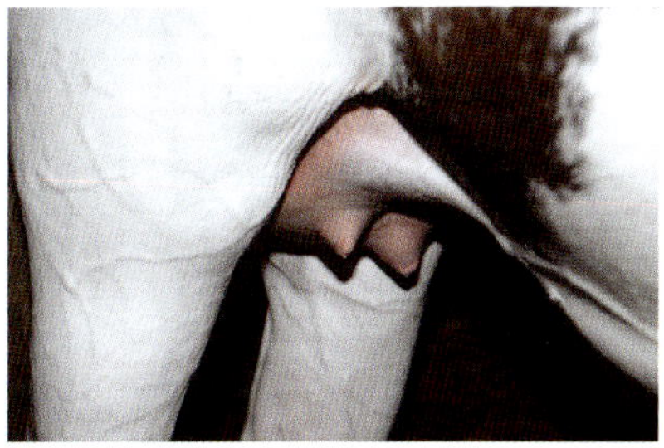

^ Le gonflement des mamelles est un des signes que la mise bas est proche.

v De gauche à droite :
- Le poulain se dresse sur ses jambes.
- La jument continue la toilette néo-natale au cours de laquelle les deux animaux enregistrent leurs odeurs respectives.

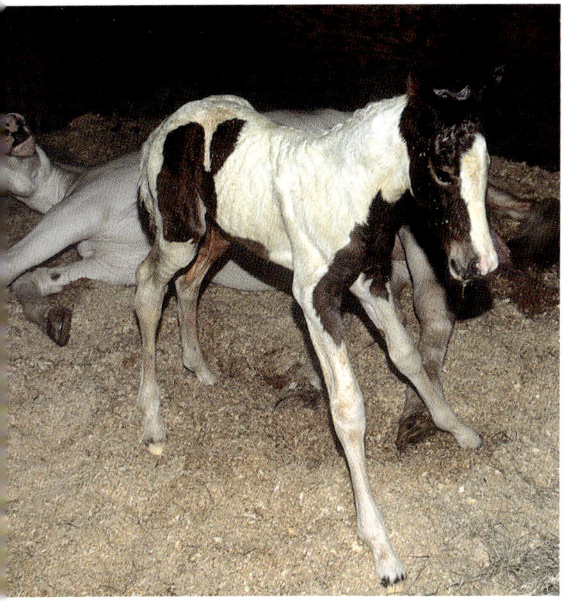

toilette énergique constitue le socle essentiel des liens futurs entre la jument et son petit.

- **Le poulain.** Dès ses premières minutes de vie, il ouvre les yeux et scrute son environnement. Il s'imprègne de l'odeur de sa mère, comme du son de sa voix. De façon instinctive, il se dresse sur ses jambes et cherche à téter sa mère. Il trouve en général les mamelles avec l'aide de sa mère qui l'encourage en le poussant du bout du nez. Cela va permettre de mettre en route son système digestif. Le premier crottin du poulain est appelé méconium, il est constitué de tous les déchets accumulés dans l'intestin pendant la gestation.

Le lait de jument

Les deux ou trois jours qui suivent la naissance, la jument ne produit pas encore du lait, mais du **colostrum**. C'est un liquide épais, jaune et très nourrissant. Il contient des anticorps qui vont protéger le poulain contre les infections pendant les premières semaines de sa vie, le temps que son propre système immunitaire se développe.

COMPOSITION Elle est très proche de celle du lait humain. Le lait constitue l'aliment de base du poulain durant ses premiers mois. Si les chevaux domestiques sont en général sevrés vers l'âge de 6 mois, dans la nature, les juments laissent leur poulain téter jusqu'à ce qu'un autre poulain naisse.

L'adolescence du poulain

Durant ses premières années de vie, le poulain passe beaucoup de temps à jouer. Cela lui permet d'apprendre et d'établir des liens avec les autres chevaux. Mais lorsque la puberté survient, il lui faut quitter le groupe pour faire sa vie ailleurs.

Le jeu

Jouer permet au poulain de découvrir son environnement et ses congénères, et d'apprendre peu à peu à vivre en harmonie avec eux.

Il joue d'abord avec sa mère, la mordille, se presse contre elle. Il explore aussi le milieu dans lequel il vit, et n'importe quelle brindille ou petit animal téméraire peut se prêter à un jeu. Vers l'âge d'un mois environ, poulains et pouliches commencent à se comporter de façon différente. Les jeunes mâles jouent beaucoup entre eux. Et les pouliches préfèrent jouer avec eux plutôt que de rester entre elles. Pour les petits mâles, il s'agit principalement de mimer des combats entre étalons, alors que les jeunes femelles s'agressent à la manière de leurs mères : elles se poursuivent, se mordent et partent en ruades. Si elles jouent plus rarement, elles le font en général en groupe, alors que les poulains jouent plutôt en binômes.

∧ Poulains en train de jouer.

∨ Groupe de yearlings.

Avec les plus grands

Il n'est pas rare de voir les poulains s'intéresser au mâle qui conduit le harem. S'ils jouent peu avec d'autres juments que leur mère, l'étalon présente pour eux un attrait particulier, surtout pour les jeunes mâles. C'est l'occasion pour les plus jeunes de montrer un comportement caractéristique des poulains, appelé snapping, sorte de mâchouillement effectué en signe de soumission. En vieillissant, le cheval reste assez facétieux et des gestes que l'on pourrait interpréter comme de l'agressivité sont plutôt du domaine du jeu.

Quitter sa famille

• **Vers l'âge de 2 ou 3 ans**, les jeunes juments et étalons sont biologiquement aptes à avoir des petits à leur tour, puisque la puberté a eu lieu. Mais ils ne maîtrisent pas vraiment les comportements qui gouvernent la reproduction chez les chevaux. Il est cependant temps pour eux de quitter leur groupe d'origine : c'est le meilleur moyen pour éviter que des jeunes mâles ne se reproduisent avec leur mère ou que les pouliches ne soient saillies par leur propre père. Pour éviter l'inceste et favoriser le brassage génétique, les jeunes quittent donc leur famille.

• **Certains partent d'eux-mêmes rejoindre un autre groupe**, d'autres sont chassés par l'étalon, ou même par les juments adultes ; il arrive enfin que certaines pouliches se fassent séduire par un autre étalon qui les « convainc » ainsi de le rejoindre. Cependant, on voit parfois certaines juments revenir dans leur groupe d'origine pour mettre bas leur tout premier poulain. Cela arrive quand différents harems vivent dans une grande proximité. De même, plus les groupes sont proches et se croisent souvent, moins ils sont stables.

Les groupes de célibataires

• **Les femelles** passent de leur groupe de naissance à un autre harem où elles vont devoir faire leur place et s'affirmer dans la hiérarchie des autres juments, les dernières arrivées étant les moins bien placées.

• **Pour les étalons,** c'est plus délicat. La plupart d'entre eux, après avoir quitté leur mère, vont passer quelques années en dehors d'un harem, car ils ne sont pas suffisamment expérimentés pour être à la tête de leur propre groupe. Mais comme le cheval est un animal profondément grégaire, il est très rare qu'il reste seul. On voit donc fréquemment se constituer des petits groupes de mâles célibataires, en général des jeunes, parfois rejoints par quelques vieux étalons qui n'ont plus la force de tenir leur propre harem. Cette période de vie leur permet d'affirmer leur caractère, de s'entraîner aux combats jusqu'à ce qu'ils aient le courage et/ou l'opportunité d'aller prendre la place d'un autre étalon à la tête d'un harem ou bien de constituer leur propre harem en séduisant quelques juments.

Comment le cheval apprend-il ?

Si le cheval est un animal à l'instinct puissant, il n'en est pas moins doué d'une capacité d'apprentissage très importante. Il existe différentes façons pour lui d'apprendre, seul, avec ses congénères ou avec l'homme.

Tout petit, déjà...

Dès la naissance, le poulain possède le réflexe de succion. Naturellement attiré par les zones sombres, il doit s'y prendre à plusieurs fois avant de trouver les tétines de sa mère et le réconfort qui va avec. Il va faire plusieurs essais, encouragé par sa mère, qui peut éventuellement le guider vers le bon endroit. Ainsi, la première tétée illustre parfaitement le délicat mélange entre inné et acquis, réflexe et apprentissage.

v **De gauche à droite :**
Par imitation, le poulain apprend à se nourrir et à jouer.

Apprendre

Il existe plusieurs mécanismes d'apprentissage qui peuvent se combiner entre eux, se renforcer ou au contraire agir en opposition.

• **L'accoutumance, ou l'habituation.** Face à un stimulus répété, le cheval devient de moins en moins sensible et ne réagit donc plus.
Exemple : à force de monter dans un van, le cheval n'en a plus peur, il est même totalement indifférent.

• **Le conditionnement.** À un stimulus correspond toujours la même réponse. Ce peut être automatique ; on parle alors de réflexe pavlovien.
Exemple : les chevaux salivent quand ils entendent le bruit d'un sac plastique, car ils associent ce bruit au contenu du sac, bien souvent du pain ou des carottes !

• **L'imitation, ou l'apprentissage social.** En observant ses congénères, en les suivant ou en les imitant dans leurs actions, le cheval peut apprendre de nouveaux comportements.
Exemple : c'est notamment en regardant les étalons que les poulains apprennent peu à peu leur futur comportement de mâle reproducteur.

• **Essai-erreur.** Le cheval répète plusieurs fois une même action jusqu'à parvenir à trouver la bonne.
Exemple : face à un obstacle que le cheval ne connaît pas, il faut procéder à plusieurs essais jusqu'à ce qu'il prenne un bon appel et franchisse correctement l'obstacle.

^ Après une séance de travail, donner une friandise correspond à un renforcement positif.

Le renforcement

Il est très utilisé, aussi bien au moment du débourrage que régulièrement, tout au long de la vie du cheval, par son cavalier.

• **Le renforcement positif :** c'est la satisfaction d'un besoin primaire (faim, soif, activité sexuelle…), un confort supplémentaire ou bien une stimulation secondaire qui permet de donner plus de force à un apprentissage.

Exemple : lorsqu'on récompense par la voix, un sucre ou par une caresse un cheval qui exécute correctement un ordre, il apprend plus vite.

• **À l'inverse, le renforcement négatif** consiste à stopper ou éliminer un stimulus désagréable seulement lorsque l'animal a effectué le geste ou le comportement que l'on attend de lui. Il intervient avant la réponse de l'animal et cesse dès que celui-ci a effectué ce que l'on attend de lui.

L'importance du contexte émotif

Le cheval a une bonne mémoire, mais il ne faut pas négliger son côté très émotif. Répéter et fractionner le travail est essentiel pour un apprentissage de bonne qualité. Un animal en état de stress (peur, isolement, conflit…) ne peut pas apprendre convenablement. Il faut savoir doser correctement les émotions, être attentif et respectueux de l'humeur d'un cheval et, surtout, ne pas chercher à forcer les choses.

La punition

La punition n'est pas un renforcement, car elle intervient après la réponse de l'animal et vise à diminuer un comportement. Elle peut être positive : un stimulus désagréable après un comportement non désiré (par exemple un coup de cravache pour punir un cheval qui se cabre), ou négative : cela consiste à retirer quelque chose d'agréable afin que ne se reproduise pas le geste à punir (priver de liberté de mouvement un cheval qui tape lorsqu'il est au box). La punition n'est efficace que si elle intervient immédiatement après le comportement non désiré. Mais la plupart des études scientifiques montrent qu'elle est bien moins efficace que le renforcement. Elle peut être mal comprise et conduire à un apprentissage confus. Mal utilisée, la punition peut provoquer bon nombre de problèmes par la suite.

v Il est parfois nécessaire de procéder à plusieurs essais avant de franchir correctement un obstacle inconnu.

Entre homme et cheval, **la cognition**

Non le cheval n'est pas « bête à manger du foin » ! Depuis quelques années, les études en sciences cognitives ont permis de révéler de surprenantes capacités chez les chevaux, et de mieux comprendre le cas de certains d'entre eux, particulièrement malins.

Ils nous reconnaissent

Les chevaux sont des **animaux sociaux**, il est donc indéniable qu'ils se reconnaissent entre eux, grâce à de multiples informations sensorielles. Mais sont-ils en mesure de reconnaître leur cavalier, leur groom, leur vétérinaire ? Même si celui-ci change de vêtements ou porte du parfum ? Des recherches en éthologie ont démontré à plusieurs reprises qu'ils en sont parfaitement capables. On sait même que les chevaux parviennent à reconnaître une personne qu'ils connaissent simplement au son de **sa voix** et même d'anticiper son comportement dans une situation courante, ou bien de distinguer des **personnes familières** de celles qu'ils n'ont jamais vues et de celles qu'ils n'ont vues que peu de fois. Cela laisse penser qu'ils sont donc en mesure d'intégrer **le concept d'individu**, représenté par un ensemble d'informations complexes.

Ils perçoivent nos émotions

Les émotions humaines influencent le comportement équin, tous les cavaliers vous le diront. Un fait vérifié par de nombreuses études scientifiques. Des chercheurs canadiens ont ainsi montré récemment que des chevaux étaient capables de percevoir **le niveau de stress** d'humains les côtoyant et de **s'y adapter**. Une équipe suédoise a quant à elle démontré que le cheval est sensible au rythme cardiaque de l'être humain, qui peut être le reflet du stress ou de la peur. Ce n'est guère étonnant puisque dans la nature, le cheval est adapté pour réagir au comportement des membres de son groupe. Plus il est **en état d'alerte** et plus il réagit vite. Les chevaux seraient aussi sensibles à notre état attentionnel : des éthologues français ont constaté que face à une personne inconnue, les chevaux obéissent mieux si **l'attention** de cette personne est portée vers eux, c'est-à-dire qu'elle leur fait face et les regarde.

Ils décryptent nos mouvements inconscients

En selle, la communication entre l'homme et le cheval passe essentiellement par **les mouvements coordonnés** des aides. Une partie de ces ordres est fondée sur l'isopraxie (littéralement « même mouvement ») : lorsque le cavalier agit par exemple avec son assiette en portant son poids vers la droite, sa monture est amenée à faire de même, et donc à se diriger vers la droite. Certains écuyers estiment qu'il existe **une isopraxie** en dehors de la volonté propre du cavalier. Lorsqu'il pense au prochain mouvement qu'il va demander à son cheval, il fait passer sans le vouloir des informations par son corps. Cela expliquerait pourquoi certains chevaux semblent **anticiper** nos ordres conscients. On parle aussi d'**isopraxie réciproque** : tout mouvement du cheval tend à entraîner chez le cavalier une gestuelle homologue. De quoi justifier l'adage « à jeune cavalier, vieux cheval » !

^ Le cavalier fait passer sans le vouloir des informations par son corps.

Hans le malin, un cas d'école

« Combien font quatre fois trois ? », « Quel jour sommes-nous ? », « Épèle le mot savon ». Autant de questions auxquelles Hans, l'étalon arabe, était capable de répondre, simplement en frappant le sol avec son sabot. De quoi fasciner les foules au début du XXe siècle et même d'éminents scientifiques qui débattent alors sur l'intelligence de ce cheval. Oscar Pfungst, étudiant en psychologie de l'Université de Berlin, mène une série d'expériences de psychologie expérimentale avec Hans. Selon lui, le cheval est en réalité sensible à des signaux émis involontairement par les personnes qui lui posent des questions et qui lui indiquent ainsi la bonne réponse. L'intelligence de Hans serait donc surtout due à une très fine sensibilité aux signaux émis par l'homme, même de façon inconsciente.

Tempérament et **caractère**

Patient ou nerveux, courageux ou peureux… chaque cheval a son tempérament. Il peut évoluer au cours du temps et selon son cavalier. Il n'en reste pas moins que certaines caractéristiques sont communes à tous les chevaux et qu'il faut apprendre à les connaître pour les respecter.

La peur

C'est une caractéristique majeure du comportement équin. Si la domestication peut lui apprendre à maîtriser ses émotions et à devenir moins craintif, c'est un instinct qui ne peut totalement s'effacer.

Pour le cheval, la seule façon de se défendre face à un danger ou un prédateur est de fuir. Pour cela, il doit faire preuve d'une vigilance sans faille. L'inconnu et l'inattendu sont les premiers à déclencher la peur. Tout objet nouveau ou survenant brusquement dans son champ visuel peut effrayer le cheval. Grâce à sa bonne mémoire et ses facultés d'apprentissage, il est capable de progressivement dompter sa peur et, à force d'expériences positives, de ne plus ressentir aucune crainte face à un objet au départ très inquiétant.

Quelques déterminants du caractère

- **Le caractère est-il héréditaire ?** Les éleveurs français ont longtemps négligé cette donnée dans leur travail de sélection. D'après de récentes recherches, il existe bien une part génétique, mais elle est encore difficilement quantifiable. Et il semble malheureusement que les tares se transmettent plus facilement que les qualités !
- **Un poulain est élevé par sa mère** et ne fréquente en général pas son père. Par imitation, mais aussi à travers une certaine éducation, son tempérament dépend donc surtout de celui de sa mère. Ainsi, un poulain né d'une mère haut placée dans la hiérarchie du groupe a plus de chances d'avoir lui aussi une bonne place dans la hiérarchie lorsqu'il sera adulte.

< Le cheval est un animal craintif…

> … et curieux.

^ Un bon dressage permet à l'animal d'avoir un caractère plus coopératif.

• **Après le sevrage, les relations avec l'homme** ont une influence très importante sur le caractère du cheval. Un débourrage et un dressage bien fait, c'est-à-dire respectueux de l'animal, doivent lui permettre de se développer en confiance et d'avoir ainsi un caractère plus coopératif.

• **Un effet race ?** Les camargue et les mérens sont plutôt dociles alors que les trakehner et les pur-sang sont plutôt vifs, dit-on. Ces tendances existent, mais il n'existe aucun lien avéré entre race et tempérament. Et les exceptions ne sont pas si rares !

Le rôle du cavalier

Par son propre tempérament, l'homme a beaucoup d'influence sur celui de sa monture. Ainsi, anxiété ou flegme peuvent être contagieux. À l'inverse, un cavalier posé et volontaire peut permettre à un cheval peureux ou timide de donner le meilleur de lui-même. Tout est une question d'alchimie !

La bonne entente entre un cavalier et son cheval tient beaucoup à l'accord entre leurs deux tempéraments. Lorsqu'on achète un cheval, c'est donc un point qu'il ne faut pas négliger. Faut-il pour autant fuir les montures caractérielles ? Non, car on risquerait de passer à côté d'un très bon cheval. Les meilleurs athlètes ont souvent un caractère bien trempé ! Et celui-ci peut évoluer avec le temps et au fur et à mesure de la relation qui se construit avec son cavalier.

Les derniers chevaux sauvages

S'il n'existe plus à proprement parler de véritables chevaux sauvages, certains, au hasard de leur histoire avec l'homme, ont retrouvé la liberté. C'est l'occasion pour les scientifiques d'étudier leurs comportements. Mais la cohabitation avec l'homme n'est pas toujours facile.

Le marronnage

Ce terme vient du mot espagnol *cimarron* qui sert à désigner des animaux domestiques relâchés ou échappés, puis retournés à la vie sauvage. On parle aussi de « féralisation » ou de chevaux qui vivent à l'état féral.

Il existe à travers le monde plusieurs populations de chevaux marrons, et chacune a sa propre histoire. Plus l'environnement est favorable et plus ce marronnage est facilité. Parfois, il arrive que ces chevaux se croisent avec des chevaux domestiques qui vivent à proximité en semi-liberté.

^ À gauche et à droite : Mustangs sauvages.

> Page ci-contre : Brumbies en liberté.

Les mustangs américains

Ils descendent des chevaux apportés sur le continent américain par les conquistadors au XVIe siècle. Certains se seraient échappés ou auraient été capturés par les Indiens. Plus tard, les propriétaires de ranchs avaient l'habitude de relâcher certains de leurs chevaux en hiver dans les vastes plaines de l'Ouest américain. Ils ne les récupéraient qu'au printemps quand le travail du bétail reprenait. Certains chevaux échappaient alors à leurs propriétaires. Au début du XXe siècle, on estimait à près d'un million le nombre de mustangs sauvages. Ils furent alors massivement chassés. Aujourd'hui, il s'agit d'une race protégée qui vit essentiellement dans l'État du Nevada. Pour autant, la gestion de cet animal sauvage n'est pas toujours aisée.

Les brumbies d'Australie

Le brumby a connu une histoire proche de celle des mustangs américains, mais sur le continent australien. Avant l'arrivée des premiers colons, au XVIIe siècle, il n'y a avait pas de chevaux en Australie. Les premiers qui ont été importés sont arrivés d'Afrique du Sud, puis d'Indonésie et d'Angleterre. Les colons laissaient régulièrement leurs chevaux en liberté, pour ne pas avoir à les nourrir. Comme les mustangs, ils ont été un temps chassés car ils ont fini par représenter une nuisance pour les éleveurs. Aujourd'hui, le gouvernement australien est à la recherche d'une solution pour parvenir à réguler la population de brumbies.

En Afrique aussi

En Namibie subsiste une petite population de chevaux sauvages vivant dans des conditions extrêmes. Ce sont des descendants de chevaux domestiques amenés par les colons allemands au XIXe siècle, qui ont par la suite été abandonnés au moment de la décolonisation, un siècle plus tard. Il y aurait une cinquantaine de familles vivant dans le désert du Namib, qui se croisent parfois avec les chevaux domestiques de la région, notamment ceux des tribus Himbas. Depuis des années, ces chevaux sont suivis et étudiés par une chercheuse américaine passionnée, Telané Greyling.

Sur l'île de Sable

Cette île est située à 300 km au large des côtes atlantiques du Canada. La légende veut que les ancêtres des chevaux de l'île de Sable aient été des survivants d'un naufrage. En réalité, ils descendraient tous de chevaux acadiens transportés là au milieu du XVIIIe siècle par un Américain qui tenta en vain d'y établir une ferme. Par la suite, ils ont été utilisés sur l'île pour le transport. Jusqu'au milieu du XIXe siècle, on a tenté d'améliorer la race en introduisant de nouveaux géniteurs. Périodiquement, on rassemble les chevaux excédentaires et on les envoie sur le continent pour la vente. Depuis 1962, ces chevaux sont protégés de toute intrusion humaine par une loi fédérale canadienne. Il existe d'autres îles au large des côtes est du continent nord-américain où l'on peut observer des populations de chevaux retournées à la vie sauvage.

Vivre avec le cheval

Qu'ils vivent à l'écurie ou au pré, les chevaux ont besoin de soins réguliers et d'une nourriture adaptée. Leur cadre de vie doit respecter leurs besoins essentiels mais aussi répondre à quelques exigences de sécurité. Les chevaux méritent notre attention, mais aussi notre affection. Car un cheval en bonne santé, c'est aussi un cheval bien dans sa tête !

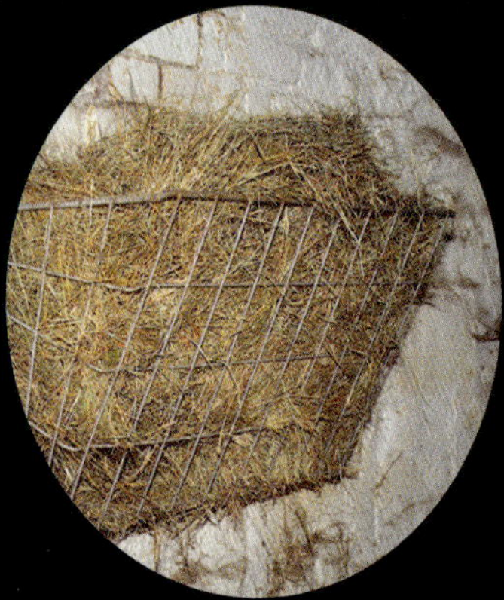

Le bon rythme alimentaire

Le cheval est un herbivore capable de passer 16 heures par jour à brouter. Son système digestif est adapté à ce rythme : l'estomac est relativement petit. Naturellement, il s'alimente donc en petites quantités, de façon quasi continue, toute la journée. À l'écurie, c'est impossible. On calque en général le rythme des rations sur celui de nos repas : trois par jour. Plus ces rations sont petites, fractionnées et distribuées tout au long de la journée et mieux c'est pour le cheval. Il faut aussi veiller à ce qu'il absorbe un certain volume : il doit disposer de fourrage en quantité suffisante, sinon son système digestif risque de caler.

Loin de la nature

Parce que nous imposons au cheval des conditions de vie parfois très éloignées de son mode de vie naturel, il faut être encore plus vigilant quant à sa santé physique mais aussi morale. Il ne faut pas non plus négliger que le cheval est un animal qui apprécie les habitudes et la compagnie.

Les contraintes de la vie domestique

Les instincts du cheval le poussent à vivre en groupe et à passer la majeure partie de son temps à s'alimenter. Mais la domestication par l'homme l'a peu à peu éloigné de ses conditions de vie naturelles. Et il doit faire face à de nombreuses contraintes.

^ Le cheval apprécie la compagnie d'autres chevaux ou d'ânes.

Un certain isolement social

À l'état sauvage, le cheval vit en groupe constitué de quelques juments avec leurs poulains et un étalon. Des liens forts unissent les membres d'un harem, s'exprimant à travers différents comportements : toilettage mutuel, jeux, guidage par l'étalon, reproduction…

Si un cheval a la chance de vivre au pré, ne serait-ce qu'une partie de l'année, il vaut mieux qu'il ne soit pas seul. Avec d'autres chevaux, des poneys ou même des ânes, il se sentira certainement mieux. À condition bien sûr qu'il y ait suffisamment de place pour tous.

La castration

La castration est un passage quasi obligé pour tous les étalons domestiques. Elle peut être pratiquée dès l'âge de 6 mois et jusqu'à l'âge adulte. Si différentes techniques existent, les conséquences sont toujours les mêmes : l'arrêt brutal des sécrétions d'hormones mâles (testostérone) provoque une fonte musculaire mais, surtout, et c'est le but recherché, un changement de comportement. Dépourvu de son instinct reproducteur, le hongre a en effet un tempérament assagi, plus constant. Il n'en demeure pas moins que certains hongres se montrent bien plus caractériels qu'un étalon !

> Curieux de nature, le cheval apprécie la compagnie de l'homme.

v De gauche à droite :
- Le cheval vivant au box se distrait en regardant ce qui se passe à l'extérieur.
- Une activité physique régulière est nécessaire.

Bien souvent, les chevaux domestiques vivent au box, où ils passent la majeure partie de la journée. Aucun lien social, manque d'activité… Certains supportent mal cet isolement et présentent des tics. Ces comportements stéréotypés sont autant de signes du mal-être du cheval. Au lieu de les réprimer, mieux vaut en chercher l'origine.

Une activité physique régulière

Les chevaux qui vivent au box ont besoin d'exercice physique chaque jour. Ils peuvent être montés, longés ou lâchés dans un paddock afin de se défouler un peu. C'est indispensable à leur bien être physique et mental. On peut aussi, en plus, les laisser attachés à l'extérieur de leur box quelques heures dans la journée. Cela permet de les distraire, d'éviter qu'ils ne consomment trop leur litière et de les éloigner des sources de poussière, notamment lors du nettoyage des boxes.

Le rythme d'un cheval de selle n'est pas toujours évident : entraînement la semaine, compétition le week-end, repos le dimanche… Plus l'activité est irrégulière, et plus il y a des risques de blessures ou de problèmes de santé. Mieux vaut donc fractionner et homogénéiser le plus possible le travail qu'on leur demande.

L'homme et le cheval, entre **travail** et **passion**

D'abord chassé comme n'importe quel autre animal, le cheval est par la suite devenu « la plus noble conquête de l'homme ». Sa force, sa rapidité et sa très bonne capacité d'apprentissage ont fait de lui un compagnon indispensable. Aujourd'hui, il est surtout utilisé dans les loisirs et le sport.

v En apprenant à gérer la force mécanique du cheval, l'homme a considérablement accru le rendement de ses cultures.

Une force agricole

Pour le travail de la terre, le cheval dispose de nombreux atouts : sa force et son endurance, ainsi que la relative facilité avec laquelle on parvient à le dresser. Pour un agriculteur du début de notre ère, posséder un cheval signifiait un gain de temps considérable aux champs, mais aussi un moyen de transport rapide à disposition. Ainsi, le cheval dispose de certains atouts par rapport au bœuf.

Au fur et à mesure, les techniques et le matériel d'attelage ont considérablement évolué et se sont diversifiés. Le harnachement de trait varie selon le nombre de chevaux attelés, leur position et la fonction du véhicule : on distingue la **bricole**, harnachement souple en cuir qui s'adapte sur différents chevaux, et le **collier d'épaule**, fait de bois et de rembourrage, qui ne s'adapte qu'à un seul animal et lui permet de tirer plus de poids.

Le développement de l'équitation de loisirs

L'histoire des relations entre l'homme et le cheval connaît un tournant majeur au XXe siècle. Avec l'essor de la mécanisation, paysans, militaires, postes..., tous abandonnent peu à peu le cheval. Les plus nombreux autrefois, les chevaux de trait, disparaissent quasiment jusqu'à ce que quelques passionnés décident de se battre pour les sauver. L'essor des courses hippiques, venues d'Angleterre, permet aux races les plus rapides de se développer considérablement, donnant ainsi un nouvel élan à l'élevage.

Paradoxe frappant, c'est depuis que le cheval n'a plus d'utilité que se développe l'équitation de loisirs. L'équitation sportive, avec ses grandes compétitions internationales, se voit aujourd'hui dépassée par de nombreuses pratiques comme la randonnée, les *pony games*, l'attelage ou l'équitation western, qui font chaque année de plus en plus d'adeptes. Autrefois réservée aux aristocrates et aux militaires, hommes en tout cas, l'équitation s'est considérablement démocratisée, séduisant avant tout les femmes et les enfants.

^ De haut en bas :
- Les *pony games*, originaires de Grande-Bretagne où ils apparurent à la fin des années 1950, font aujourd'hui de nombreux adeptes en France.
- La randonnée à cheval est un très bon moyen de découvrir la nature.

Un atout militaire

C'est probablement parce que le cheval a très vite représenté un atout militaire indéniable que l'équitation s'est développée. Sans le cheval, bon nombre de très grandes batailles, depuis l'Antiquité jusqu'aux guerres napoléoniennes, n'auraient probablement pas été menées de la même façon ! Avec l'utilisation militaire du cheval se sont aussi développés différents types de harnachements, chars, selles, étriers, filets... Les airs de haute école descendent d'ailleurs des mouvements que l'on faisait effectuer aux chevaux sur les champs de bataille. Enfin, la plupart des races de selle actuelles sont issues des chevaux utilisés par les cavaleries.

Des débuts incertains

Domestiqué assez tardivement, le cheval a d'abord été considéré comme une réserve de viande sur pieds. Il faut attendre plus de mille ans après sa domestication pour que l'homme l'utilise pour sa force. Ce n'est probablement qu'à partir de ce moment-là qu'il a commencé à en faire l'élevage. En réalité, l'homme est fasciné par le cheval depuis des millénaires. Nombreux sont les exemples d'art pariétal qui représentent de splendides chevaux sauvages.

La vie au pré

Un cheval sera toujours plus heureux au pré que dans un box. Mais n'importe quel champ ne convient pas forcément ! L'aménagement du pré et son entretien régulier doivent permettre de subvenir aux besoins essentiels du cheval. Mieux vaut aussi qu'il n'y soit pas seul.

Une pâture sans danger

• **Une taille suffisante.** On considère qu'un pré d'un hectare (100 x 100 m) suffit pour nourrir un cheval à l'année. S'ils sont deux, deux hectares sont nécessaires, et ainsi de suite.

• **Un terrain sec.** À moins qu'il ne s'agisse de chevaux habitués à la vie dans les marais, comme les camarguais, le pré ne doit pas être humide. Sinon, il s'abîme rapidement sous les pas des chevaux et cela nuit à la santé de leurs sabots.

• **Sans danger.** Si les chevaux s'accommodent d'un pré accidenté ou un peu escarpé, il ne doit y avoir aucun objet dangereux (ferrailles, ordures…) ou plantes toxiques.

Un abri

Les chevaux n'aiment guère rester dans une cabane d'où ils ne peuvent surveiller les alentours. Un simple bouquet d'arbres peut suffire à leur offrir de l'ombre, des troncs pour se gratter et pour couper le vent. On peut aussi leur installer un abri, avec un toit à au moins 2,50 m de haut (de préférence

v Quand vient le printemps, il ne faut pas mettre un cheval au pré trop tôt car cela pourrait compromettre la pousse de l'herbe par la suite. La mise au pré doit se faire progressivement (quelques heures par jour d'abord) afin de ménager le système digestif du cheval, d'autant plus que l'herbe de printemps est très riche.

∧ De gauche à droite :

• Les chevaux apprécient qu'un bouquet d'arbres leur apporte un peu d'ombre.

• L'accès à un point d'eau est indispensable.

incliné pour faciliter l'entretien !), et seulement deux côtés fermés, face aux vents dominants. Ils pourront s'y abriter du soleil ou des intempéries sans se sentir enfermés, et cela permettra de leur laisser du fourrage à disposition pendant l'hiver.

Une clôture sûre

Mieux vaut ne pas utiliser de fils barbelés car les chevaux s'y blessent facilement. On préfère des simples fils métalliques, qu'il faut vérifier régulièrement car les chevaux ont tendance à s'appuyer dessus et même à se gratter, ce qui peut les distendre. Le dernier fil ne doit pas être trop bas, sinon les chevaux risquent de se prendre les pieds dedans. La clôture peut comporter un fil électrique, à hauteur du poitrail. Il n'y a aucun danger pour le cheval et cela a le mérite de vite lui faire comprendre quelles sont les limites de sa pâture !

Un point d'eau

Les chevaux qui vivent au pré boivent moins que leurs comparses au box : seulement 10 à 20 litres par jour. Ils doivent cependant avoir accès en permanence à un point d'eau, naturel ou arrangé. L'eau doit être propre et renouvelée régulièrement.

L'entretien des pâtures

Certaines plantes sont évitées par les chevaux parce qu'elles sont toxiques ou tout simplement parce qu'ils ne les apprécient guère. Mieux vaut les enlever régulièrement car elles pourraient, à la longue, se multiplier. Le pré peut être fauché, si l'herbe pousse plus vite qu'elle n'est consommée, ou bien traité chimiquement. Dans ce cas, il faut veiller à ce qu'il n'y ait aucun danger pour les chevaux.

Si l'on dispose d'un assez grand pré, on peut organiser une rotation des pâtures en la divisant en plusieurs parcelles au moyen d'une clôture électrique.

Des zones de refus

Il s'agit de zones où les chevaux ne broutent pas, bien que les plantes y soient parfaitement comestibles. Ils éviteraient ainsi des endroits couverts de nombreux crottins pour ne pas se contaminer avec leurs propres parasites. Ces zones doivent être fauchées régulièrement et nettoyées de leur excès de crottins. On peut aussi s'adjoindre les services de vaches ou de moutons qui viendront paître dans ces zones sans aucun problème !

La vie à l'écurie

Dans un club équestre ou lorsque l'on possède plusieurs montures, l'écurie est le lieu de vie privilégié pour les chevaux. Ils s'y reposent, s'y nourrissent et sont choyés par leurs cavaliers. C'est aussi là que sont stockés tout le matériel et le harnachement.

Des installations adéquates

Une écurie permet de faire vivre plusieurs chevaux ensemble et de profiter d'un matériel commun, indispensable à l'entretien des animaux. Dans l'écurie traditionnelle, plusieurs boxes sont alignés et s'ouvrent directement sur une cour, protégés par un auvent. Quand les boxes s'ouvrent sur une grande allée couverte, on parle d'écurie à l'américaine.

Suffisamment aérée pour que les chevaux ne souffrent pas de la poussière, une écurie doit disposer d'assez de lumière et être régulièrement nettoyée. Plusieurs types d'aménagements intérieurs sont possibles : box, stalle ou stabulation. Devant chacun, un ou plusieurs anneaux permettent d'attacher les chevaux. Il y a aussi un endroit réservé au stockage des aliments d'une part, et de la litière d'autre part, ainsi qu'une pièce fermée pour ranger le matériel. Enfin, il ne faut pas oublier le tas de fumier, qui doit être accessible pour être vidé régulièrement !

> Page ci-contre : Le cheval qui vit au box peut se distraire en regardant ce qui se passe dehors.

v Écurie à l'américaine.

La sellerie

On y range tout le harnachement. Des présentoirs accueillent les filets et éventuellement les brides, les selles et les tapis de chaque monture. Chacun est en général marqué au nom du cheval. On peut aussi y stocker le matériel de pansage, les protections des montures et des cavaliers, ainsi que tout ce qui sert à l'entretien des chevaux (licols, couvertures, pharmacie…). L'endroit doit être suffisamment aéré pour que le matériel ne soit pas abîmé par l'humidité.

∧ De gauche à droite :

• La stabulation est un type d'aménagement souvent destiné à des poneys.

• En stalle, le cheval n'a pas beaucoup d'espace et il n'est pas libre de ses mouvements.

Box, stalle ou stabulation ?

Les **stalles** étaient autrefois très fréquentes. C'est une sorte de compartiment cloisonné jusqu'à mi-hauteur, où le cheval vit face au mur, le plus souvent attaché. Il ne dispose que de très peu d'espace et n'est pas libre de ses mouvements ; c'est pourquoi les stalles ont aujourd'hui quasiment disparu au profit des **boxes**. Quant à la **stabulation**, il s'agit d'un vaste box partagé par plusieurs chevaux. Cela a l'avantage de prendre moins de place par cheval, et leur laisse la possibilité d'avoir des interactions entre eux. Dans les centres équestres, c'est un type de lieu de vie souvent réservé aux petits poneys.

Stocker les aliments et la litière

Mieux vaut avoir de la place pour faire du stock ! Bottes de paille, pour la litière, et de foin peuvent être stockées dans un hangar à condition qu'il soit bien aéré pour éviter le développement de moisissures. Même exigence pour les granulés, céréales et autres aliments floconnés qu'il faut entreposer à l'abri des souris. Dans les centres équestres ou les grandes écuries, on dispose bien souvent d'un silo pour stocker les granulés.

Bien dans son box

L'entretien d'un box implique d'accomplir un certain nombre de tâches au quotidien : changement de la litière, distribution des rations, nettoyage des parties communes, etc. Pour cela, il faut du matériel et beaucoup d'organisation ! Être cavalier, ce n'est pas seulement monter à cheval… Il faut aussi passer beaucoup de temps autour.

[1]

^ Un box peut accueillir un ou deux chevaux.

Un petit nid douillet

Un box doit mesurer au minimum 3 x 3 m, avec une hauteur sous plafond d'au moins 2,80 m. Il est doté d'une porte à double battant. Celle du bas, d'au moins 1,30 m de haut, est fermée par un solide loquet qui ne doit pas être accessible à la bouche du cheval (on préfère en général mettre deux loquets) et renforcée par des traverses pour résister aux coups que pourrait donner l'animal.

Quant à la porte du haut, en général, elle n'est fermée que la nuit ou l'hiver par grand froid. Elle doit cependant permettre une aération minimale, même en hiver. Dans un box, on doit trouver :

- une mangeoire ;
- un anneau pour accrocher un filet à foin ou le cheval avec son licol ;
- un abreuvoir propre, l'idéal étant un abreuvoir automatique.

Le choix de la litière

Répandue sur une épaisseur d'au moins 15 cm, la litière isole du froid, procure une sorte de matelas et soulage les membres en évitant au cheval de vivre sur un sol trop dur. Il en existe plusieurs types :

• La paille est la plus fréquemment utilisée. Bon marché, mais souvent dévorée par certains chevaux un peu goinfres ou qui s'ennuient, elle doit être changée quotidiennement.

• Les copeaux de bois, vendus dépoussiérés et sous vide, sont plus faciles à stocker, mais plus chers. Ils conviennent surtout aux chevaux souffrant de problèmes respiratoires.

• Le tapis de caoutchouc est très cher, mais très facile à entretenir ! Il doit cependant être recouvert d'un peu de litière.

• On peut aussi opter pour du papier déchiqueté, bon marché mais vite souillé, de la paille de chanvre ou de lin, ou encore des mélanges de ces différents matériaux.

À la maison

Pour les particuliers qui veulent garder leur cheval à la maison, il existe plusieurs solutions : réaménager une ancienne grange ou étable, ou encore acheter un box préfabriqué en bois qu'il suffit d'assembler sur une surface plane, en général une dalle en béton. Il faut veiller à utiliser des matériaux sans danger pour un cheval et suffisamment solides pour résister à ses sautes d'humeur ! Faites notamment attention aux produits utilisés pour traiter le bois, car certains chevaux aiment bien grignoter la porte de leur box… Le sol doit être sain et facile à nettoyer. Enfin, l'endroit doit être lumineux, bien aéré, mais protégé des courants d'air.

[2]

[3]

[4]

L'entretien quotidien

Un box doit être nettoyé tous les jours. Le cheval est attaché à l'extérieur pour ne pas être gêné par la poussière.

1 On enlève les crottins et la paille sale à l'aide d'une fourche.

2 Ils sont mis dans la brouette qui sera vidée sur le tas de fumier.

3 La litière propre est rassemblée dans un coin du box et on laisse un peu sécher le sol.

4 De la paille propre est répandue dans tout le box en l'aérant bien. On ramène le cheval dans son box et on passe ensuite un coup de balai dans l'écurie pour enlever les brins de paille qui restent.

Une fois par semaine

Chaque semaine, on procède à un curage complet en changeant la totalité de la litière. On peut aussi désinfecter le box une ou deux fois par an, après une maladie ou lorsque le box va accueillir un nouvel occupant.

Lutter contre l'ennui

> Page ci-contre : Chevaux au paddock : si le terrain est suffisamment grand, il est possible d'y lâcher ensemble plusieurs chevaux, à condition qu'ils se connaissent.

v Tic à l'appui : c'est l'un des vices rédhibitoires qui peuvent faire annuler la vente d'un cheval.

Au box, le principal ennemi du cheval est l'ennui. Loin de ses congénères et de ses habitudes de vie naturelle, il peut présenter des troubles du comportement, comme des tics. Mais il existe divers moyens de l'aider à moins s'ennuyer.

Les tics

Il s'agit de gestes absurdes et sans aucune utilité, répétés régulièrement et toujours de la même façon.

Lorsqu'un cheval use la porte de son box en la rongeant, c'est le **tic à l'appui**, fréquent chez ceux qui restent trop longtemps dans leur box, sans contact visuel avec d'autres chevaux.

On peut aussi voir des chevaux se balancer d'un antérieur sur l'autre en restant sur place. C'est le **tic de l'ours**, qui traduit en général une grande excitation, au moment de la distribution des rations, par exemple.

Plus rare, le **tic à l'air** se manifeste par un bruit étrange que le cheval fait en avalant de l'air, tout en ramenant son menton vers son encolure.

Pour soigner un tic, il faut d'abord en chercher l'origine. Le cheval s'ennuie-t-il ? Ou bien vit-il en surnombre dans un pré trop petit ou souffre-t-il dans un milieu trop stressant ? Avec l'aide d'un vétérinaire, on peut ensuite essayer de modifier les conditions de vie pour améliorer la situation. Par ailleurs, on sait que certaines races sont plus sujettes aux tics que d'autres.

Quelques trucs pour le distraire

Des jouets sont vendus dans le commerce : ils ressemblent à de gros ballons avec une poignée pour que le cheval puisse les attraper avec ses dents. Si le box est assez grand, on peut aussi choisir un compagnon pour son cheval : une chèvre ou un shetland, par exemple. Attention cependant à ce que le petit ne devienne pas le souffre-douleur du plus grand !

Très curieux, les chevaux aiment suivre ce qui se passe dans l'écurie. Il faut donc veiller à ce que leur box dispose d'une ouverture assez grande pour leur permettre de regarder dehors. On peut aussi placer un miroir à l'intérieur du box, protégé des chocs ou en plastique, afin qu'ils se sentent moins seuls. À condition bien sûr que ce miroir ne présente aucun danger ou source de stress pour le cheval.

Des sorties au paddock

Un cheval au box doit être sorti le plus souvent possible, au moins une fois par jour. On peut aussi lui offrir quelques moments de détente en liberté dans un paddock. Il s'agit d'une aire plus petite qu'une carrière, au minimum 20 x 20 m, avec un sol meuble bien drainé dans lequel on peut lâcher le cheval sans aucun danger. Certains haras disposent d'un paddock attenant aux boxes, dans lequel les chevaux peuvent se rendre librement. Plusieurs chevaux peuvent être lâchés ensemble, mais des précautions s'imposent : le paddock doit être assez grand, et il ne faut mettre ensemble que des chevaux qui se connaissent et se côtoient sans problème. Pour tester cela, on peut commencer par les lâcher deux par deux pour qu'ils s'habituent progressivement les uns aux autres.

< De gauche à droite:
- Un jouet...
- ... ou de la compagnie, pour lutter contre l'ennui.

Voyager en toute sécurité

Si, pendant des millénaires, le cheval a transporté l'homme, il est désormais utilisé pour le sport et les loisirs, et c'est à notre tour de le transporter en camion ou en van ! Pour que ces voyages se déroulent en tout sécurité, quelques précautions doivent être prises.

Faire appel à un professionnel

Il existe des professionnels spécialisés dans le transport de chevaux, qui sont soumis à des règles bien particulières : ils doivent notamment disposer d'une autorisation pour le transport d'animaux vivants et d'un certificat d'aptitude professionnelle pour le transport d'animaux vivants (CAPTAV), délivrés par leur direction départementale des services vétérinaires. Pour ce type de transport, il existe des assurances spécifiques, pour le transporteur comme pour le propriétaire de l'animal.

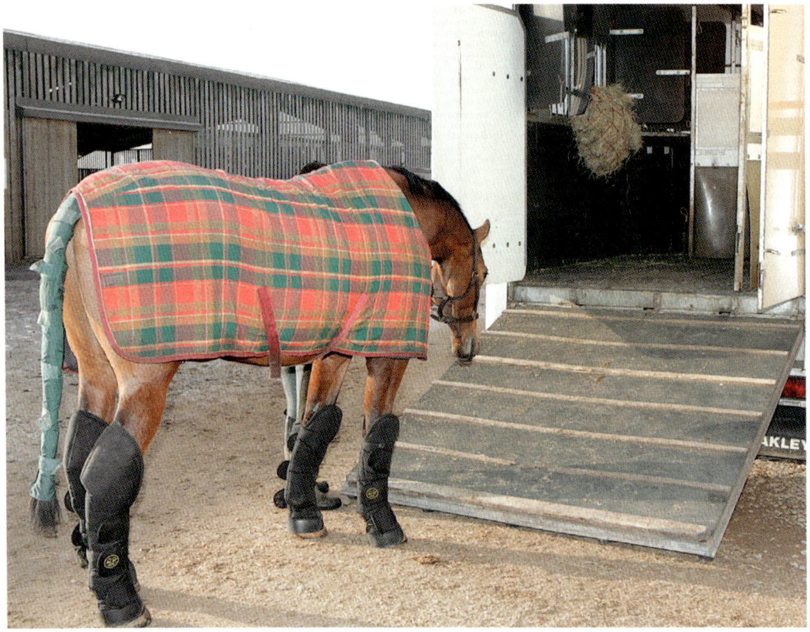

Protéger le cheval

Les chevaux apprennent assez rapidement à compenser les mouvements du véhicule dans lequel ils se trouvent. Mais pour prévenir les chocs et les frottements, mieux vaut utiliser des protections.

• Pour les membres, prévoir des bandes de repos ou des guêtres de transports matelassées.

• Pour la queue, une bande évite qu'elle se coince ou frotte contre les parois du van.

• Éventuellement, penser à une couverture, bien fixée, s'il risque de faire froid durant le transport.

Il est déconseillé d'utiliser des tranquillisants en vue d'un déplacement car cela pourrait perturber l'équilibre du cheval qui risquerait alors de chuter dans le van.

L'embarquement dans le van

C'est un moment délicat car bon nombre de chevaux sont réticents. Pour les rassurer, il faut laisser la porte avant du van ouverte, pour faire rentrer de la lumière. On peut aussi soulever leurs antérieurs et les poser sur la rampe d'accès, et surtout ne pas les brusquer.

< Page ci-contre, de gauche à droite :

- Cheval prêt à embarquer, portant des guêtres de transport, une bande de queue et une couverture.
- Dans le van, il est attaché mais dispose d'un filet à foin pour s'occuper pendant le trajet.

Dans le van

Il existe des vans à une ou deux places, où les chevaux sont placés dans le sens de la marche, et que l'on tracte avec une voiture. Dans les camions plus importants, ils sont en général tête-bêche, perpendiculaires à l'axe de la route.

Chaque cheval doit être attaché suffisamment court pour l'empêcher de faire des grands mouvements. Certains vans sont équipés de chaînes que l'on fixe de chaque côté du licol, mais il vaut mieux opter pour des longes qui pourront facilement être coupées avec un bon couteau en cas d'urgence. Lorsqu'on transporte un cheval dans un van, mieux vaut toujours avoir un bon couteau sous la main, au cas où !

Durant les longs trajets, il faut prévoir une pause toutes les quatre heures pour nourrir et abreuver les chevaux. On peut aussi leur laisser un filet à foin dans le van pour les occuper pendant le trajet, mais attention à l'attacher correctement pour ne prendre aucun risque.

Formalités administratives

Lorsque l'on voyage avec un cheval, il faut toujours avoir ses papiers avec soi : le document d'accompagnement destiné à l'identification d'un équidé, qui contient notamment sa description et les vaccinations qu'il a reçues, ainsi que la carte d'immatriculation, sorte de titre de propriété.

Depuis l'année dernière, la Commission européenne a mis en place un passeport unique et commun à tous les équidés d'Europe qui va de pair avec un puçage obligatoire (puce électronique implantée sous la peau) des animaux.

Si l'on veut passer les frontières avec un cheval, il faut bien se renseigner au préalable sur les formalités vétérinaires telles que les vaccins obligatoires ou une éventuelle mise en quarantaine par les douanes.

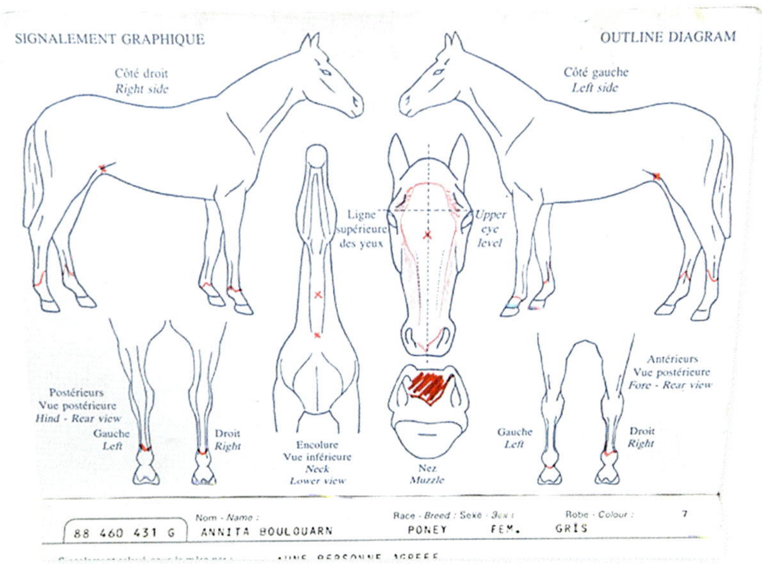

Les **besoins** alimentaires **essentiels**

Le système digestif du cheval est caractérisé par une digestion lente et un petit estomac. Des repas fréquents et de faible volume sont donc ce qui lui convient le mieux. Pour qu'un cheval se porte bien et puisse travailler comme on lui demande, il faut lui apporter une alimentation complète et équilibrée.

v Ci-dessous à droite : La distribution des rations, moment clé de la journée du cheval.

v Ci-dessous à gauche et tout en bas : Au box ou en déplacement, le cheval apprécie toujours d'avoir un filet à foin à sa disposition.

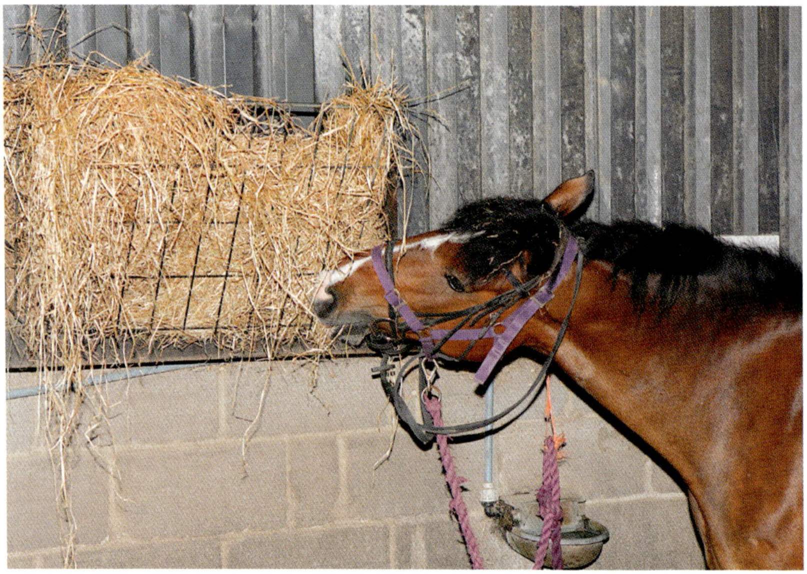

Le fourrage, base de l'alimentation

Le cheval est un herbivore qui, normalement, passe la majeure partie de son temps à brouter. Pour respecter son mode d'alimentation naturel lorsqu'il vit au box, il faut lui fournir une quantité suffisante de fourrage chaque jour afin qu'il s'occupe en mangeant pendant plusieurs heures. Riche en fibres, cet aliment permet aussi d'augmenter le volume de matière consommée et de la rendre plus facile à digérer.

Il existe plusieurs types de fourrages : des foins de qualité variable, de l'enrubanné (c'est-à-dire de l'herbe mise en balles avant d'être totalement sèche) ou simplement la paille qui compose la litière.

Évaluer le poids de son cheval

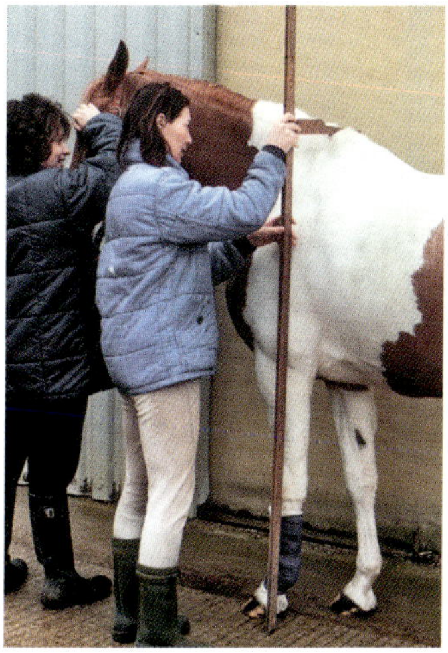

La ration d'un cheval dépend de son poids et du travail qu'on lui demande. Comme on dispose rarement d'une balance adéquate, voilà une méthode facile pour évaluer le poids d'un cheval de selle :

Poids en kg = 4,3 PT + 3 HG – 785

PT en cm = périmètre du thorax au passage de sangle et au plus haut du garrot

HG en cm = hauteur au plus haut du garrot.

À son poids optimal, les côtes d'un cheval sont palpables et légèrement visibles lorsqu'il se déplace.

L'eau

Au pré, un cheval boit en moyenne une vingtaine de litres d'eau par jour. Nourri au box avec des aliments plus secs, un cheval a besoin de 30 à 40 litres d'eau par jour. Si l'on dispose d'abreuvoirs automatiques, il faut régulièrement vérifier leur bon état de marche. Attention, certains chevaux ne savent pas comment s'en servir ! Or, le manque d'eau peut être à l'origine de coliques à l'issue fatale.

Un poney n'est pas un petit cheval…

Pour établir la ration d'un poney, il ne faut pas raisonner comme si c'était un petit cheval car il est bien moins exigeant. Méfiez-vous des clichés : un poney rond n'est pas un poney en pleine forme, au contraire ! Selon son activité, l'apport de foin ou de concentrés peut être modulé. La quantité de concentrés peut être diminuée si l'on constate une prise de poids. Sachez d'ailleurs qu'il est très difficile de faire maigrir un poney trop gros, car son activité ne peut généralement pas être augmentée autant qu'il le faudrait. Les poneys qui vivent au pré doivent aussi être surveillés car ils peuvent se goinfrer d'herbe trop riche.

^ Un poney rond n'est pas forcément un poney en pleine forme !

Pourquoi une pierre à sel ?

Le sel facilite la digestion et permet de lutter contre la déshydratation. Le cheval en perd beaucoup en transpirant. Il existe des blocs de sel pur, blancs, et des pierres enrichies en oligo-éléments, voire en vitamines, généralement de couleur brune.

Si le cheval reçoit un aliment concentré en plus du fourrage, un bloc de sel pur suffit. S'il ne reçoit que du fourrage ou s'il est au pré, il faut lui proposer une pierre à sel enrichie en oligo-éléments pour compenser la pauvreté des sols.

Aliments clés et ration type

Riches en énergie et peu encombrants, les concentrés sont choisis par de nombreux propriétaires comme aliments de base pour leur cheval. Quelques règles fondamentales doivent être respectées pour garantir un apport correct en énergie, en nutriments, mais aussi en volume à digérer.

Floconnés.

Granulés.

Points de repère

- **À composition égale, un kilo de granulé est moins cher que du floconné. Mais il est moins volumineux, moins bien mastiqué et théoriquement moins digeste.**
- **Le floconné est intéressant pour les chevaux qui mangent trop vite, ceux qui ont eu des problèmes gastriques, n'ont pas trop d'appétit, ou qui ont des besoins très élevés.**
- **Pour un cheval qui a une faible activité et auquel on ne veut pas amener trop de fourrage, un granulé pas trop riche convient parfaitement.**
- **Ne surestimez pas votre cheval, son activité et ses capacités! Le nourrir avec un aliment pour athlète de haut niveau ne le transformera pas en champion olympique...**

Granulés et floconnés

Lorsque le travail demandé à un cheval est important ou le temps disponible pour ingérer le fourrage trop court, ou encore si le fourrage est de qualité médiocre, on a recours à un aliment concentré pour couvrir les besoins nutritionnels de l'animal. Il se compose de céréales, sous leur forme naturelle ou transformée ; l'avoine est la plus connue et la plus courante, mais on utilise aussi d'autres grains tels que l'orge, le maïs, le blé et le riz, des graines, comme le soja, le lin et les pois, des extraits de graines (huile et tourteau), ou des formes condensées de certains fourrages particulièrement riches (bouchon de luzerne). Les grains peuvent être entiers ou débarrassés de leurs enveloppes, aplatis, crus ou cuits pour améliorer la digestibilité de l'amidon qu'ils contiennent.

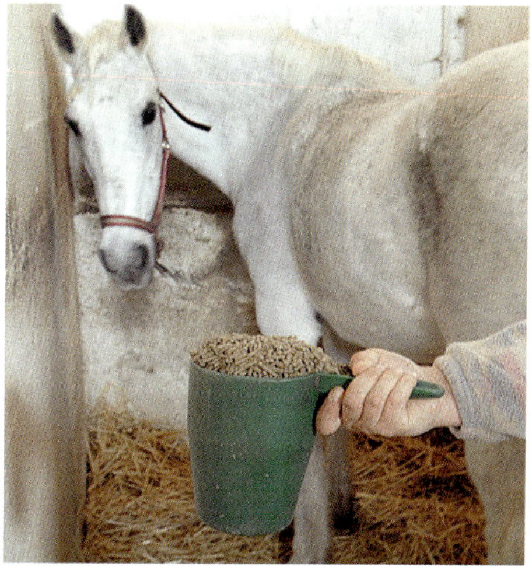

Ration quotidienne : mode d'emploi

- Pas plus de la moitié des apports quotidiens sous forme de concentrés.
- Pas plus de 500 g de concentré par repas pour 100 kg de poids corporel (environ 4 litres de granulés pour un cheval adulte par jour au maximum).
- Si le fourrage n'est pas à volonté, distribuer le repas de concentré au moins 2 heures après le fourrage.
- Si le concentré choisi est traditionnel (fourrage + céréales), il faut ajouter quotidiennement un complément minéral et vitaminé.
- Distribuer de l'eau au retour du travail, mais attendre 1/2 heure pour distribuer le repas de concentrés.
- Attendre 2 heures après un repas de concentrés pour travailler.
- Pour éviter un coup de sang (ou « maladie du lundi »), diminuer de moitié la ration de concentrés les jours de repos, tout en laissant un peu plus de fourrage.
- En cas de changement de régime, respecter des périodes de transition très progressives.

< Page ci-contre :
1. Pulpe de betterave déshydratée.
2. Pulpe de betterave après trempage : on doit la faire tremper entre 1 et 12 heures avant de la proposer au cheval. Riche en calcium, cet aliment manque de vitamines et sert surtout comme additif des aliments complets.
3. Granulés de luzerne déshydratée.
4. Granulés de céréales (complément du fourrage).
5. Grains d'orge, excellent complément énergétique.
6. Avoine.

Comparer les aliments

Pour quantifier les apports en énergie et en protéines, un système a été mis au point par l'INRA (Institut national de la recherche agronomique). L'énergie est quantifiée en Unité Fourragère cheval ou UFc. Une UFc équivaut à l'énergie contenue dans 1 kg de grains d'orge, soit 2250 kcal. Les fourrages contiennent autour de 0,5 UFc/kg de matière sèche, les grains de céréales environ 0,8 à 1,32 UFc/kg.

On estime qu'un hongre ou une jument adulte de 500 kg qui ne travaille pas a besoin de 4,2 UFc par jour. S'il effectue une heure de travail quotidien, il lui faut 5 à 6 UFc par jour.

Pour les protéines, il y a une unité qui tient compte de leur digestibilité : le MADc, pour Matière Azotée Digestible cheval. Un cheval adulte a besoin de 300 à 400 g de MADc par jour.

Alimentation : les **bons réflexes**

Pour établir la ration quotidienne de son cheval et éviter quelques erreurs, mieux vaut être attentif ! Il y a quelques bonnes habitudes à prendre qui permettront de faciliter cette tâche quotidienne et de respecter son bien-être alimentaire.

Les dangers de l'excès

Distribuer trop d'aliments à un cheval l'expose à divers risques, de la simple diarrhée à la mort. Des rations trop riches en amidon, donc en énergie, peuvent conduire à une fourbure. Conséquences : déformation des sabots, boiteries... Ce risque existe aussi avec certaines pâtures où il y a beaucoup de graminées ou avec une herbe de printemps trop riche. Certains chevaux sensibles, souvent un peu gros et gloutons, peuvent déclarer une fourbure. Il faut alors limiter les heures de pâturage ou utiliser une muselière, fixée au licol, qui empêche le cheval de brouter tout en le laissant respirer et boire sans problème.

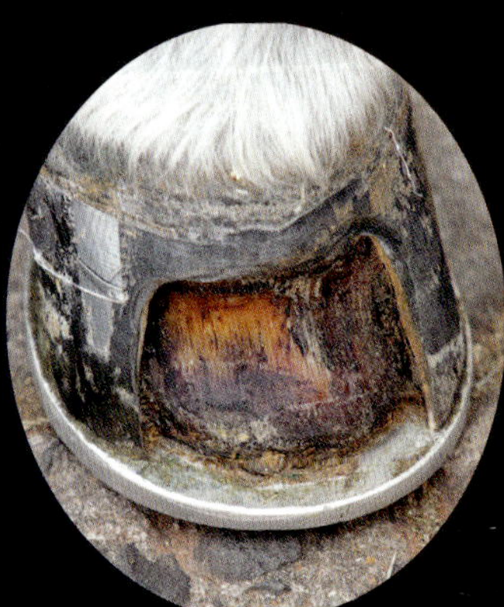

Déformation du sabot.

^ Il est très rare de disposer d'un appareil pour peser un cheval, mais cela peut être bien utile.

La ration, en kilos ou en litres ?

Au moment d'élaborer la ration, la plupart des guides ou modes d'emploi des fabricants d'aliments mentionnent des quantités en kilos, mais on dispose rarement d'une balance dans l'écurie ! Mieux vaut utiliser un pot ou un bol ayant une contenance d'un litre et établir une bonne fois pour toutes quelques équivalences poids-volume qui seront affichées près des réserves d'aliments dans l'écurie.

ÉQUIVALENCES POIDS-VOLUME

- 1 litre d'avoine (grains entiers) pèse 0,5 kg et équivaut à 0,45 Ufc ;
- 1 litre d'orge (grains entiers) pèse 0,6 kg et équivaut à 0,6 Ufc.

À chaque fois que vous achetez des aliments concentrés, vérifiez sur le paquet les équivalences poids/volume afin d'ajuster vos rations !

Pour le foin, il faut essayer de faire la même chose en utilisant un récipient que vous aurez pesé au préalable afin de pouvoir chaque jour l'utiliser comme référence de volume pour une ration de foin.

> Préparation des repas.

Respecter les bonnes bactéries

La flore intestinale du cheval, très riche, l'aide notamment à digérer la cellulose des végétaux. Il arrive que ces micro-organismes soient partiellement détruits par un traitement antibiotique ou un gros coup de stress. Les probiotiques peuvent aider à rétablir cette flore. Il s'agit de micro-organismes vivants, bactéries lactiques, champignons ou levures, qui, administrés en quantité adéquate, ont un rôle bénéfique pour le tube digestif.

^ Râtelier à foin au pré. Le fourrage étant la base de l'alimentation du cheval, il doit en consommer une quantité suffisante chaque jour.

CHANGEMENT DE RÉGIME : RESPECTER DES TRANSITIONS

Le système digestif du cheval est très sensible. Lors d'un changement de régime alimentaire brutal, la digestion peut être perturbée et des substances inhabituelles produites dans le gros intestin. Elles risquent de modifier l'efficacité de certaines enzymes digestives, d'inhiber le développement des bactéries favorables ou de stimuler le développement de bactéries pathogènes. Il est donc indispensable, en cas de changements de quantité ou d'aliments, de respecter des transitions progressives, en mélangeant un peu du nouveau à l'ancien, puis d'inverser les proportions petit à petit sur plusieurs jours. De la même façon, la mise au pré d'un cheval doit toujours se faire graduellement.

Les **intoxications** alimentaires

L'alimentation est la première source d'intoxication chez le cheval. Loin d'être toujours facile à repérer, elle doit cependant être prise en charge rapidement si on ne veut pas que les symptômes s'aggravent, et que d'autres chevaux soient concernés.

> Page ci-contre : Le fruit de l'érable contient une toxine responsable de la myopathie atypique, qui peut s'avérer mortelle pour les chevaux.

Différentes sources d'intoxication

Un cheval peut s'intoxiquer par ingestion directe, au pré à cause des plantes présentes sur la pâture même ou simplement en bordure, ou alors à cause d'un foin qui aurait été contaminé par des végétaux toxiques. Dans ce cas d'intoxication chronique liée à une consommation répétée du foin en cause, les symptômes sont moins évidents.

Attention, certains aliments très énergétiques utilisés couramment pour les chevaux, comme l'avoine, l'orge ou le blé, peuvent aussi avoir des conséquences néfastes voire mortelles s'ils sont consommés en trop grande quantité.

Apprentissage et évitement

Le cheval est incapable de vomir. S'il consomme une plante toxique, il n'a donc aucune possibilité de la régurgiter. Les intoxications alimentaires sont cependant rares car le cheval apprend à reconnaître les plantes toxiques, soit par imitation de ses congénères, soit en procédant lui-même à quelques essais. Des recherches ont montré qu'un cheval est capable de faire le lien entre une plante qu'il a consommée et des symptômes digestifs, si ceux-ci surviennent moins de 30 minutes après son ingestion. Enfin, bien souvent ces plantes toxiques ont un goût amer que le cheval n'apprécie pas.

Myopathie atypique : gare aux érables

À ne pas confondre avec la maladie de l'herbe (voir ci-contre), la myopathie atypique est elle aussi restée longtemps mystérieuse. Les chevaux au pré montrent soudainement des signes d'une extrême faiblesse physique, sont incapables de se lever, parfois atteints de tremblements et peuvent décéder rapidement. Des foyers de type épidémique surviennent régulièrement en Europe et en Amérique du Nord depuis les années 2000. Récemment, l'origine de cette maladie a été identifiée : elle est due à une toxine présente dans les fruits des érables. Il n'existe pour l'instant pas de traitements. La myopathie atypique touche préférentiellement les jeunes chevaux de moins de 3 ans ainsi que les vieux chevaux mais elle peut se déclarer à tout âge.

La prévention consiste à rentrer les chevaux à l'écurie lorsqu'un cas de myopathie atypique est déclarée dans la région, ou du moins à limiter leur accès aux prairies quelques heures par jour. Si vous nourrissez vos chevaux au pré, mieux vaut ne pas distribuer la nourriture au sol.

Prévention et traitement

Avant de mettre un cheval au pré, mieux vaut en faire le tour afin de vérifier l'absence de plantes toxiques. S'il y a intoxication, le traitement consiste le plus souvent à prendre en charge les symptômes. Il n'existe en effet quasiment aucun antidote spécifique.

L'étrange « maladie de l'herbe »

Depuis quelques années frappe un étrange mal, appelé « maladie de l'herbe », ou grass sickness, qui se traduit chez les chevaux au pré par des coliques sourdes (sans crise aiguë) sans cause apparente et qui provoque le plus souvent la mort de l'animal. On ne connaît toujours pas l'origine de cette maladie neurodégénérative qui touche le plus souvent des jeunes chevaux, entre 2 et 7 ans. Aucun facteur de prévention ni traitement spécifique n'a pour l'instant été découvert. Mais de nombreuses recherches sont menées actuellement. Régulièrement des foyers de maladies de l'herbe se déclarent sans qu'on n'en connaisse la cause.

Savoir reconnaître les plantes toxiques

Si les intoxications alimentaires restent rares chez le cheval, mieux vaut savoir identifier les principales plantes en cause pour en débarrasser les pâtures. Il faut aussi connaître les symptômes caractéristiques pour réagir au plus vite.

> Page ci-contre :
1. Millepertuis.
2. Sénécon.
3. Glands de chêne.
4. Lupins.
5. Digitale.
6. Buis.
7. Thuya.

Être vigilant

Une intoxication par les plantes peut survenir dans différentes circonstances :

• **au box**, si le foin contient quelques-unes de ces plantes fauchées par erreur ;

• **au pré**, si la prairie ainsi que ses abords (de l'autre côté de la clôture) n'ont pas été inspectés minutieusement, et/ou que le cheval ne sait pas éviter de lui-même ces plantes. Il arrive aussi que des gens qui se promènent le long du pré essayent d'attirer les chevaux en leur proposant des plantes cueillies ailleurs…

• **en randonnée ou lors d'un déplacement à l'extérieur**, si le cheval se retrouve confronté à une plante qu'il ne connaît pas et ne sait pas éviter.

Mieux vaut être vigilant ! Le plus simple est de ne pas avoir de plantes ornementales toxiques à proximité des écuries, de surveiller ce que votre cheval a envie de brouter en randonnée, et d'inspecter régulièrement vos prés. Éviter aussi le surpâturage (quand les chevaux ne disposent pas d'un pré suffisamment grand pour couvrir leur besoins nutritifs) car il peut favoriser les espèces indésirables.

[1]

[2]

[3]

[4]

[5]

[6]

[7]

Types de plantes

• **Plantes ornementales** : l'**if** est de loin le plus toxique ! Il provoque des troubles de l'équilibre et des convulsions et peut conduire rapidement à la mort s'il a été ingéré en quantités importantes. Les feuilles de **laurier rose** et de **laurier cerise**, l'écorce de **robinier**, les fleurs de **cytise** et de **belladone**, et le **rhododendron** provoquent des symptômes divers. Les **buis** et les **thuyas** peuvent provoquer des diarrhées ou des coliques importantes mais sans risque mortel.

• **Plantes cultivées** : la **graine de lin** est très toxique si elle est ingérée telle quelle, elle provoque des symptômes digestifs et neurologiques. Elle doit être chauffée (c'est le cas lorsqu'on fabrique des tourteaux). À l'inverse, le tourteau de **colza** est toxique pour les chevaux (hypersalivation, toux sèche…). Les graines de **moutarde**, le **sorgho** et la **vesce** sont eux aussi néfastes.

• **Arbres** : une consommation importante de **glands de chêne** peut entraîner des symptômes digestifs (colique, constipation, diarrhée sanguinolente). Le **pollen de noyer** peut provoquer des allergies respiratoires chez certains chevaux, et la consommation des **noix** provoquer une fourbure. Les fruits du **gui** et des **érables** sont très toxiques (troubles cardiaques et neurologiques).

• **Plantes sauvages fréquentes** : cigüe tachetée, fougère, prêle, lierre terrestre, colchique des prés, digitale pourpre, renoncule bulbeuse, euphorbes, morelle, arum, mercuriale, séneçon…

Plantes et symptômes

• **Symptômes digestifs** : feuillages de genévrier ou sabine des montagnes, thuya, cytise ou faux ébénier, grande cigüe, laurier-rose, séneçon de Jacob, ricin, fusain, bourdaine, potentille, moutarde, ravenelle et troène, racines d'aconit mercuriale, fruits de chêne et de gui, écorces de daphné.

• **Symptômes nerveux** : feuillages de prêle, aristoloche, ivraie, buis, gesse, lupin, belladone, datura, et jusquiame, écorce de robinier ou faux acacia.

• **Symptômes cutanés (photosensibilisation)** : tiges, fleurs et feuilles de sarrasin, feuillages de millepertuis et vesce, trèfle blanc et trèfle hybride en consommation exclusive.

• **Symptômes cardiaques** : feuillage de digitale et lierre terrestre.

Ferrure et soins des pieds

Tous les cavaliers connaissent le fameux dicton : « Pas de pied, pas de cheval. » Rien n'est plus vrai : pieds et sabots doivent faire l'objet de soins réguliers, ainsi que les fers, qu'il faut choisir et changer correctement.

Des fers, des sabots et des sols

Si la plupart des chevaux portent le même type de fer en métal, il en existe une très grande variété, à choisir en fonction des besoins du cheval et du terrain : fer en aluminium ou en plastique (plus léger), avec des plaques de caoutchouc ou de cuir pour amortir les chocs ou empêcher la neige de s'accumuler, avec des mortaises (trous à l'extrémité des branches du fer) pour fixer des crampons, avec une échancrure pour les sabots atteints de seime...

< Les chevaux sont ferrés pour lutter contre l'usure de la corne, accentuée par le poids du cavalier.

∨ Sabot mal entretenu. Certains cavaliers font le choix de ne pas ferrer leur cheval, mais cela ne les dispense pas d'une visite régulière du maréchal-ferrant, pour vérifier que la corne s'use correctement et pour effectuer un parage si nécessaire.

Pourquoi ferrer ?

Le cheval est un ongulé, ce qui signifie qu'il marche sur ses ongles. La vitesse à laquelle il les use dépend de la nature des terrains qu'il fréquente. En même temps, la corne qui compose ses sabots pousse en moyenne d'un centimètre par mois. À l'état sauvage, pousse et usure s'équilibrent. Mais depuis que l'homme utilise le cheval, l'usure des sabots a toujours été un problème délicat car les sols, le travail demandé et le poids porté accélèrent le phénomène d'usure. Dès l'Antiquité, on faisait porter aux chevaux des sortes de chaussons en cuir avec semelle en métal. Le fer, lui, n'a été inventé que vers l'an 1000. Mais il présente l'inconvénient de supprimer tout effet d'usure. L'intervention d'un maréchal-ferrant est donc indispensable toutes les quatre à six semaines pour parer les sabots, c'est-à-dire supprimer la corne en trop, et poser des nouveaux fers.

La pose des fers

Le maréchal-ferrant commence par observer les aplombs à l'arrêt et au pas. Il arrache les vieux clous, puis dépose le fer. Vient alors l'étape délicate du parage, où il convient d'enlever la juste épaisseur de corne. Ensuite, il peut reposer les mêmes fers s'ils ne sont pas trop usés, ou bien en mettre des neufs. Dans ce cas, il ajuste chaque fer aux sabots du cheval, en le modelant à chaud ou à froid, puis le fixe avec des clous. Ces opérations sont totalement indolores ; certains chevaux craignent cependant qu'on manipule leurs pieds ou n'apprécient guère l'odeur de la corne brûlée quand on pose le fer encore chaud sur le sabot.

^ De gauche à droite : Le maréchal-ferrant arrache les clous avant de déposer l'ancien fer ; alors vient l'opération du parage. Il faut ensuite ajuster le nouveau fer ou remettre l'ancien s'il est en bon état.

Le « clou de rue »

On parle de clou de rue lorsqu'une partie vive du sabot au niveau de la sole est atteinte par un corps étranger blessant. En général, le cavalier s'en rend compte immédiatement ! Mieux vaut faire examiner le pied par un maréchal-ferrant ou un vétérinaire. Pour que la plaie cicatrise correctement, on peut poser un fer à plaque pour isoler la sole de la boue ou du sable.

Le parage dit « naturel »

De plus en plus de cavaliers refusent de ferrer leurs chevaux, préférant les laisser pieds nus. Selon le mode de vie du cheval et les terrains qu'il pratique, c'est envisageable, et même préférable s'il vit au pré et n'est que rarement monté. Mais cela ne doit pas le priver d'une visite régulière du maréchal-ferrant, qui pourra vérifier que la corne s'use correctement, ni trop ni trop peu, et effectuer si nécessaire un parage pour rectifier la corne. Mieux vaut aussi que le cheval fréquente des terrains suffisamment abrasifs, car si la corne pousse trop, il perd ses aplombs corrects, souffre des tendons et marche péniblement. Le sol du box ou du pré peut être aménagé en conséquence.

< Avec la pince à sonder, le maréchal-ferrant teste la sensibilité du pied, afin de détecter hématomes et abcès.

Les visites clés

La prévention n'est pas un vain mot lorsqu'il s'agit de la santé et du bien-être du cheval. Quelques visites régulières du vétérinaire, du dentiste et du maréchal-ferrant sont nécessaires pour garantir qu'il se porte bien et que ses besoins essentiels sont correctement pris en compte.

Gare à l'automédication !

S'il s'agit d'administrer un traitement à votre cheval en suivant les conseils de votre vétérinaire, a priori aucun problème, à condition qu'il vous ait auparavant bien montré le geste à réaliser. Par contre, mieux vaut éviter de dresser seul un diagnostic et d'administrer un traitement à un cheval sans consulter son vétérinaire. Une mauvaise utilisation d'anti-inflammatoires, d'antibiotiques ou d'antispasmodiques peut avoir des conséquences dramatiques.

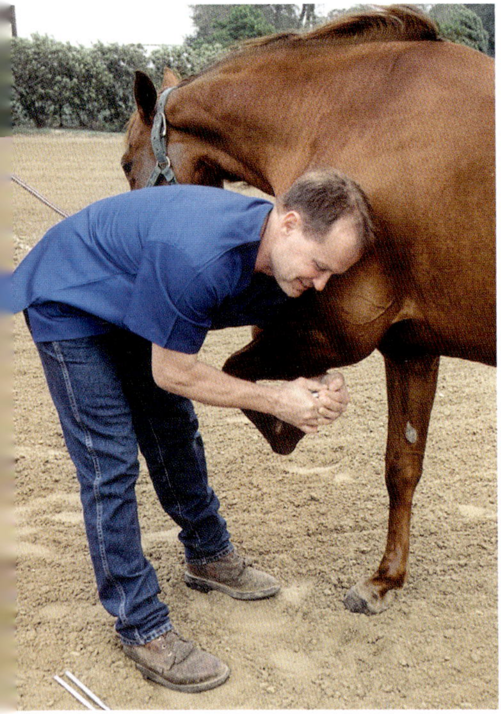

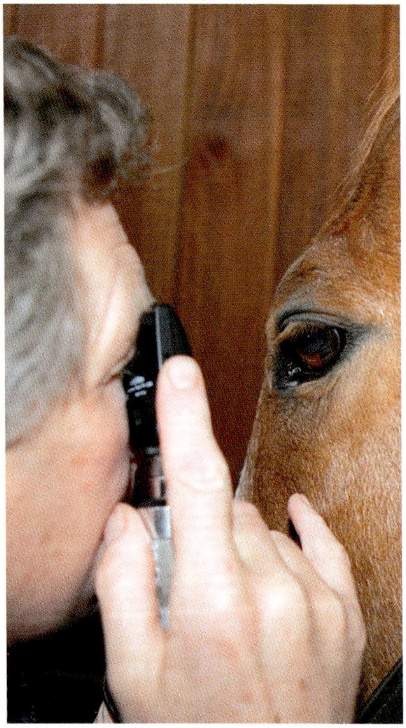

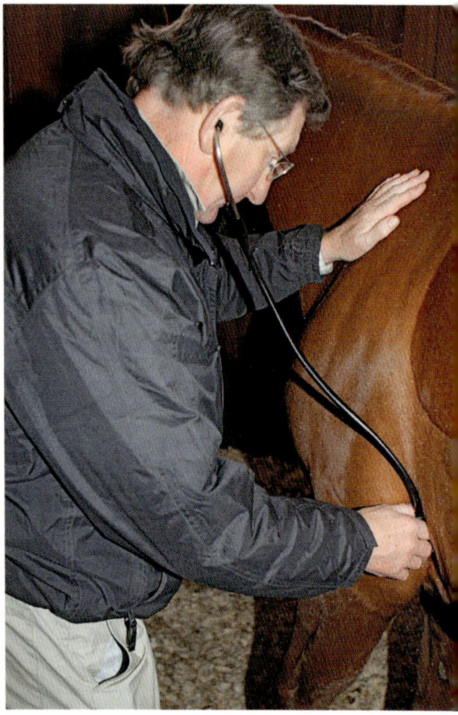

^ Examen par le vétérinaire des articulations, des yeux et du rythme cardiaque.

Le vétérinaire, un partenaire au quotidien

En dehors des vaccinations et des vermifugations, que nous verrons plus tard, le vétérinaire est là pour s'assurer qu'un cheval est en bonne santé et qu'il ne manque de rien. C'est un partenaire indispensable pour établir l'alimentation d'un cheval en adéquation avec ses conditions de vie et le travail qu'on lui demande. En collaboration avec le maréchal-ferrant, il décèle les défauts d'aplombs ou les problèmes liés à la locomotion et met en œuvre traitements et prévention.

Lorsqu'il s'agit d'accueillir son cheval à domicile, il peut être d'une aide précieuse pour organiser une écurie, choisir des matériaux et des installations et s'assurer qu'il n'y a aucun risque pour l'animal. Enfin, n'hésitez pas à lui demander son avis à propos du harnachement (type de mors et d'enrênements, protection des membres et du dos du cheval…).

Le dentiste, une fois par an

Pour garantir une bonne alimentation mais aussi préserver la communication avec son cavalier via le mors, la bouche d'un cheval doit être parfaitement saine. Or, les conditions de vie domestique sont souvent à l'origine de quelques désagréments dentaires! Usure irrégulière, dents surnuméraires, défauts d'occlusion qui empêchent le cheval de mastiquer correctement... La visite d'un dentiste au moins une fois par an s'impose. C'est d'autant plus important dans les premières années de vie du cheval, lorsque sa denture définitive se met en place, et lorsqu'il vieillit, car les problèmes deviennent plus fréquents. Ces soins peuvent être réalisés par le vétérinaire.

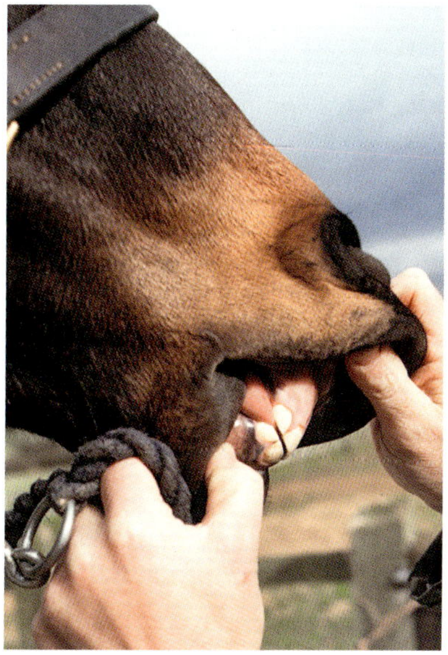

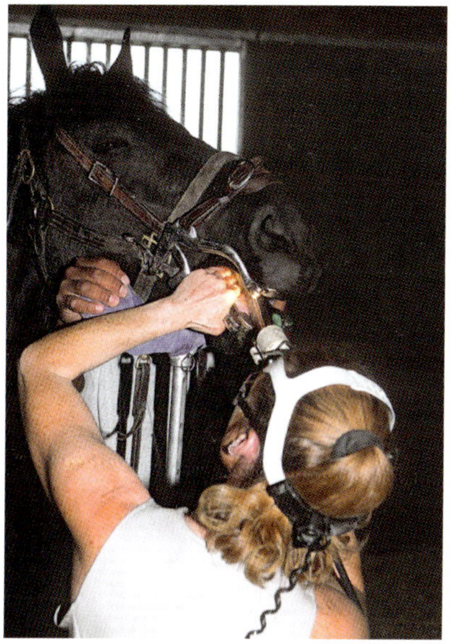

^ De gauche à droite :
- Examen des dents.
- Limage des dents.

Le maréchal-ferrant, garant d'une bonne locomotion

En cas de blessure des pieds ou des membres, le maréchal-ferrant peut adapter la ferrure de votre cheval et vous conseiller pour son traitement. Même pour les chevaux qui vivent au pré et/ou ne sont montés que très rarement, il faut faire régulièrement appel à un maréchal-ferrant pour s'assurer que leurs pieds sont en bonne santé. Aujourd'hui encore, on voit des équidés au pré, ânes, chevaux et poneys, dont les pieds sont mal ou pas du tout entretenus et qui, du coup, souffrent sans raison.

v Fixation des fers avec des clous.

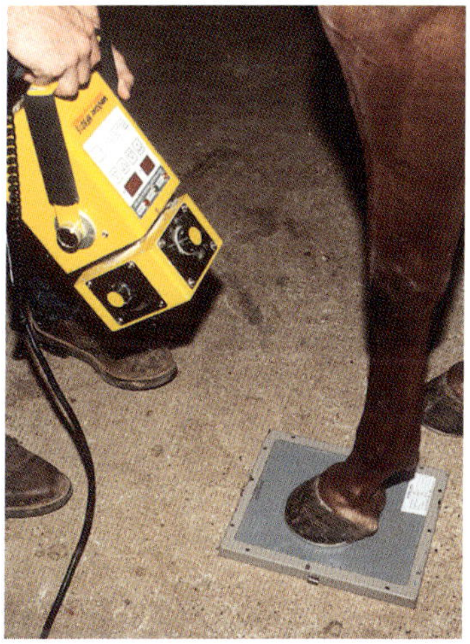

Images médicales

Pour mieux comprendre l'origine d'une boiterie, l'imagerie médicale peut être très utile. Il s'agit en général d'examens radiologiques, mais on peut aussi avoir recours à l'IRM. Lors de la vente d'un cheval, il faut aussi demander une vérification de son statut ostéoarticulaire afin de déceler d'éventuelles lésions ou signes d'arthrose. Ce statut peut beaucoup évoluer si le cheval est encore jeune (moins de 2 ans).

Soins réguliers : les **vaccins**

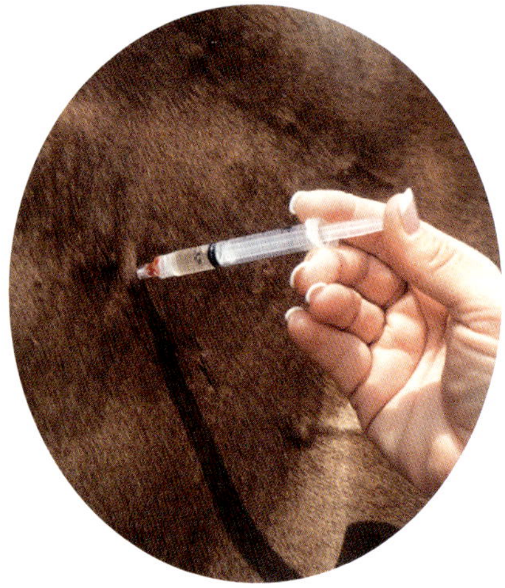

De nombreuses maladies, dont certaines très graves, peuvent être évitées grâce à la vaccination. Elle permet de protéger votre cheval, mais aussi d'éviter la propagation de maladies contagieuses. À condition qu'elle soit effectuée régulièrement et par un professionnel.

Le principe

La vaccination repose sur deux caractéristiques du système immunitaire : sa spécificité et sa mémoire. Différents types de vaccins peuvent être utilisés : des vaccins inertes qui contiennent des microbes inactivés (capables de déclencher une réponse immunitaire sans provoquer de symptômes) et bien souvent un adjuvant qui augmente leur efficacité ; des vaccins vivants qui contiennent les microbes vivants mais dépourvus de leur pouvoir pathogène (en France, il n'existe pas de tels vaccins pour les chevaux) et la dernière génération, des vaccins recombinants qui allient les avantages des deux précédents. Un vaccin ne protège jamais à 100 % contre une maladie – en général, son efficacité se situe entre 70 et 90 %.

La vaccination se déroule en deux étapes : une première série d'injections, appelée primo-vaccination, deux ou trois en général lorsque le cheval est jeune, permet de créer une immunité spécifique, c'est-à-dire contre une maladie bien précise. Par la suite, durant toute la vie du cheval, des injections de rappel sont nécessaires pour « rafraîchir la mémoire » du système immunitaire. Le plus souvent, ces injections sont réalisées par voie intramusculaire, mais pour certains vaccins, des injections par voie sous-cutanée sont possibles.

La grippe équine

La vaccination contre cette maladie est obligatoire pour participer à des rassemblements de chevaux. C'est l'une des maladies infectieuses les plus courantes, dont les symptômes sont très semblables à ceux de la grippe humaine.

Le carnet de santé

À chaque injection, le vétérinaire doit noter la date, le nom du vaccin et coller l'étiquette portant le numéro du lot. Cela permet de vérifier qu'un cheval est à jour de ses vaccinations, mais aussi de prévenir rapidement le fabricant en cas d'effets secondaires importants.

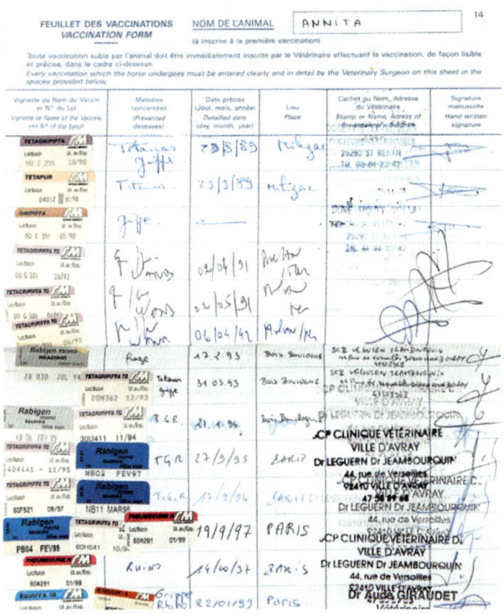
FEUILLET DES VACCINATIONS VACCINATION FORM
NOM DE L'ANIMAL ANNITA

∧ La vaccination permet d'éviter la propagation des maladies telles que la grippe équine ou la rhinopneumonie.

Primo-vaccination : deux injections à un mois d'intervalle.
Rappel : une injection six mois après la primo-vaccination, puis une ou deux injections par an.

Le tétanos

Vaccination non obligatoire, mais fortement conseillée, à cause de la gravité de cette maladie neurologique et, surtout, de l'abondance dans notre environnement des bactéries qui en sont responsables.
Primo-vaccination : deux injections à un mois d'intervalle.
Rappel : une injection six mois après la primo-vaccination, puis une ou deux injections par an, plus une injection si le cheval se fait une plaie profonde.

La rhinopneumonie

Obligatoire pour les étalons reproducteurs et les poulinières, cette vaccination est aussi fortement conseillée pour tous les autres, car la maladie est fréquente. Les vaccins disponibles protègent efficacement contre la forme respiratoire de la maladie et les avortements qu'elle peut provoquer, mais pas contre les complications neurologiques, heureusement assez rares.
Primo-vaccination : deux injections à un mois d'intervalle.
Rappel : une injection tous les six mois.

Autres maladies

- **La rage.** Même si la maladie a quasiment disparu de notre pays, la vaccination est obligatoire pour participer à des manifestations publiques.
- **La gourme.** C'est un vaccin récent dont l'injection se pratique au niveau de la lèvre et qui a déjà permis de réduire l'incidence de la maladie dans les zones les plus touchées.
- **Le West Nile Virus.** Relativement rare en France, cette maladie frappe des milliers de chevaux chaque année aux États-Unis où des vaccins sont disponibles depuis peu.
- Pour d'autres pays, il existe des vaccins contre les **encéphalites**, la **morve**, la **peste équine** et l'**artérite virale équine**.

Soins réguliers : les **vermifuges**

Dès leur naissance, les chevaux hébergent de nombreux parasites internes, essentiellement au niveau de leur système digestif. L'administration régulière de vermifuges est le meilleur moyen pour limiter ces infestations ainsi que les désagréments qui les accompagnent.

Comment administrer les produits

Les antiparasitaires sont appelés « anthelminthiques ». Il existe un grand nombre de molécules qui agissent sur une ou plusieurs classes de parasites. Il faut être bien vigilant quant aux précautions d'usage et au dosage.

Pour administrer un vermifuge en pâte orale :

- **Se placer à droite du cheval si on est droitier.**
- **Commencer par vider la bouche du cheval en manipulant légèrement sa langue.**
- **Insérer la seringue au niveau de la commissure des lèvres en direction de la langue.**
- **Soulever légèrement la tête pour la placer à l'horizontale et injecter progressivement le produit.**
- **Maintenir la bouche du cheval vers le haut jusqu'à ce qu'il ait dégluti et tout avalé.**

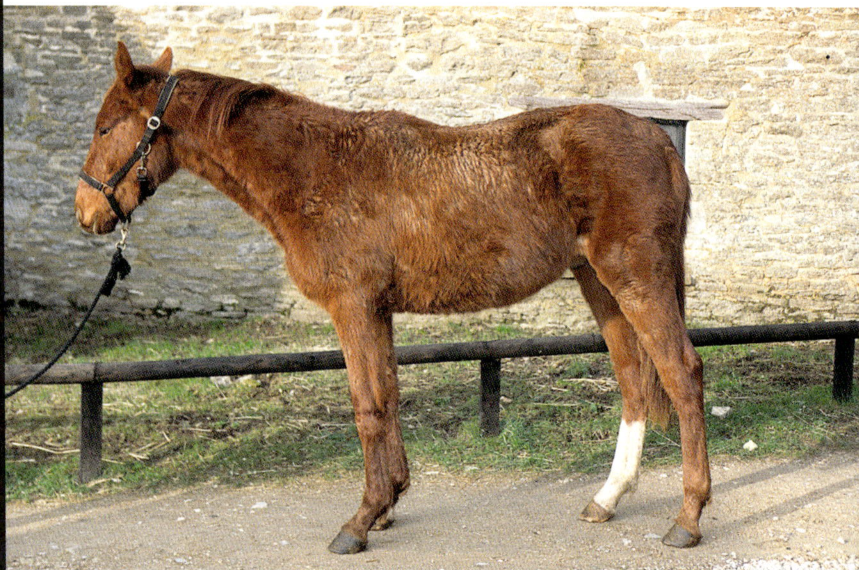

^ De gauche à droite :
- Cheval souffrant de parasites.
- Mesures de prévention : Nettoyer le box. Au box, donner à manger en hauteur. Au pré, prévoir une surface suffisante.

Les parasites

En général, le parasite est présent au stade adulte dans l'organisme du cheval, puis les œufs sont excrétés via le crottin. Les larves se développent alors dans le milieu naturel et le cheval se recontamine lui-même en ingérant une herbe ou de la paille contaminée.

Le principe de la vermifugation

C'est le moyen le plus simple et le plus efficace pour prévenir les maladies parasitaires qui peuvent être graves, voire mortelles, et dont le traitement peut être lourd et coûteux.

Les différents vers et leurs conséquences

Âge privilégié de contamination	Parasites	Période de contamination	Localisation	Principaux symptômes
Poulain	Ascarides	Printemps (dès la mise au pré)	Intestin grêle	Retard de croissance, poil terne, diarrhée, colique, abattement.
	Strongyloides, ou anguillules	Printemps	Intestin grêle	Diarrhée, déshydratation, amaigrissement, anémie.
Surtout les jeunes	Grands strongles	Été	Gros intestin	Fatigue, perte d'appétit, colique, fièvre, amaigrissement.
Jeunes et adultes	Petits strongles ou cyathostomes	Printemps et automne	Intestin grêle et gros intestin	Diarrhée abondante, amaigrissement, colique, fièvre.
	Ténias ou anoplocéphales	Du printemps à l'automne, au pré	Intestin grêle, cæcum	Diarrhée, amaigrissement, colique.
	Gastérophiles	Hiver	Œsophage, estomac, intestin grêle et gros intestin	Salivation excessive, longs mâchonnements, effort de déglutition, baisse de forme.
Surtout les adultes	Oxyures	Toute l'année	Gros intestin et rectum	Démangeaisons, crins ébouriffés et enduit ocre à la base de la queue.
Tout âge	Douves	Périodes ou zones humides	Foie	Mauvais état général, poil piqué, diarrhée, colique.
	Habronèmes	Du printemps à l'automne	Œsophage et estomac	Colique, diarrhée.

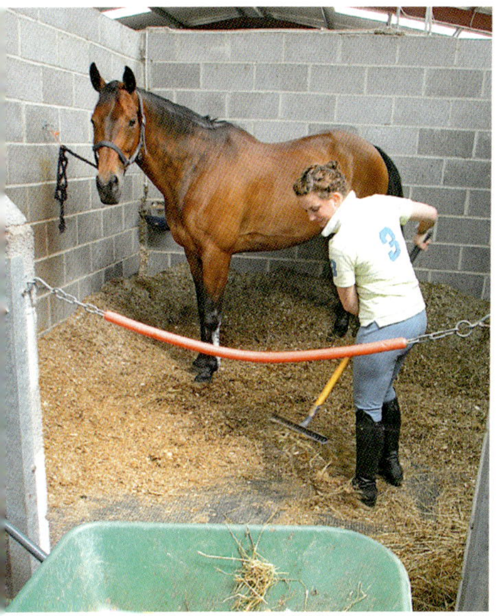

Elle peut être pratiquée par le vétérinaire, via une sonde, ou par vous-même par voie orale à l'aide de seringues prêtes à l'emploi. Dans ce cas, il faut bien veiller à ce que le cheval absorbe toute la dose correspondant à son poids, car une dose insuffisante risquerait de conduire au développement de résistances chez lez parasites.

La vermifugation n'est efficace que si elle s'accompagne de **mesures de prévention générale :**

- Éliminer régulièrement les crottins pour les chevaux vivant au box.
- Nettoyer fréquemment les mangeoires et les abreuvoirs, désinfecter une fois par mois environ.
- Éviter de donner à manger aux chevaux à même le sol.
- Au pré, prévoir une surface suffisante et nettoyer régulièrement les zones de refus.
- Éventuellement, organiser une rotation des pâtures avec un vide sanitaire (pâtures laissées libres).
- Si plusieurs chevaux cohabitent, les vermifuger en même temps et avec les mêmes produits.

Selon le mode de vie des chevaux et leur cohabitation, on recommande de vermifuger deux à quatre fois par an.

En **attendant** le vétérinaire

Lorsque l'on s'occupe d'un cheval, il faut être en mesure de reconnaître les signes de bonne santé. En cas de problème – qu'il s'agisse de coups, de blessure ou de coliques –, quelques mesures doivent être prises en attendant l'arrivée du vétérinaire pour éviter les complications.

Les signes de bonne santé

Chaque jour, il faut pouvoir juger de l'état général de l'animal et cela ne peut se faire qu'en ayant une bonne connaissance de ses habitudes et de ses caractéristiques. En pansant son cheval, en curant son box, en observant sa litière et la consistance de son crottin, sa mangeoire, son poil… on a autant d'occasions de repérer la moindre anomalie.

État général

- Cheval calme, vigilant et réactif.
- Bon appétit et abreuvement régulier.
- Poil lisse et brillant, pas de zone glabre.

• Muqueuses roses et humides.
• Pas de déshydratation (si on pince la peau au niveau de l'encolure, elle revient tout de suite en place).

Digestion
• Crottins émis régulièrement, fermes et bien moulés qui ne dégagent pas d'odeurs désagréables.
• Mictions fréquentes et non douloureuses, urine jaune clair qui peut être légèrement trouble. Pas d'odeur d'ammoniac.

Membres
• Cheval en appui sur ses quatre membres, aucune gêne ou douleur lorsque l'on passe la main le long des membres.
• Membres secs, ne présentant aucun signe d'inflammation (gonflement, chaleur, rougeur).

Constantes physiologiques
• Température rectale entre 37,5 et 38° C pour un adulte (légèrement supérieure pour un poulain).
• Fréquence cardiaque au repos comprise entre 30 et 45 battements par minute ; elle peut atteindre plus de 200 battements par minute lors d'un effort intense, mais doit être revenue à une valeur normale après 30 minutes de repos.
• Fréquence respiratoire au repos de 10 à 20 mouvements par minute. Mouvements amples au niveau des côtes.

N'oubliez pas !

Mieux vaut ne pas avoir à chercher le numéro du vétérinaire au dernier moment, alors que votre cheval vient de se blesser ! Prévoyez de l'indiquer à l'intérieur de l'armoire à pharmacie ou en évidence dans la sellerie, par exemple. Vous pouvez également mentionner le numéro de son remplaçant ou de la clinique équine la plus proche.

v De gauche à droite :
• Prendre le pouls permet d'évaluer l'état d'agitation du cheval.
• Test de déshydratation.
• Nettoyage d'une plaie.

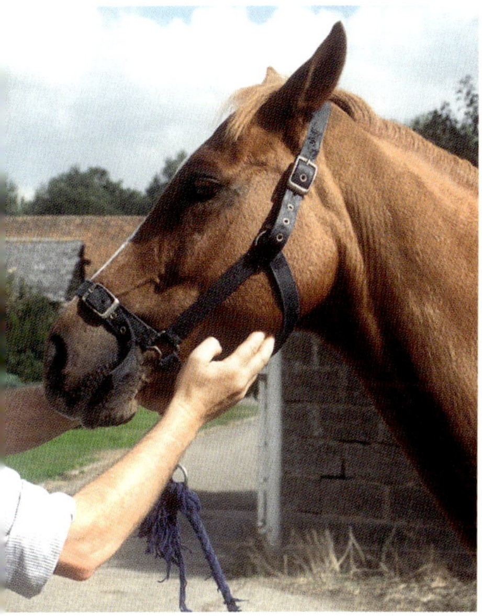

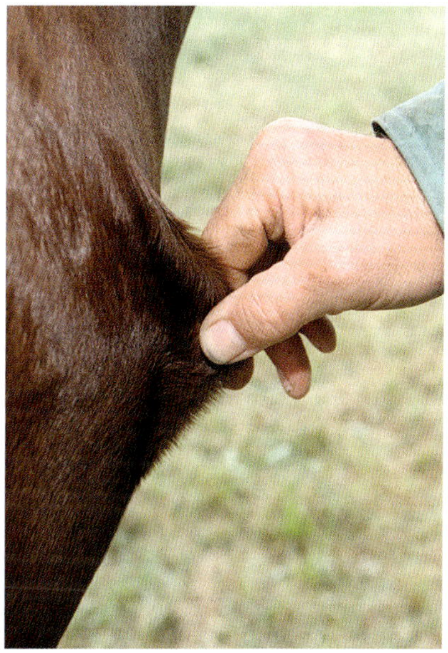

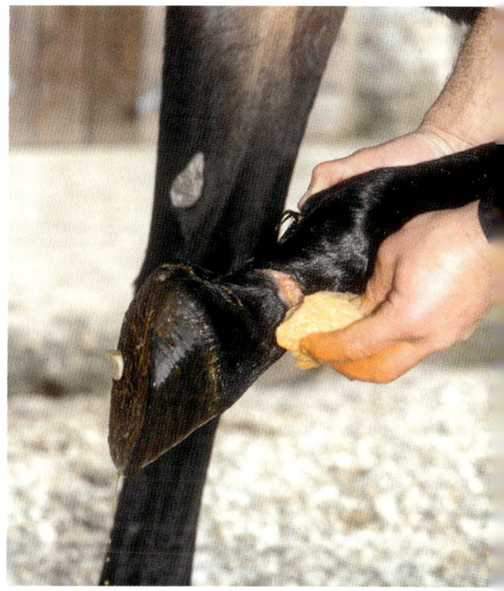

< Page ci-contre : En cas d'incident, il faut d'abord calmer le cheval et le garder dans un endroit tranquille. Évitez de céder à la panique car le cheval est très sensible au stress ! Lorsque vous appelez le vétérinaire, donnez-lui le plus possible de détails quant à la situation.

Plaie : les bons gestes

• Face à une plaie, même profonde, la première chose à faire est de la laver à l'eau claire pour enlever un maximum de corps étrangers (sable, terre, écharde…). Cela permettra ensuite de mieux juger si la blessure est profonde ou non. Si c'est le cas, appelez le vétérinaire et enveloppez simplement la plaie dans un pansement sec et propre en l'attendant.
• Si la plaie est superficielle, commencez par raser largement la zone de poils qui l'entourent avec un rasoir bien propre.
• Nettoyez trois fois de suite avec du savon désinfectant à base d'iode, en rinçant chaque fois à l'eau claire.
• Appliquez une solution ou un spray désinfectant sur la plaie grossièrement séchée avec une compresse stérile.
• Si la plaie risque de coller au pansement, utilisez un tulle gras ou de la vaseline.
• Couvrez la plaie d'une compresse stérile fixée ensuite avec plusieurs épaisseurs de bande cohésive (attention à ne pas trop serrer) ou du sparadrap.
• Si la plaie est sur un membre, couvrez le pansement d'un coton épais, puis d'une bande de repos.

Trousse de première urgence

Pour soigner les petits bobos ou faire face aux urgences, la pharmacie doit contenir les bons produits. Le matériel de base doit être propre et régulièrement inspecté. Avec les conseils de votre vétérinaire, vous pouvez aussi conserver quelques médicaments d'usage courant.

v Le matériel de base comprend :
1. Coton chirurgical.
2. Désinfectant.
3. Alcool à 90°.
4. Vaseline.
5. Sérum physiologique.
6. Ciseaux à bouts ronds.
7. Thermomètre.
8. Compresses stériles.
9. Seringues.
10. Bande auto-adhérente.

Le bon matériel

Il doit être rangé à l'abri de la poussière et de l'humidité et facile d'accès, puis, après chaque utilisation, nettoyé et désinfecté à l'alcool à 90°. Et n'oubliez pas de vous laver les mains avant chaque soin ou changement de pansement !

- **Ciseaux à bouts ronds**
- **Rasoirs jetables**
- **Pince à épiler**
- **Thermomètre** (avec une ficelle au bout, ça vous évitera de le perdre dans le rectum de votre cheval !)
- **Coton chirurgical**
- **Compresses stériles**
- **Tulle gras ou vaseline**
- **Bandes de crêpe lavables en machine**
- **Bandes auto-adhérentes** (repositionnables, elles adhèrent sans coller à la peau et aux poils)
- **Bandes adhésives ou sparadrap.**

Quelques produits de base

Vérifiez régulièrement la date de péremption de ces produits !

- **Savon désinfectant à base d'iode**
- **Solution** ou **spray désinfectant non irritant**
- **Pommade cicatrisante** pour les plaies superficielles
- **Pommade antiseptique** prescrite par votre vétérinaire
- **Sérum physiologique** pour nettoyer un œil irrité

Médicaments d'urgence

Les produits doivent être conservés correctement, au sec et à l'abri de la poussière, hors de portée des enfants, et accompagnés de l'ordonnance du vétérinaire précisant la posologie.

• **Antispasmodiques** injectables en cas de colique ou de diarrhée, avec les seringues correspondantes.

• **Tranquillisants** à administrer par voie orale ou par injection, indiqués pour les coups de sang, les fourbures, ou lors d'une situation dangereuse.

• **Pommade ophtalmique** antibiotique.

^ Application d'onguent sur une blessure.

v De gauche à droite :
• Spray désinfectant.
• Compresse stérile.
• Bandage sur une blessure.

Soins des membres

D'autres produits sont utilisés régulièrement pour la prévention ou le traitement de certaines atteintes des membres. Ils doivent être utilisés judicieusement. Parlez-en à votre vétérinaire si vous n'êtes pas sûr.

• **Argile :** emplâtre externe utilisé froid, en couche épaisse, sur les membres.

• **Antiphlogistine :** emplâtre utilisé le plus souvent chaud sur les articulations, sur les abcès en formation…

• **Eau de Javel :** s'utilise très diluée en pansement pour des soins de désinfection cutanée.

• **Eau blanche :** utilisée en pansement humide, le plus souvent sur les molettes articulaires du boulet. Attention, ce produit est très toxique car il contient du plomb.

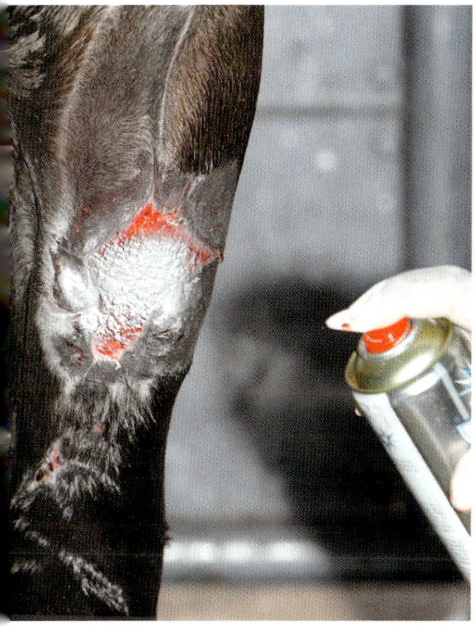

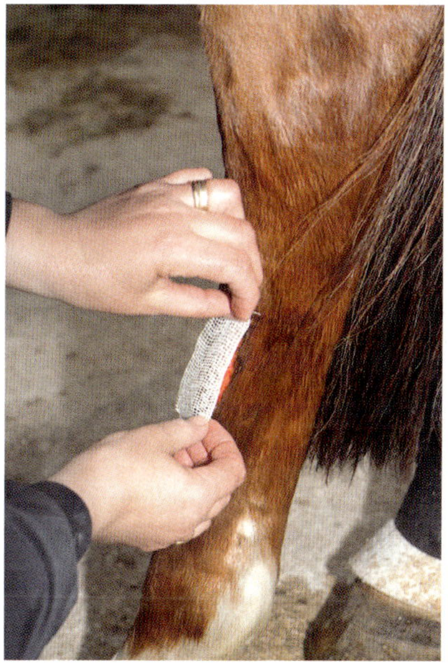

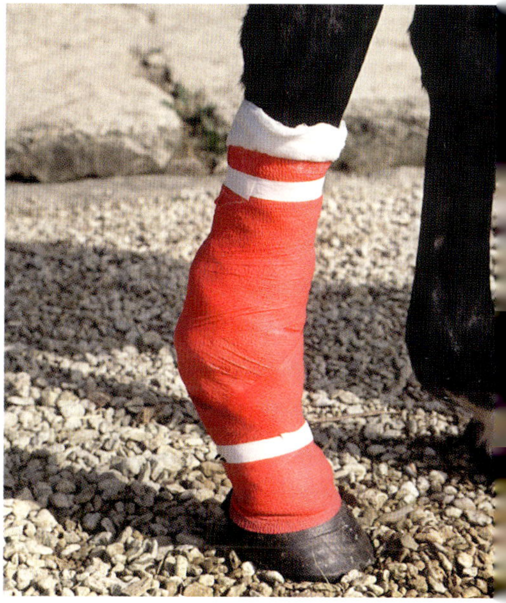

Autres produits utiles

• **Solution ou gel antalgique de type Synthol®** pour soulager en cas de coups et contusions. Cela peut être bien utile aussi pour le cavalier !

• **Électrolytes de réhydratation** à utiliser en cas de sueur abondante (forte chaleur, compétition, randonnée…).

• **Pansements gastriques** en cas d'ulcère à l'estomac.

• **Probiotiques** pour les chevaux à la digestion un peu paresseuse, ou à utiliser lors de changements de régime alimentaire.

• **Antimouches ou anti-insectes**.

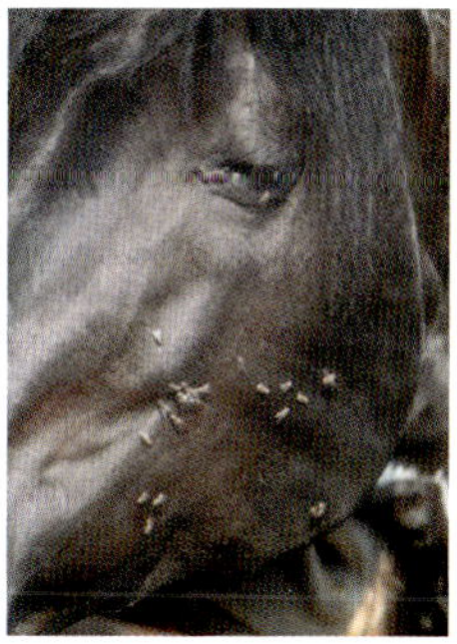

Sus aux insectes !

Avec l'été reviennent mouches, moustiques et autres taons qui parfois importunent considérablement nos montures. Certains d'entre eux pondent leurs larves dans les plaies ou les muqueuses, d'autres sont les vecteurs de maladies qui peuvent être très graves pour le cheval, mais aussi pour l'homme. Pour lutter contre les insectes, il existe des lotions répulsives qui s'appliquent en spray ou avec une simple éponge. Vérifiez juste qu'elles sont adaptées à la peau des chevaux.

Les maladies à surveiller (1)

S'il vaut mieux prévenir que guérir, il convient aussi de pouvoir identifier rapidement les principaux maux dont peuvent souffrir les chevaux. Plus ils sont détectés rapidement et plus il est facile de les prendre en charge.

> Une inflammation peut être le signe d'une lésion tendineuse.

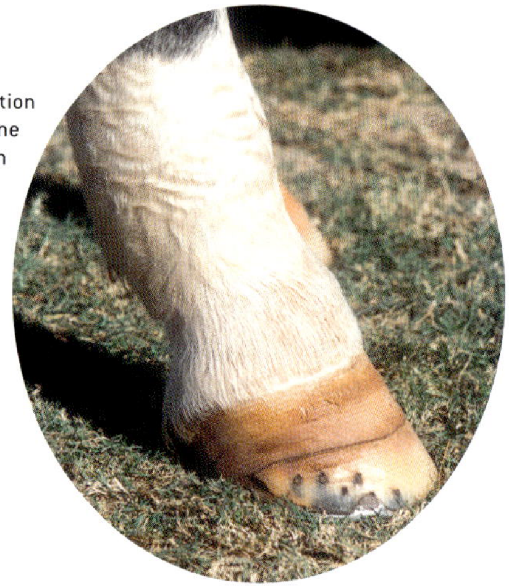

^ Se rouler plus que d'habitude est un possible signe de colique.

Les coliques

Ce sont toutes les douleurs abdominales de gravité variable mais toujours à prendre au sérieux.

Causes. Stress, problème alimentaire, manque d'eau, parasites…

Symptômes. Tout geste inhabituel, comme un cheval qui reste longtemps couché, se roule sans arrêt, perd l'appétit, regarde ses flancs.

Comment réagir ? Empêcher le cheval de s'alimenter, mais pas de boire, appeler immédiatement le vétérinaire et faire marcher le cheval pour qu'il ne se couche pas.

Prévention. Être très vigilant quant à l'alimentation et l'abreuvement, vermifuger régulièrement, éviter les gros efforts après un repas.

La fourbure

Elle est due à un engorgement des vaisseaux sanguins à l'intérieur des pieds, qui peut aller jusqu'à faire basculer la troisième phalange. Elle touche surtout les antérieurs.

Causes. Alimentation trop riche, manque d'exercice ou excès de travail et fatigue générale.

Symptômes. Le cheval reporte son poids sur les postérieurs, souffre en marchant, le pied concerné est très chaud.

Comment réagir ? Appeler d'urgence le vétérinaire, ne pas déplacer le cheval, essayer de rafraichir le sabot touché.

Prévention. Ne pas trop nourrir le cheval, faire des mises au pré progressives, adapter la quantité de travail.

v > Cheval atteint de fourbure.

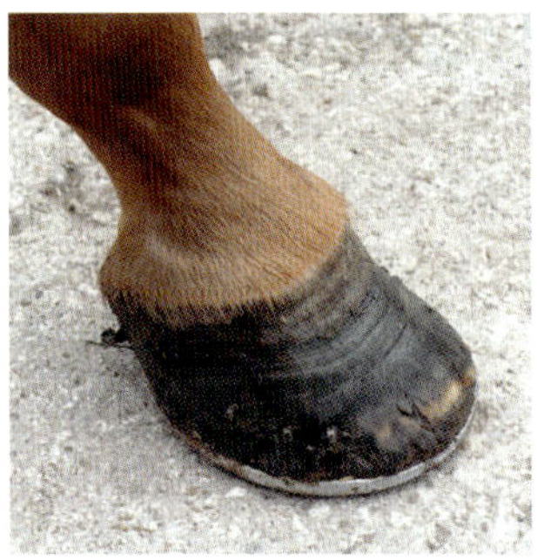

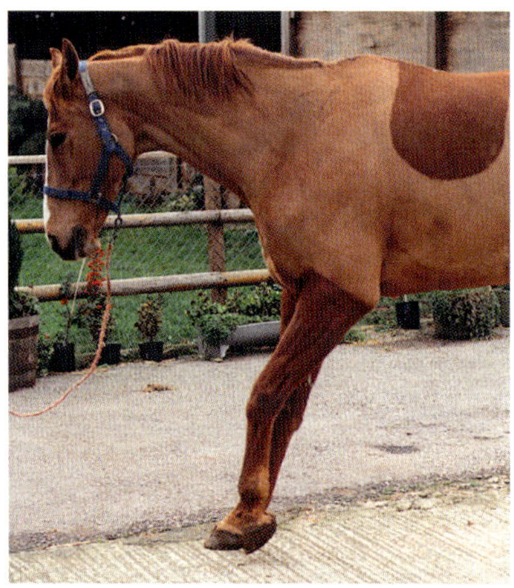

^ Cheval souffrant d'une inflammation de la jambe.

< Retrouver un cheval couché au box peut être le signe qu'il est malade.

Le coup de sang

Appelée aussi myoglobinurie paroxystique ou simplement maladie du lundi, c'est une affection des muscles qui laisse le cheval comme paralysé.

Causes. Se déclenche en général au moment de la reprise du travail, après une mise au repos du cheval, alors que sa ration n'a pas été diminuée.

Symptômes. Respiration saccadée, urine foncée, muqueuses rouge foncé, transpiration abondante, arrière-main paralysée.

Comment réagir ? Ne pas forcer le cheval à bouger, appeler le vétérinaire rapidement car les cellules musculaires du cheval se détruisent progressivement et irrémédiablement.

Prévention. Adapter les rations alimentaires en fonction du travail demandé.

Les tiques et la piroplasmose

La tique est un acarien qui s'accroche à la peau et se nourrit du sang du cheval. Elle peut transmettre des maladies graves, comme la piroplasmose.

Symptômes. Fièvre, muqueuses jaune pâle, urine foncée, fatigue générale et faiblesse de l'arrière-main.

Comment réagir ? Chercher la présence de tiques (à enlever et à conserver pour analyse) et appeler le vétérinaire d'urgence.

Prévention. Inspecter régulièrement les chevaux au pré et au retour de balade, ôter les tiques, sans oublier la tête.

Les lésions tendineuses

Les membres des chevaux sont particulièrement fragiles. Les tendons, qui servent à relayer l'action des muscles jusqu'à l'extrémité des membres, jouent aussi le rôle d'amortisseurs.

Causes. Effort trop important, manque d'échauffement, travail sur un mauvais terrain.

Symptômes. Le cheval boite, les tendons sont engorgés, chauds, douloureux et sensibles à la palpation.

Comment réagir ? Mettre le cheval au repos et prendre rapidement rendez-vous avec le vétérinaire pour un diagnostic.

Prévention. Veiller à faire une bonne détente (échauffement) et à choisir un terrain approprié. Inspecter régulièrement les tendons, avant et après le travail.

Les maladies à surveiller (2)

Un petit incident ou un symptôme léger peuvent vite prendre des proportions importantes chez le cheval qui est un animal fragile. Mieux vaut donc repérer rapidement lorsque quelque chose d'anormal survient.

∨ Un cheval qui reste longtemps couché doit vous alerter.

Les intoxications

Au pré, les chevaux apprennent rapidement à éviter les plantes toxiques, mais à l'écurie, les sources d'intoxication sont plus nombreuses que l'on ne croit.

Causes. Plantes toxiques, alimentation souillée par des moisissures, émanation de produits chimiques…

Symptômes. Ils peuvent être très diverses selon l'origine de l'intoxication : neurologiques, digestifs, respiratoires…

Comment réagir ? Au moindre doute, appeler le vétérinaire. Ne donner que de l'eau à votre cheval.

Prévention. Apprendre à reconnaître les plantes toxiques, vérifier le foin avant de le distribuer et enlever tout ce qui est moisi, ranger soigneusement les produits dangereux.

La toux

Toute forme de toux doit être prise au sérieux car il y a un risque pour le système respiratoire du cheval.

Causes. Infections (grippe équine, rhinopneumonie, gourme…), irritation (poussière ou ammoniac par exemple), allergies, bronchite chronique…

Symptômes. Toux répétée au repos et/ou à l'effort, accompagnée de fièvre et d'écoulements naseaux en cas d'infection.

Comment réagir ? En cas de fièvre appeler le vétérinaire et isoler le cheval pour diminuer le risque de contagion.

Prévention. Vacciner votre cheval régulièrement, aérer l'écurie, éloigner votre cheval lorsque vous nettoyez le box pour qu'il ne souffre pas de la poussière, conserver les aliments dans de bonnes conditions, mouiller le foin lorsqu'il est très sec.

Le phlegmon

Infection qui survient sous la peau, dans les gaines des tendons ou des articulations. Si elle n'est pas soignée rapidement, elle peut prendre de l'ampleur.

Causes. Une petite blessure, souvent invisible, qui n'est pas désinfectée : les microbes envahissent les tissus et s'y multiplient.

Symptômes. La jambe enfle de manière diffuse en quelques heures à peine. La partie enflée est chaude et sensible au toucher. Une boiterie et de la fièvre peuvent apparaître.

Comment réagir ? En attendant le vétérinaire, doucher le membre à l'eau froide.

Prévention. Chaque jour, vérifier que les jambes ne sont pas blessées. Désinfecter et protéger toutes les plaies, même petites, avec un pansement propre ou une crème adaptée.

La diarrhée

Le risque le plus important de la diarrhée, c'est la déshydratation associée à cause des pertes importantes d'eau et de sels minéraux.

Causes. Changement brutal d'alimentation, intoxication, stress, agents infectieux, parasites…

Symptômes. Selles visqueuses et nauséabondes, colique associée, éventuellement forte fièvre.

Comment réagir ? Repos avec de l'eau à disposition. Si la diarrhée est modérée et sans fièvre, faire jeûner le cheval et lui proposer seulement du foin le lendemain. Si les symptômes sont plus importants ou durent plusieurs jours, appeler le vétérinaire.

Prévention. Vermifuger et vacciner votre cheval régulièrement, conserver les aliments dans de bonnes conditions et effectuer des transitions progressives lors d'un changement de régime alimentaire.

La déshydratation

Le cheval perd jusqu'à 8 litres de sueur par heure. Le seuil critique est atteint lorsqu'il a perdu plus de 10 % de son poids sans compenser immédiatement en buvant de l'eau.

Causes. Efforts importants et/ou sur une longue durée dans une atmosphère tempérée voire chaude, ou épisode de fortes diarrhées.

Symptômes. Le cheval transpire beaucoup, il est très faible, peut même tituber. Sa température est élevée (entre 37,5 °C et 38,9 °C), son pouls trop rapide (60 à 80 pulsations, voire plus).

Comment réagir ? Descendre de cheval, l'emmener à l'ombre ou dans un endroit frais et lui donner à boire 2 ou 3 litres d'eau (avec éventuellement des sels de réhydratation) plusieurs fois de suite en espaçant de 5 minutes à chaque fois.

Prévention. Habituer votre cheval à boire dans des endroits ou des abreuvoirs qu'il ne connaît pas, cela pourra lui être très utile ! Proposer toujours à boire à votre cheval après l'avoir fait travailler, et éviter de monter aux heures les plus chaudes de la journée.

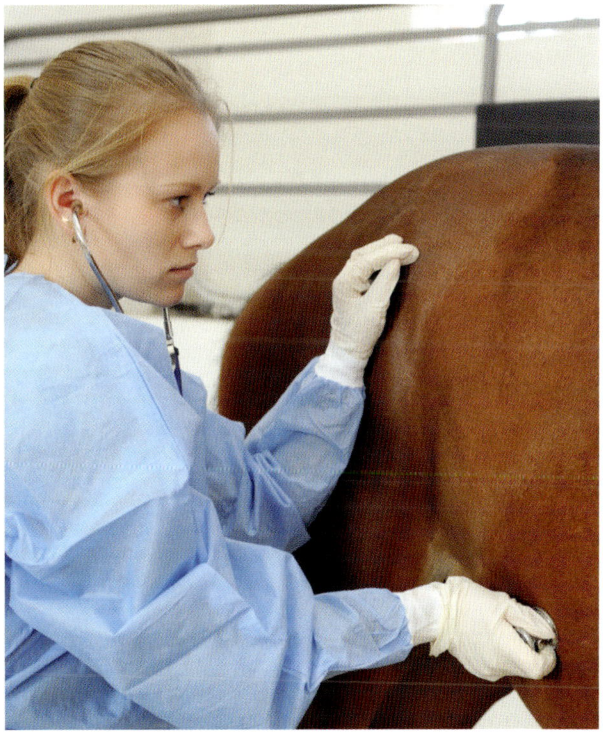

Vieux cheval et fin de vie

Si l'espérance de vie des chevaux domestiques augmente avec les progrès de la médecine vétérinaire, les pathologies liées à l'âge deviennent, elles aussi, plus nombreuses. Il faut parfois savoir envisager l'euthanasie pour soulager un vieux cheval que l'on ne peut plus soigner.

Que faire après la mort d'un cheval ?

Après le décès d'un animal, par mort naturelle ou par euthanasie, c'est l'équarisseur qui vient récupérer le corps. En France, la loi oblige que les corps de gros animaux soient brûlés dans un centre d'incinération. Pour les petits animaux de compagnie, on peut ensuite récupérer les cendres et les enterrer dans l'endroit de son choix, un cimetière spécialisé par exemple. C'est pour l'instant impossible pour les chevaux.

Dents et alimentation

L'usure irrégulière des dents est l'un des problèmes principaux du cheval âgé. Il doit être vu régulièrement par un dentiste et son régime alimentaire adapté à sa denture. Une – ou deux – cuillerée à soupe d'huile végétale (colza, tournesol…) dans la ration quotidienne est un bon moyen d'apporter de l'énergie facilement assimilable. Il ne faut par ailleurs pas négliger la vermifugation sous prétexte que votre cheval est âgé !

^ Les dents s'usent en fonction de l'âge et de l'alimentation du cheval.

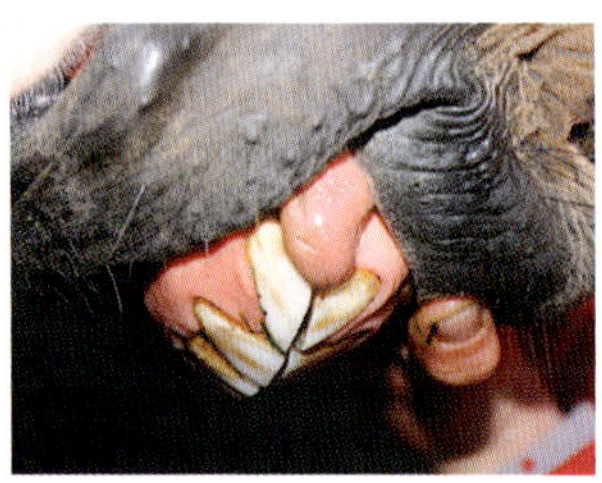

< Dents d'un cheval âgé de 20 ans.

Maladie de Cushing

C'est une maladie du système endocrinien qui touche surtout les chevaux âgés. Le dérèglement du système hormonal peut avoir plusieurs conséquences : la plus visible est l'absence de perte du poil d'hiver – on parle alors d'hirsutisme –, les chevaux sont aussi amaigris et affaiblis. Ils sont plus facilement atteints de fourbures et d'infections. Seuls un bilan sanguin et des tests de stimulation pratiqués par un vétérinaire peuvent confirmer le diagnostic. De nombreuses mesures peuvent ensuite être mises en place pour tenter de diminuer les symptômes et prévenir les risques associés. Mais, aujourd'hui, il n'existe aucun véritable traitement contre cette affection.

^ Cheval atteint de la maladie de Cushing, souffrant d'hirsutisme.

v Atteint d'arthrose, le cheval souffre fréquemment de raideurs et boiteries.

Arthrose

Tout comme l'homme, le cheval qui vieillit a plus de risque d'être atteint d'arthrose. Raideurs, légères boiteries, crises inflammatoires sont les principaux symptômes. L'immobilisation n'est pas le meilleur traitement : au contraire, le cheval doit pouvoir bouger librement et ne pas être confiné dans son box. Il n'existe pour l'instant aucun traitement efficace contre l'arthrose, mais des solutions sont envisageables pour le soulager. On soupçonne l'alimentation, mais aussi l'hérédité de jouer un rôle dans la survenue de l'arthrose. Rien de très précis pour l'instant toutefois.

Le difficile choix de l'euthanasie

On distingue l'euthanasie passive, qui consiste à stopper les soins et à attendre que l'animal meure en limitant ses souffrances, et l'euthanasie active, où l'on donne volontairement la mort. En France, l'euthanasie est interdite pour les êtres humains, mais possible pour les animaux. Elle concerne les chevaux en fin de vie, mais aussi de jeunes chevaux chez qui plus aucun soin ne peut être tenté. Une fois la décision prise avec le vétérinaire, il faut prévenir l'équarisseur, afin qu'il puisse venir chercher le corps du cheval le jour même. Le vétérinaire pratique une première injection de tranquillisant, puis une autre qui provoque la mort en paralysant le cœur. Certains propriétaires préfèrent ne pas être présents à ce moment-là, car même si le cheval ne souffre pas, ce n'est pas très agréable à voir, pas plus que l'enlèvement par l'équarisseur.

Attraper un cheval et le conduire en main

Avant de monter sur son dos, il convient d'appliquer certaines règles pour attraper un cheval au pré et le conduire en main. Ces usages sont pratiques, mais ils respectent aussi certaines particularités du cheval.

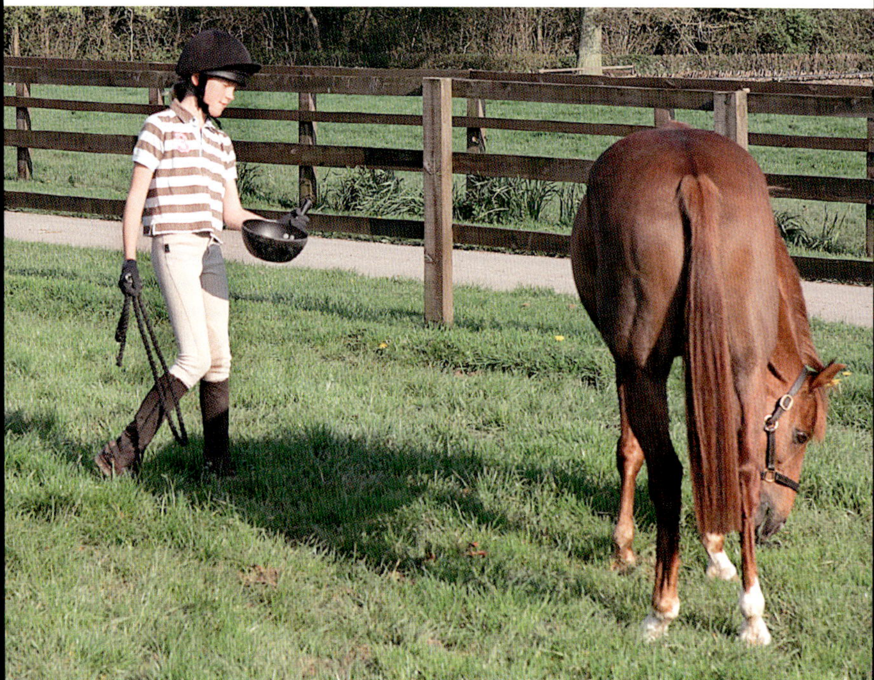

Mettre un licol

On commence par passer la longe au-dessus de l'encolure du cheval, de telle sorte que s'il décide de partir avant que vous n'ayez fixé le licol, vous puissiez toujours le retenir ! On passe ensuite la muserolle, puis on attache la têtière. Le licol doit être bien ajusté, ni trop serré ni trop lâche. Attention au partage d'un licol entre plusieurs chevaux, il peut être le vecteur de certaines maladies de peau !

Circuler autour d'un cheval

Un cheval ne s'aborde jamais par-derrière car c'est sa zone aveugle. Il peut prendre peur et donner un coup de sabot. Pour la même raison, lorsqu'on circule autour du cheval, on peut laisser sa main sur sa croupe, cela permet aussi de le pousser s'il se met à reculer.

Autour du cheval, les gestes doivent être sûrs et pas trop brusques, pour ne pas l'effrayer. On peut lui parler et l'habituer à recevoir des ordres donnés à la voix.

Attraper un cheval au pré

Certains chevaux sont plus difficiles que d'autres à attraper au pré. Dans ce cas, mieux vaut garder le licol dans le dos, hors de leur vue, et présenter une friandise ou un seau de granulés dans l'autre main ! Lorsqu'un cheval se sauve, il ne faut jamais lui courir après, mais plutôt être patient et attendre qu'il revienne de lui-même.

Pour un cheval au pré, porter un licol en permanence peut représenter un certain danger car il risque de se coincer dans une clôture ou une branche d'arbre. Si on tient vraiment à laisser le licol, il faut le sécuriser en remplaçant certaines coutures très solides par quelques brins de laine ou de coton. Ainsi, si le cheval se coince et tire dessus, le licol cédera facilement.

> Longe attachée à une petite ficelle.

Attacher en toute sécurité

Pour attacher un cheval à un anneau, pas question de faire un simple nœud d'arrêt car si le cheval tire fort sur la longe, il est très difficile ensuite de le défaire. À l'inverse, si le nœud n'est pas assez serré, il peut se dénouer tout seul. Optez plutôt pour deux ou trois demi-clefs successives, faciles à défaire, même lorsqu'elles sont très serrées, en tirant simplement sur le brin libre.

Certains chevaux « tirent au renard » : affolés, ils lèvent la tête et tirent violemment sur la longe. Ils risquent de tomber si la longe ou le licol cèdent. Il suffit de fixer une petite boucle en ficelle sur l'anneau et d'y attacher la longe. Si le cheval tire, cette ficelle cédera rapidement. Cependant, mieux vaut comprendre l'origine de cette mauvaise habitude et, par quelques exercices très simples, y remédier progressivement.

Rentrer dans un box

C'est un lieu où le cheval se sent en sécurité. Il faut le respecter et ne pas lui faire peur en le surprenant. Avant d'ouvrir la porte, mieux vaut appeler le cheval. Le plus souvent, il se tournera pour sortir la tête par la porte et vous serez ainsi sûr qu'il vous a vu. Cela permet aussi de ne pas rentrer face à l'arrière-main du cheval et risquer un dangereux coup de sabot !

Mener un cheval à pied

On mène un cheval ou un poney en se plaçant sur sa gauche, en avant de son épaule. La main droite tient la longe assez basse, le reste de la longe est tenu dans la main gauche. Il ne faut jamais tenir la longe enroulée autour de la main, cela pourrait être très dangereux si le cheval faisait un écart ou tirait violemment. Rien ne sert de tendre la longe, mieux vaut au contraire la laisser pendre librement entre soi et le cheval. Celui-ci doit alors apprendre à respecter les distances, tout comme il le fait avec ses congénères.

^ Cheval correctement tenu en main.

Le pansage

Il ne s'agit pas seulement de faire la toilette du cheval. Le pansage est aussi un moment important pour vérifier son état général et son humeur. Cela permet en outre de renforcer les liens entre le cavalier et sa monture. À chaque étape, son instrument approprié.

À QUOI SERT LE PANSAGE ?

Un pansage complet doit être effectué avant toute séance de travail. Il s'agit, bien sûr, de nettoyer le cheval, mais aussi de s'assurer qu'il n'a aucune blessure ou zone d'inflammation. Après une séance de travail, un léger pansage doit à nouveau être effectué pour s'assurer que tout va bien et détendre le cheval. Même s'il n'est pas monté ou vit au pré, un cheval doit être régulièrement pansé.

Ce contact physique est essentiel à son bien-être moral. Pour les chevaux entre eux, le toilettage a une importance sociale, et le pansage permet quant à lui de tisser des liens forts entre un cavalier et son cheval.

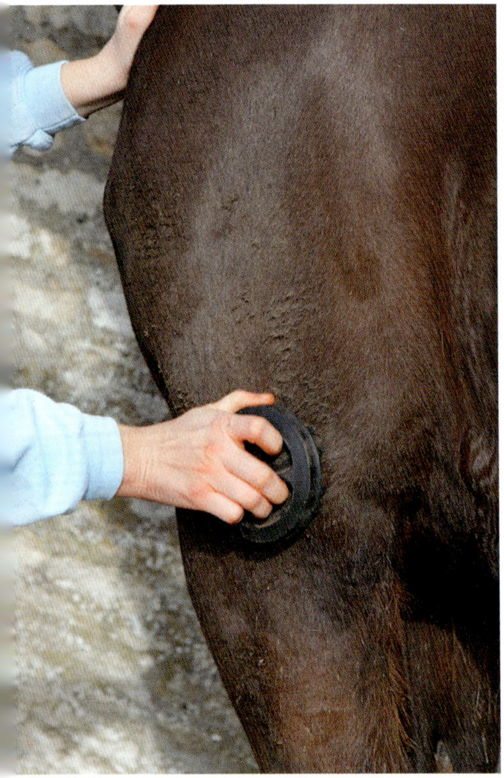

1 **L'étrille** ne s'utilise que sur les parties les plus charnues. En faisant des petits cercles concentriques, on enlève les plus grosses taches. Elle permet aussi de se débarrasser du poil d'hiver au moment de la mue. Pour nettoyer l'étrille, on la tape contre le sol.

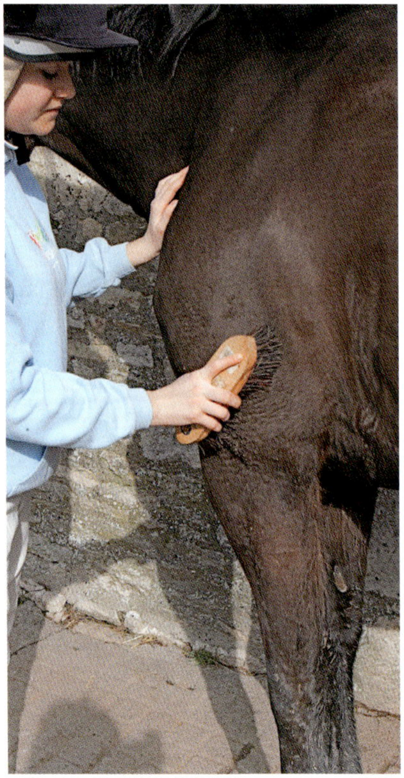

2 **La brosse dure** se passe sur l'ensemble du corps, dans le sens du poil : elle permet d'enlever le plus gros des saletés, croûtes de boue, taches d'urine ou de crottin. Au fur et à mesure, on la frotte contre l'étrille pour la nettoyer.

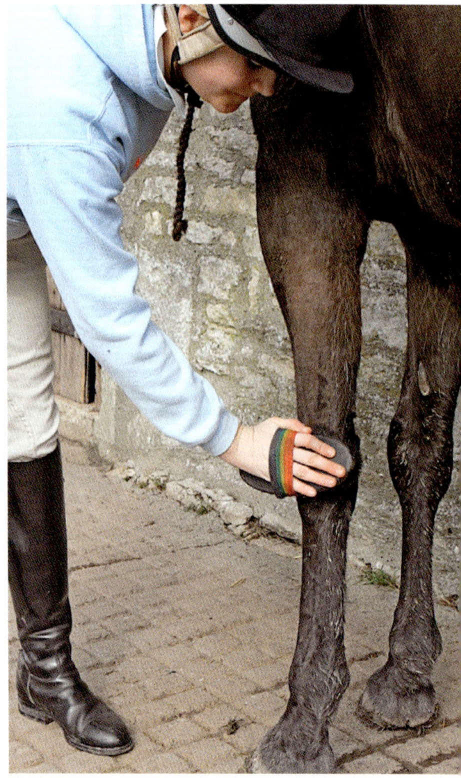

3 **La brosse douce,** passée elle aussi sur tout le corps, permet d'enlever la poussière fine et de nettoyer les parties les plus sensibles, au niveau de la tête.

Le matériel de pansage

Dans l'idéal, chaque cheval dispose de son propre matériel de pansage. C'est le meilleur moyen pour ne pas risquer la propagation de certaines maladies. Ce matériel doit être lavé régulièrement.

1. Une brosse dure, ou bouchon.
2. Une brosse douce.
3. Une étrille en plastique ou en métal.
4. Un cure-pied, avec ou sans brosse.
5. Un peigne.
6. Un pinceau à graisse (pour les sabots).
7. Un pot d'onguent pour sabots.
8. Un chiffon ou une petite serviette.
9. Un couteau de chaleur.

Une éponge.

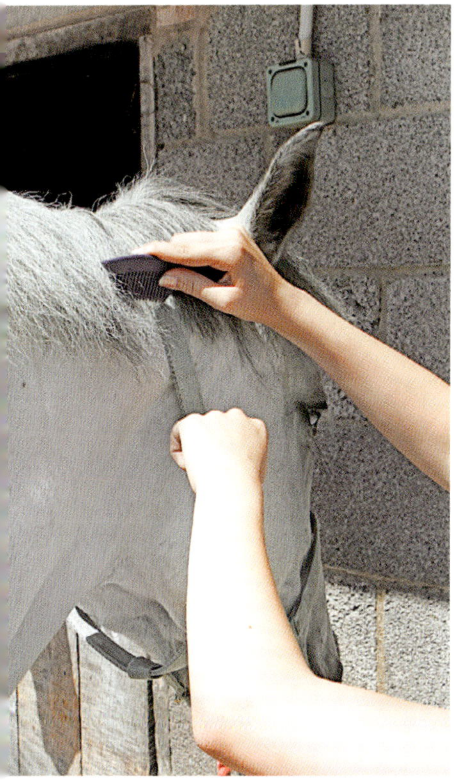

4 **Le peigne** est réservé au désépaississage de la crinière et à la confection des tresses et pions en vue d'un concours. La queue et la crinière sont brossées avec la brosse dure.

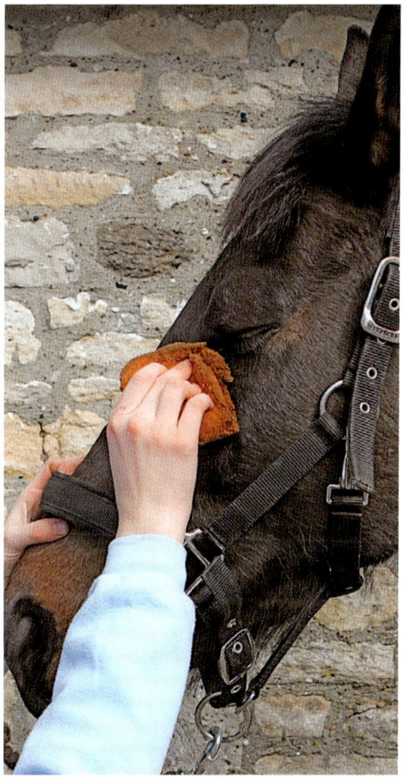

5 **L'éponge** est utilisée pour nettoyer les yeux, les naseaux et les parties génitales. Évidemment, elle doit être bien nettoyée entre ces trois étapes.
Un chiffon doux, légèrement humide, permet de lisser le poil sur l'ensemble du corps et de le faire briller.

Curer les pieds

En regardant vers l'arrière du cheval, on se place le long de son membre. La main est posée sur la jambe puis descendue jusqu'au sabot pour l'encourager à le lever. On peut aussi légèrement s'appuyer contre l'épaule ou la cuisse du cheval pour l'inciter à déporter son poids sur l'autre membre. Une fois levé, le sabot est tenu d'une main, la sole vers le haut, et curé de l'autre. Il faut toujours aller du talon vers la pince, bien nettoyer les lacunes et le tour intérieur du fer. On en profite pour examiner la fourchette. Un coup de brosse, celle du cure-pied, permet de bien finir le nettoyage de la sole. En tapant légèrement le fer avec le cure-pied, on peut déceler à l'oreille (avec un peu d'expérience !) si le fer est bien fixé.

Les soins des **pieds** et des **membres**

Les pieds des chevaux doivent faire l'objet de soins réguliers. Les membres, très sollicités par le travail demandé aux chevaux, doivent eux aussi être surveillés et soignés. L'application de cataplasmes et de bandes permet de les soulager.

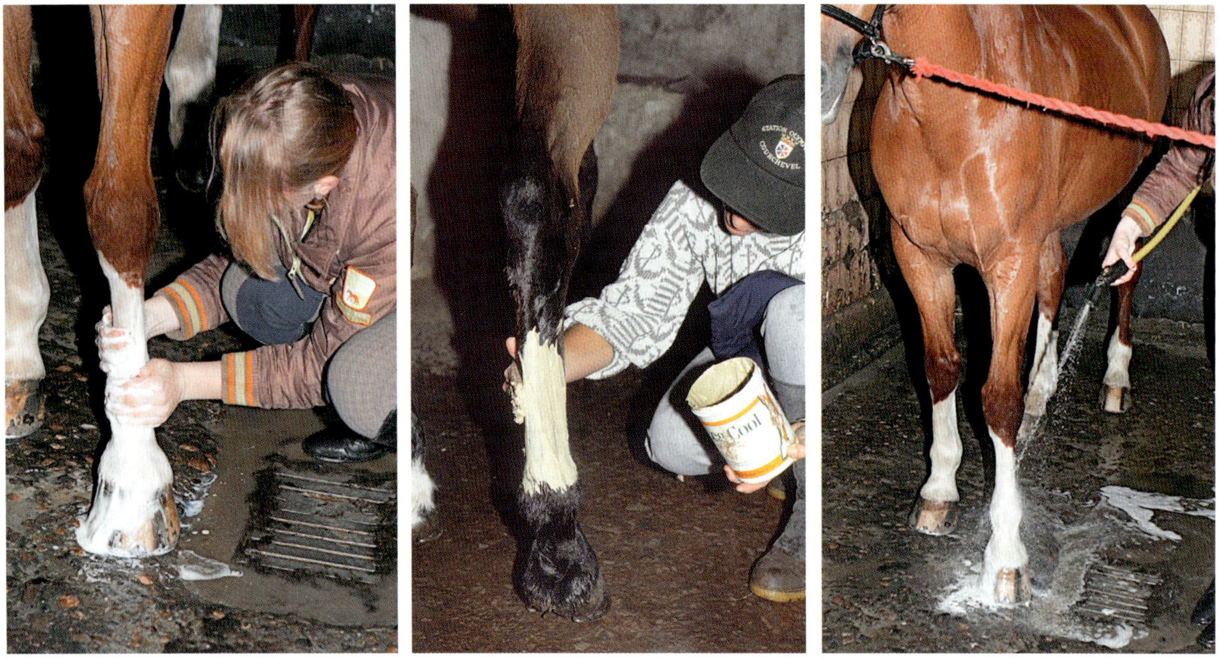

∨ De gauche à droite :
• Nettoyage des membres.
• Application d'un cataplasme à l'argile.
• Rinçage.

Cataplasmes et argiles

Après un concours ou une journée de randonnée, un cataplasme à l'argile soulage les membres fatigués. C'est aussi indiqué pour les chevaux qui souffrent d'arthrose ou d'engorgement. Voici comment procéder.

• Préparer le matériel : l'argile, des cotons et des bandes de repos. Éventuellement des gants en plastique, du film alimentaire ou du papier journal, une bande de gaze très fine.

• Sur des canons bien propres, on peut commencer par un tour de gaze très fine (l'argile sera plus facile à enlever une fois sèche !), puis on applique une première couche d'argile en allant à rebrousse-poil.

• Appliquer une deuxième couche épaisse, dans le sens du poil cette fois. Toujours traiter en même temps les deux antérieurs ou les deux postérieurs.

• Envelopper ensuite les membres dans du film alimentaire, ou du papier journal humidifié. Cela empêche l'argile de sécher trop vite, elle agit donc plus longtemps.

• Poser les cotons, puis les bandes de repos. Maintenir les membres au chaud augmente l'effet de l'argile. Laisser le cataplasme agir pendant la nuit.

• Le lendemain, déshabiller les membres puis les doucher délicatement pour enlever le cataplasme et éventuellement vérifier qu'il n'y aucun signe d'inflammation.

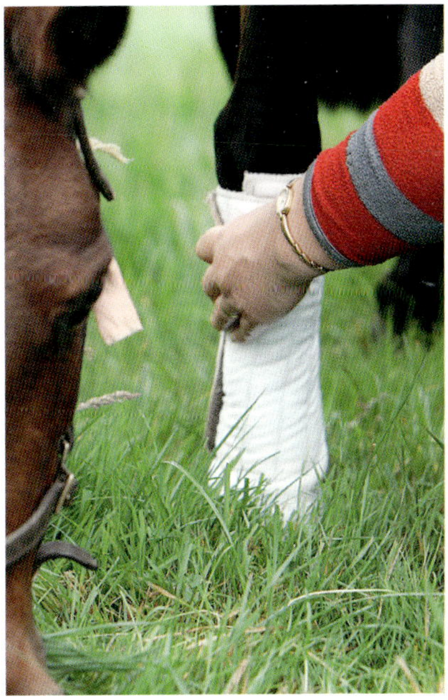
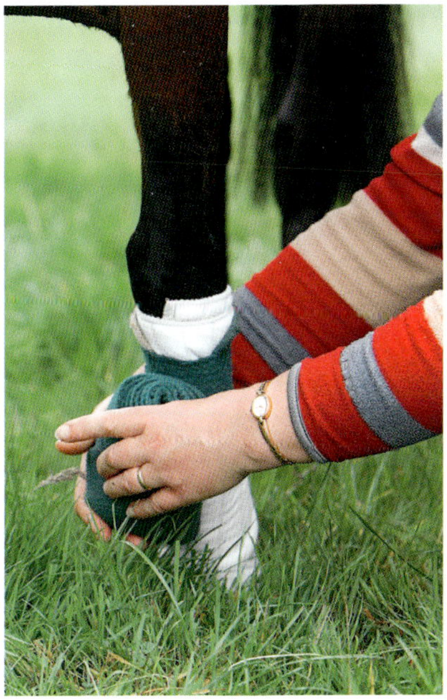
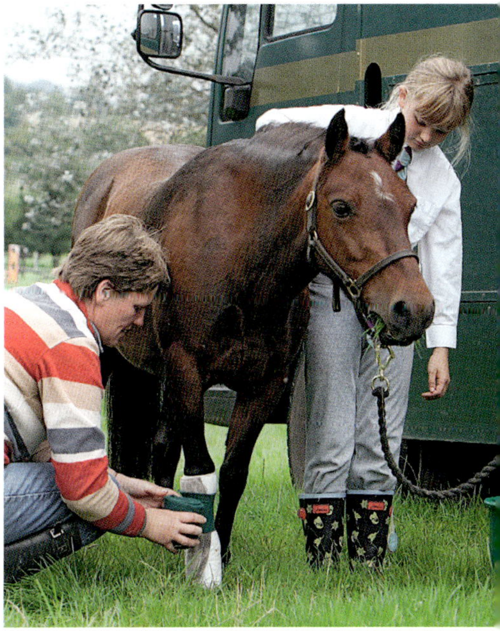

^ Un carré de coton, puis des bandes de repos sont souvent posés après une compétition.

Poser des bandes

C'est un geste courant, mais pas si simple ! Et les erreurs peuvent avoir de lourdes conséquences. Les bandes ne doivent pas être trop serrées et, surtout, ne comporter aucun pli.

- **Bandes de travail :** posées seules, du haut du canon jusqu'à mi-hauteur du boulet, elles protègent et massent les membres.
- **Bandes de polo :** posées seules, jusqu'au bas du boulet, elles protègent et maintiennent les tendons.
- **Bandes de repos :** posées par-dessus un carré de coton qui peut être imbibé d'un cataplasme ou d'une lotion, elles maintiennent les tendons et évitent l'engorgement suite à un effort. Elles ne doivent pas être portées plus de 24 heures. Mieux vaut nettoyer le coton après usage.

On commence au tiers supérieur du canon, sur la partie osseuse. On part de l'avant en déroulant vers l'arrière et le bas, en commençant par la face externe du canon. La bande se déroule dans le sens des aiguilles d'une montre sur les membres du côté droit et dans le sens inverse sur les membres à gauche. Chaque tour doit chevaucher de moitié le précédent. On descend jusqu'au boulet, puis on remonte plus haut que le point de départ. On termine en accrochant le velcro sur la face externe du membre. Si on pose un coton en dessous, il doit dépasser en haut et en bas de la bande, et se refermer sur l'avant du membre.

La seime

C'est une atteinte du sabot constituée par une fente verticale sur la paroi qui entraîne un pincement des chairs sous-jacentes lorsque le cheval marche. Douleurs et boiteries ne tardent pas à suivre. La seime est due à un mauvais entretien des sabots. Le traitement varie selon la localisation et l'importance de la fente. Des fers spéciaux peuvent être posés pour accélerer la guérison.

L'entretien des sabots

La corne des sabots est un tissu vivant qu'il faut entretenir. Principal ennemi : l'humidité. Une fois les pieds curés, on passe une ou deux fois par semaine un onguent sur la paroi extérieure et sur la sole pour entretenir la corne et la protéger contre l'humidité. Il existe différents types de graisses et goudrons, du simple onguent nourrissant à l'onguent correcteur, selon que la corne est trop molle ou trop sèche.

< Application de graisse sur les sabots.

Doucher un cheval

Quand il fait suffisamment chaud, un shampoing facilite le pansage et permet de se débarrasser des taches de boue, de crottins ou d'urine. Mais il ne faut pas le faire trop fréquemment, au risque d'abîmer la peau du cheval et de la priver de son graissage naturel.

Choisir le bon moment

Doucher un cheval, c'est le meilleur moyen de se débarrasser des taches de boue, de crottin et d'urine. Il faut pour cela choisir un jour de soleil lorsqu'il ne fait pas trop froid, se placer dans un endroit où il n'y a pas de courant d'air et où l'eau pourra s'évacuer facilement.

Le matériel

Commencer par rassembler tout le matériel nécessaire : un seau, du shampoing doux (surtout pas de détergent ou de liquide vaisselle), une éponge, une serviette et un couteau de chaleur. Puis préparer dans le seau un mélange d'eau tiède et de shampoing.

1 Mouiller le corps du cheval au tuyau s'il n'a pas peur, ou avec une éponge, en évitant bien les yeux et les oreilles.

2 Passer l'éponge trempée dans l'eau savonneuse sur tout le corps, en évitant la tête. Frotter délicatement en effectuant des petits cercles sur les zones les plus sales. Laver aussi la crinière.

3 Rincer rapidement le cheval avec le tuyau, en allant du haut vers le bas pour enlever le maximum de shampoing. Il faut faire en sorte que le cheval reste mouillé le moins longtemps possible.

< Pour les robes claires, il existe des shampoings spéciaux afin de se débarrasser des taches de crottin récalcitrantes. On peut aussi utiliser des shampoings bleus (type shampoing pour cheveux blancs), qui par illusion d'optique rendent les poils plus lumineux, mais surtout pas d'eau oxygénée ou d'eau de Javel !

L'ÉTÉ

L'été, lorsqu'il fait très chaud et que le cheval a transpiré en travaillant, on peut se contenter de le doucher sans utiliser de savon. Cela permettra de le rafraîchir et d'enlever la sueur. Mais il faut bien veiller ensuite à le sécher correctement.

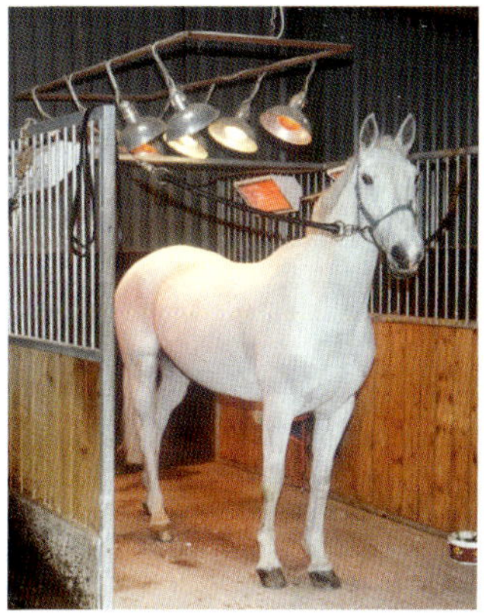

Attention au séchage

Il faut s'assurer que le cheval terminera de sécher au soleil, ou sous des lampes à infra-rouges si l'écurie en dispose. On peut aussi le couvrir avec une couverture en éponge pour éviter qu'il ne prenne froid.

4 Passer le couteau de chaleur sur les zones les plus charnues en allant dans le sens du poil. On peut aussi évacuer l'eau en faisant le même geste avec la main.

5 Avec la serviette, terminer de sécher le cheval en frottant vigoureusement le ventre et les membres dans le sens du poil. La tête et les organes sexuels se nettoient avec une éponge humide sans savon.

6 Pour laver la queue, on procède de la même façon que pour le reste du corps. Ensuite on peut la plonger dans un seau d'eau tiède mélangée à un peu de produit conditionneur (démêlant) pour en faciliter l'entretien.

Pourquoi le **tondre** ?

L'hiver, les chevaux sont protégés du froid par leur poil qui s'épaissit. Mais s'ils travaillent beaucoup et transpirent, cela peut leur porter préjudice. Bien souvent, on décide alors de les tondre. Plusieurs coupes existent.

Quand une couverture s'impose

Il existe un très grand nombre de couvertures, de la simple chemise d'été à la couverture imperméable et intégrale en passant par la chemise en nid d'abeille, qui permet au cheval qui vient de transpirer de sécher sans risque, et le couvre-reins, qui protège le dos du cheval contre le froid et la pluie pendant le travail. Un cheval tondu doit porter une couverture en hiver, même s'il est au box.

Pour tondre en toute sécurité

Même si tondre ne fait pas mal, un cheval peut avoir peur à cause du bruit. Mieux vaut le désensibiliser : il suffit de l'habituer au bruit de la tondeuse simplement en la faisant marcher à côté de lui sans le toucher ; on peut en même temps lui donner un peu à manger pour qu'il associe le bruit à quelque chose d'agréable. Ensuite, on passe la tondeuse sur tout son corps sans la faire marcher. Plus ce genre d'exercice sera fait tôt (dès le printemps), et plus il sera facile de tondre l'hiver suivant.

^ Tonte de trait ou steeple-chase. Elle est souvent adoptée pour les chevaux qui vivent au pré même en hiver.

Contre les coups de froid

L'hiver, les chevaux se couvrent d'un poil épais. S'ils transpirent beaucoup en travaillant, il est difficile de les faire sécher, même en les bouchonnant aussi soigneusement que possible. Le risque, c'est le coup de froid. C'est pour cette raison que l'on décide bien souvent de les tondre.

La tonte se pratique lorsque le poil d'hiver a complètement poussé. Avant de tondre, il faut choisir une coupe adaptée au cheval, à sa morphologie et, surtout, à son mode de vie car, le plus souvent, un cheval tondu doit porter une couverture lorsqu'il est au repos.

Les étapes de la tonte

Commencer par choisir la coupe en fonction de la transpiration de votre cheval.

1. Panser pour enlever un maximum de poussière pour ne pas enrayer la tondeuse. Le poil doit être parfaitement sec. En fonction de la robe du cheval, on peut tracer un repère à l'aide d'une craie blanche ou d'un feutre lavable à l'eau. Cela permet de vérifier que la coupe est bien symétrique.

2. Tondre en commençant par le haut du corps, en allant toujours dans le sens inverse des poils. On commence en général par les parties les plus charnues.

3. Les parties délicates, articulations et passage de sangle, sont faites à la fin avec beaucoup de délicatesse.

4. Pour la finition, utiliser des petits ciseaux ou une petite tondeuse. Terminer en passant une éponge humide pour enlever les repères. Selon la race du cheval, on peut aussi décider de raser les paturons et la crinière.

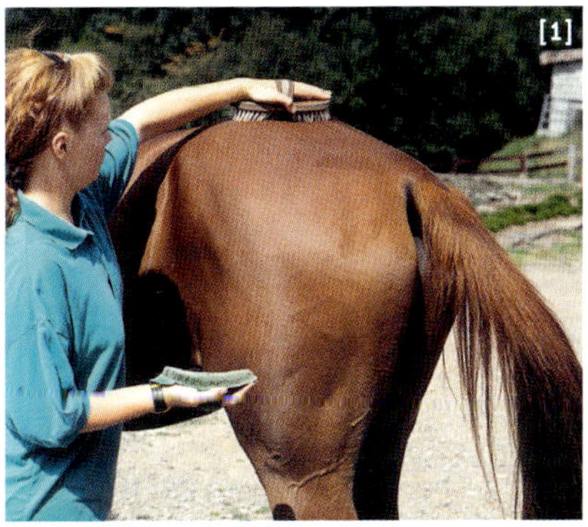

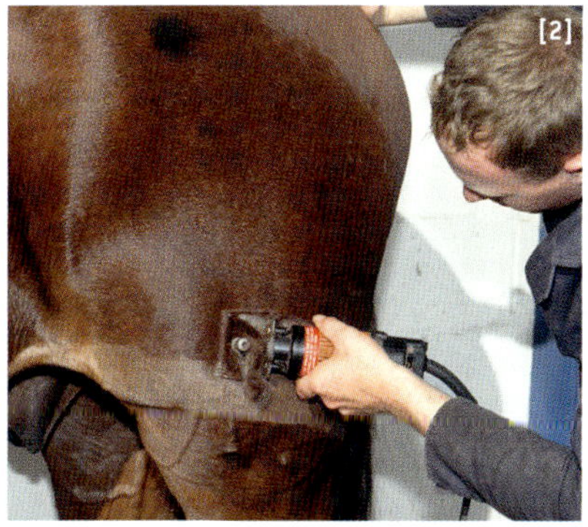

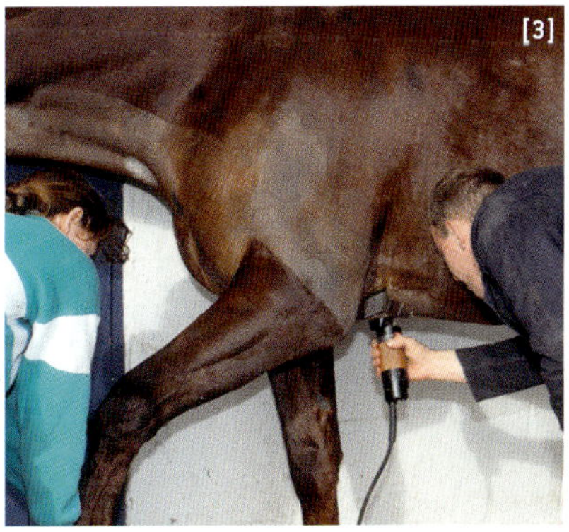

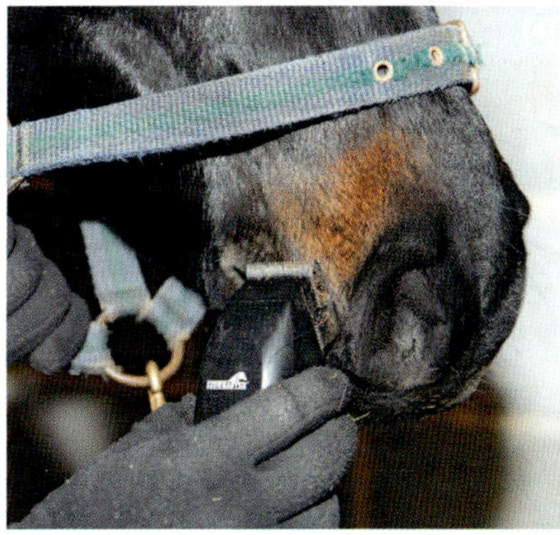

À chacun sa coupe

Il est très rare qu'on tonde intégralement un cheval ; on préfère laisser quelques zones couvertes de poils. Les zones tondues sont celles où il transpire le plus – ventre, poitrail et dessous de l'encolure.

- **Tonte de trait ou steeple-chase.** Seuls le dessous de l'encolure, le poitrail et le ventre sont découverts.
- **Tonte de course ou en manteau.** On laisse une sorte de couverture de poils sur le dos et les reins, pour protéger du froid, et sur les membres (photo ci-dessous à gauche).
- **Tonte de chasse.** La tête, les membres et la zone sous la selle ne sont pas tondus, pour protéger des blessures et des coups (photo ci-dessous à droite).

Peau, poils et crins aux petits soins

Le poil du cheval évolue au fur et à mesure de sa vie mais aussi, et surtout, des saisons. Il faut l'entretenir, comme la peau, qui peut être l'objet de nombreuses agressions. Les crins peuvent être désépaissis, mais aussi coiffés spécialement à l'occasion d'une compétition.

La peau, organe sensible

La peau du cheval peut être l'objet de nombreuses agressions : blessures superficielles, plaies dues au harnachement, piqûres d'insectes… Elle doit être inspectée régulièrement et soignée dès que nécessaire.

Mieux vaut ne pas abuser des shampoings, susceptibles d'avoir un effet décapant et de priver la peau de son graissage naturel. Chez les chevaux très sensibles, des shampoings à l'argile sont envisageables : l'argile soulage les irritations (à cause d'une dermite ou des piqûres d'insectes) et fait briller le poil. Les chevaux à la peau claire doivent être plus particulièrement surveillés.

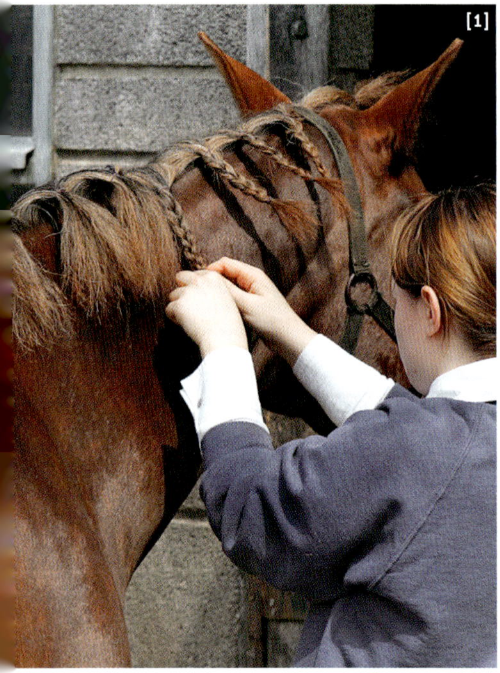

^ De gauche à droite :
1 et 2. Tressage de la crinière.
3. Pions.
4. Crinière tressée.

Se préparer à un concours

Pour se présenter à une compétition, un cheval doit être parfaitement pansé. Le plus souvent, on tresse sa crinière et sa queue.

- On commence par désépaissir la crinière et égaliser sa longueur à l'aide du peigne : on isole quelques poils dans le peigne et on les arrache. On n'utilise jamais les ciseaux.
- La crinière doit compter un nombre impair de tresses, qui seront repliées sur elles-mêmes pour former des pions de taille régulière, qui seront répartis sur le bord supérieur de l'encolure.
- Le toupet peut être lui aussi tressé et replié en pion, ou laissé naturel.
- On peut aussi tresser la queue, mais uniquement sur sa partie charnue. Pour égaliser sa longueur, on la coupe au point le plus bas du jarret.
- Des motifs peuvent être dessinés sur la croupe du cheval, en brossant les poils avec de l'eau sucrée. Le plus classique est le damier.

La dermite estivale

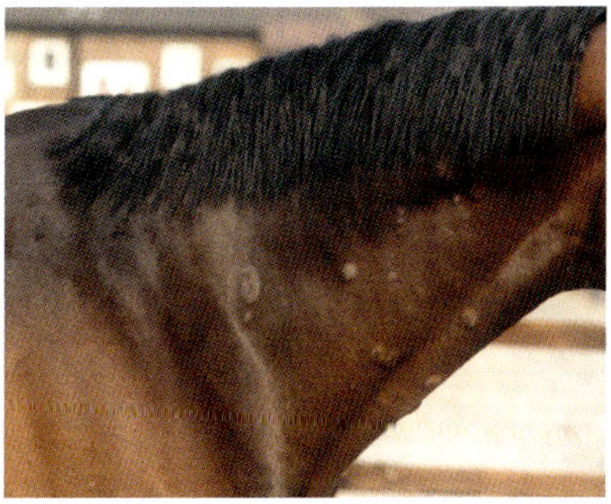

C'est une maladie de peau due aux piqûres d'insectes sur des chevaux sensibles et/ou allergiques. Une fois qu'elle est installée, il est très difficile de s'en débarrasser.

Pour prévenir son apparition, mieux vaut bien connaître les principaux facteurs de risque. Certains peuvent être maîtrisés, comme l'alimentation, le manque d'exercice ou l'exposition aux insectes piqueurs. On peut aussi limiter l'accès à des supports permettant aux chevaux de se gratter.

Malheureusement, il existe d'autres facteurs contre lesquels on ne peut pas faire grand-chose : la susceptibilité génétique (cheval plus sensible ou allergique), un effet race (les pur-sang anglais et arabes, les frisons, les chevaux islandais et les traits bretons semblent plus touchés) et un effet saison (l'été, les insectes piqueurs sont plus nombreux).

Tresser la queue

[1]

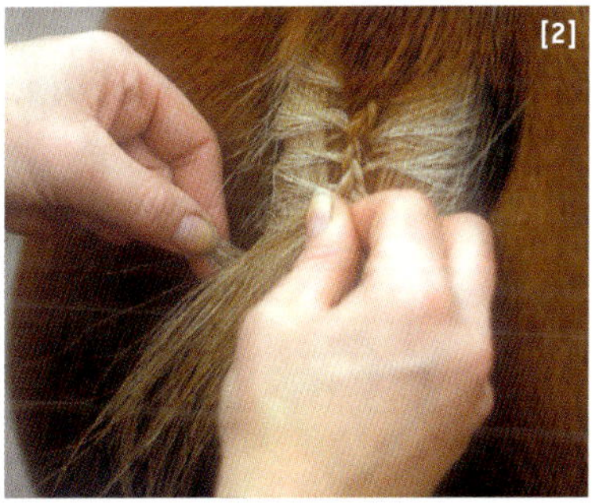

[2]

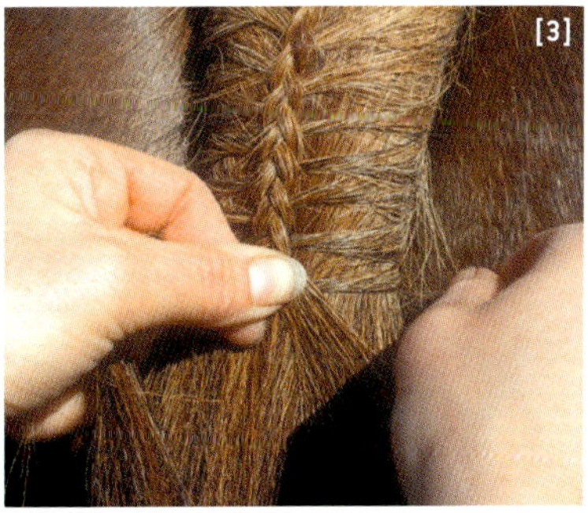

[3]

1. On commence par brosser soigneusement la queue.

2. et 3. Seul le haut de la queue est tressé, en prenant soin de rassembler tous les petits crins par-dessus les dernières vertèbres (le couard). Plus les mèches sont fines et plus c'est esthétique.

4. La fin de la tresse est laissée libre ou recourbée à l'intérieur.

[4]

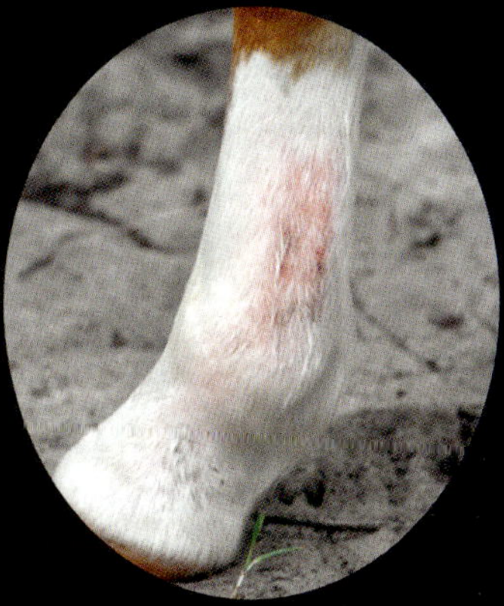

La gale de boue

On l'appelle aussi « feux de boue ». C'est une sorte d'eczéma qui apparaît sur les membres et dans les plis du paturon; des petites croûtes se forment et provoquent une perte de poils. On l'observe surtout chez les chevaux qui vivent au pré, durant les saisons les plus humides : l'humidité permanente dans laquelle se trouvent leurs pieds est à l'origine de cette gale. Pour y remédier, il faut laver les membres, les désinfecter et bien les sécher. Et tenter, si possible, de ne pas laisser les chevaux les pieds dans la boue.

Un cheval **à soi**

Posséder sa propre monture, c'est le rêve de quasiment tous les cavaliers, et ils sont de plus en plus nombreux à franchir le cap. Du rêve à la réalité, il faut savoir faire les bons choix, évaluer son budget et être capable de faire face à ses responsabilités !

Une question de budget

Pas besoin de gros moyens pour posséder son cheval ; il faut tout de même avoir établi son budget, prévu les dépenses liées à son hébergement, à sa nourriture et au matériel avant de se lancer dans l'aventure.

Bien sûr, il y a la mise de départ : le prix du cheval peut être extrêmement variable selon sa race, ses origines, son âge, son sexe, ses performances… Il y a aussi des chevaux qui se donnent, contre l'assurance de bons soins !

Le poste le plus important est l'hébergement. À moins de posséder son propre pré (attention au coût d'entretien !), il faut comparer les différentes solutions qui se présentent à vous (pension dans une écurie, chez un agriculteur…). Bien souvent, le prix de la nourriture est compris dans celui de la pension. Si vous décidez d'accueillir le cheval chez vous, ne négligez pas les investissements à réaliser au départ (construction d'un abri, sécurisation du pré…) et ce que vous devrez acheter en termes d'aliments.

Il s'agit aussi d'avoir tout le matériel nécessaire à l'entretien quotidien d'un cheval et à son travail. Enfin, ne négligez pas les dépenses de santé (vaccins, vermifuges, dentiste, maréchalerie) et éventuellement d'assurance.

Les vices rédhibitoires

La loi prévoit une liste de dix vices qui, s'ils se déclarent dans les 10 ou 30 jours après la vente, peuvent conduire à l'annuler. L'acronyme BIFTECA les résume :
• Boiteries anciennes intermittentes,
• Immobilité,
• Fluxion ophtalmique périodique (délai de 30 jours),
• Tic à l'appui,
• Emphysème pulmonaire,
• Cornage chronique,
• Anémie infectieuse (MRC).

^ Le coup de cœur est un bon guide, indispensable, mais il ne suffit pas.

< Page ci-contre, en haut : attention à bien choisir votre cheval en fonction de votre niveau et vos objectifs.

v Lors de la visite d'achat, le vétérinaire teste les articulations.

Choisir sa monture

Une race plutôt qu'une autre, un cheval lourd ou près du sang, un jeune à débourrer ou un sportif en fin de carrière, une jument plutôt qu'un hongre, un performeur ou une monture docile… le choix est vaste ! Il dépend de votre niveau d'équitation, mais aussi de vos objectifs : vous voulez sortir en concours tous les week-ends, vous balader dans la campagne environnante ou progresser en prenant des cours ? N'hésitez pas à demander conseil autour de vous : moniteurs d'équitation, éleveurs, cavaliers propriétaires, mieux vaut multiplier les points de vue pour vous faire votre propre idée.

Il existe plusieurs types de ventes : à l'amiable, aux enchères, à l'essai… renseignez-vous avant de vous lancer !

La visite d'achat

Elle n'est pas obligatoire, pour autant, elle reste indispensable ! Une fois que vous aurez choisi un cheval, prévoyez plusieurs visites : au moins une pour le tester en selle (en intérieur comme en extérieur, c'est mieux) et une visite avec un vétérinaire. Choisissez quelqu'un que vous connaissez plutôt que le vétérinaire du vendeur ! Il va d'abord vérifier l'identité du cheval, puis observer sa conformation, ses aplombs à l'arrêt et en marche. Il va examiner attentivement ses membres, ses yeux, sa bouche et ses oreilles, ausculter son cœur et sa respiration. Ensuite, il vérifiera qu'il n'y a pas de boiteries. Il peut éventuellement demander à le voir sauter. Une seconde auscultation peut avoir lieu après le travail.

Examens complémentaires

Le plus souvent, le vétérinaire qui examine le cheval va réaliser des clichés des membres, afin de vérifier le statut ostéo-articulaire du cheval, et procéder à quelques analyses sanguines pour vérifier qu'il n'a pas de maladies réputées contagieuses (MRC), car elles interdisent la vente d'un animal. Enfin, il va vérifier qu'il ne souffre pas de vices rédhibitoires, susceptibles d'annuler la vente.

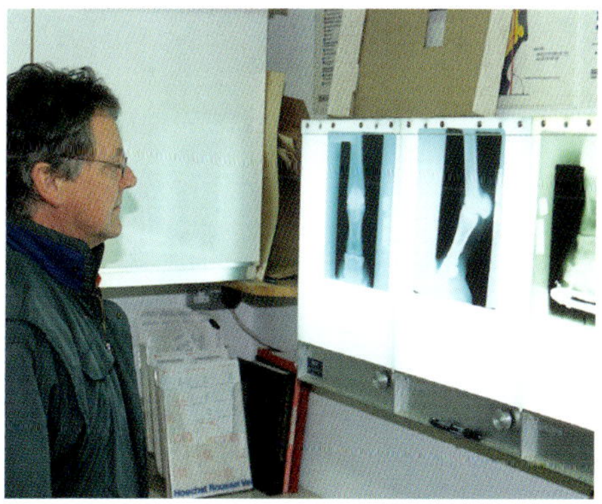

Le **hongre**, un cheval particulier ?

Dans les centres hippiques ou sur les terraines de concours, ils sont bien plus nombreux que les juments ou les étalons. Mais qui sont les hongres et comment deviennent-ils ces chevaux appréciés pour leur caractère plus facile ?

> Le principal avantage d'un hongre est son humeur constante.

Hormones et comportement

Chez le cheval, mâle ou femelle, les **hormones sexuelles** jouent un rôle important dans le comportement. Chez l'étalon, aucune sécrétion d'hormones sexuelles n'a lieu avant l'âge de 2 ans, puis celles-ci augmentent fortement jusqu'à 4-5 ans et plus progressivement jusqu'à 13-20 ans. La principale hormone sexuelle mâle est la testostérone, produite par les testicules. Chez le cheval adulte, sa production varie selon les saisons, et bien sûr selon les individus. Cette hormone permet l'expression du comportement sexuel, et notamment l'agressivité envers les autres étalons et l'attirance pour des juments en chaleur, mais aussi le désir de dominance vis-à-vis des autres chevaux. Bien sûr, cela peut varier en fonction de l'environnement : si un étalon ne se trouve pas en présence de juments et d'autres étalons, alors sa production de testostérone baisse.

Pourquoi castrer ?

Un hongre est un cheval dont les testicules ont été enlevés. Il ne produit plus de testostérone, ni de spermatozoïdes, il n'est donc pas en mesure de se reproduire. Mais absence de testostérone ne signifie heureusement pas absence de caractère ! Car il y a bien d'autres facteurs qui conditionnent le tempérament d'un cheval. D'après les éleveurs, le principal avantage d'un hongre c'est qu'il a une humeur constante.

Quand castrer ?

En général, la castration est réalisée chez les étalons entre l'âge de deux et trois ans, au moment où **la puberté** est censée se déclencher. Certains préfèrent castrer plus tôt, dès l'âge de 6 mois par exemple, pour éviter l'apparition d'un comportement agressif. Mais cela peut avoir des conséquences sur **l'émotivité du cheval**, la testostérone ayant pour effet de diminuer la sensibilité émotionnelle chez certains mammifères. Par ailleurs, une castration réalisée trop tôt peut empêcher la bonne croissance d'un poulain, notamment **le développement** de sa masse musculaire.

Les méthodes de castration

Il existe différentes méthodes pour castrer un cheval. Tout dépend de son âge, de son caractère, de sa taille (et de celle de ses testicules) mais aussi de son état général avant l'opération. Le prix n'est pas le même, et les risques non plus. C'est en discutant avec le vétérinaire que le choix se fait.

L'opération peut être effectuée debout, à l'écurie ou même au pré, simplement en donnant quelques tranquillisants au cheval. Mais dans ce cas, mieux vaut qu'il soit très calme et que ses testicules ne soient pas encore trop gros ! C'est donc réservé aux jeunes chevaux.

Au bloc opératoire, il s'agit alors d'une véritable opération de chirurgie pour laquelle le cheval est complètement endormi. Cela comporte des risques (certains chevaux supportent mal l'anesthésie générale et/ou d'être allongés trop longtemps sur le dos) mais aussi des avantages (le risque d'infection est réduit et le vétérinaire fait plusieurs points de suture en profondeur). Cela peut être effectué chez un cheval déjà adulte.

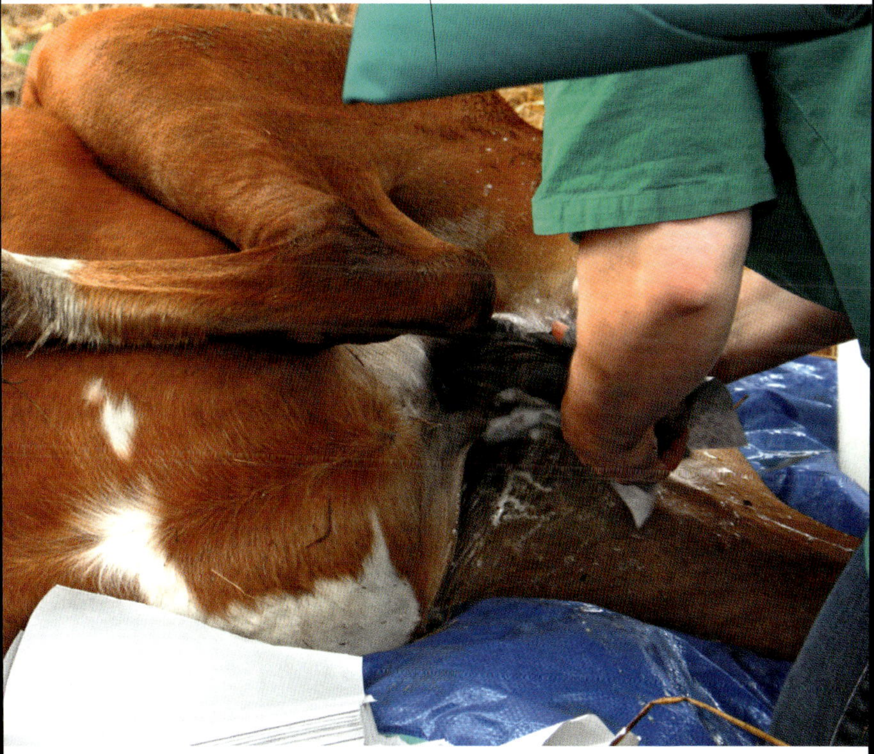

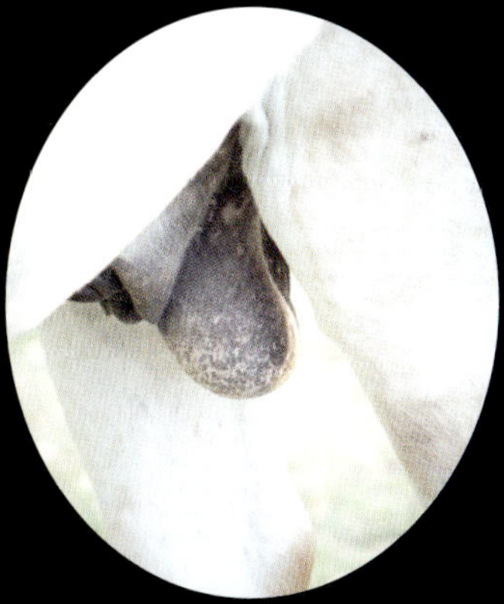

Banale pour les uns, barbare pour les autres

Si en français, on utilise le mot hongre pour désigner un cheval castré, c'est parce que les Hongrois avaient l'habitude de le faire à tous leurs chevaux mâles. Mais en fait cette pratique est très ancienne. Les Scythes, l'un des plus grands peuples cavaliers de l'Antiquité, castraient déjà leurs étalons il y a 6 000 ans ! Les Romains le faisaient aussi. Par contre, les chevaliers du Moyen Âge, eux, n'aimaient pas du tout le faire et trouvaient même que c'était un acte barbare. Ce n'est qu'au XXe siècle que la castration est redevenue une pratique courante, voire systématique.

Faire **pouliner** sa jument

Assister à la naissance d'un poulain est un rêve que les propriétaires d'une jument n'osent pas toujours réaliser. De la théorie à la pratique, le parcours est long et parfois semé d'embûches ! Avant de devenir éleveur amateur, il est impératif de se poser quelques questions.

Est-ce rentable ?

Faire pouliner une jument n'est pas vraiment une solution pour acquérir un deuxième cheval à faible coût ! Les frais sont importants : prix de la saillie, suivi vétérinaire (échographie et éventuels transports), alimentation de la mère et du poulain, débourrage… Trois, voire quatre années se sont déjà écoulées avant que vous ne commenciez à le monter. Faire pouliner sa jument n'est donc pas très rentable, mais c'est une magnifique aventure à partager avec elle, qui peut vous apporter des satisfactions qui n'ont pas de prix ! Avant de vous lancer dans l'aventure, n'oubliez pas de vérifier que vous disposez du budget suffisant.

Pourquoi ? Comment ?

• En premier lieu, il convient de se demander pourquoi on veut faire pouliner une jument et ce que l'on compte faire du poulain une fois né. En effet, cela va conditionner la plupart des décisions qui seront ensuite prises.

• Vérifier avec le vétérinaire que la jument a la condition physique pour le faire. Discuter avec lui du meilleur moment, en fonction de son âge, mais aussi de son éventuelle carrière sportive.

• Établir un budget et vérifier que vous avez les moyens financiers et/ou matériels de garantir une gestation et une naissance dans de bonnes conditions.

• Penser à adapter ses conditions de vie : taille du box, rations, rythme de travail… ainsi que les vôtres ! Car il va falloir accorder de plus en plus de temps à votre jument, pour le suivi de sa gestation d'abord, au moment crucial de la mise bas et ensuite durant les premières semaines du poulain.

^ De gauche à droite :
• Jument dartmoor sur le point de mettre bas.
• Jument welsh A et son poulain nouveau-né.

> Page ci-contre :
• Jeune poulain cherchant l'ombre sous la queue de sa mère.
• Yearling prêt à être débourré.

Le débourrage

Selon sa race, le débourrage du poulain se fera à échéances diverses. Il est précoce pour les races de course (12 à 18 mois) et sera en général plus tardif pour les autres races (vers 2-3 ans).

Un poulain habitué au licol, tenu et marchant en main, pansé, attaché, embarqué, débarqué dans le calme et sachant donner les pieds est à moitié débourré.

Par la suite, le dressage peut être confié à un professionnel.

Choisir le sexe du cheval à venir ?

Pour l'instant, c'est impossible, même si théoriquement, deux techniques le permettent. Avant une insémination artificielle, il est possible d'effectuer un tri des spermatozoïdes de l'étalon : ceux contenant le chromosome X donneront naissance à une pouliche et ceux contenant le chromosome Y à un étalon. Mais la technique la plus utilisée actuellement n'est pas efficace à 100 %, et elle n'est pour l'instant proposée commercialement qu'aux États-Unis. D'autre part, dans le cadre d'un transfert d'embryons, on peut chercher à connaître le sexe des embryons produits afin de choisir celui qui sera implanté chez la jument receveuse. Là encore, les techniques sont balbutiantes, et ne sont pratiquées qu'au stade expérimental en France.

Vendre le poulain

Si vous comptez vendre le poulain, quelques précautions doivent être prises. La plupart des chevaux de loisir se vendent vers 4 ans, déjà débourrés. Il faudra vous en charger ou confier le cheval à un professionnel, ce qui a un coût. Si c'est un mâle, il faudra probablement le séparer plus tôt de sa mère et/ou le castrer. Enfin, le prix auquel vous pourrez le vendre dépendra essentiellement de ses origines : si votre jument n'a pas de bons papiers, rien ne sert d'aller chercher un étalon star, car en matière d'hérédité, la mère compte autant que le père, si ce n'est plus. Plus un cheval est vendu jeune, et plus son pedigree a une influence sur le prix de vente.

Choix de l'étalon et formalités

Vous avez décidé de franchir le cap, reste maintenant à choisir l'étalon ! Un choix difficile, avec de nombreux critères à prendre en compte, qui s'accompagne de certaines formalités pour que le poulain à naître respecte la réglementation.

Définir vos critères

- Choisir un étalon se fait avant tout en fonction des objectifs du poulinage : en gros, l'opération a-t-elle pour but le plaisir d'avoir un poulain à soi ou s'agit-il de faire naître un bon produit à vendre ?
- Se pose aussi la question du budget, car la saillie a un coût, en fonction de l'étalon, bien sûr, mais aussi de la technique de reproduction.
- Un poulain est un subtil mélange né du croisement entre deux individus. Race, taille, robe, mais aussi, et surtout, conformation et tempérament de votre jument doivent vous guider dans le choix de l'étalon qui correspondra le mieux à vos objectifs.

Pour en savoir plus sur l'étalon, n'hésitez pas à demander des informations sur sa descendance. Il arrive que certains étalons excellents donnent de très mauvais produits, et vice versa. Ne courez pas après le meilleur étalon au monde, il n'existe tout simplement pas ! Cherchez plutôt celui qui correspondra le mieux à votre jument et à vos objectifs. Votre vétérinaire et quelques éleveurs devraient vous aider dans cette réflexion. Vous pouvez aussi vous renseigner auprès de l'association qui gère le stud-book de la race.

Vous avez dit BLUP ?

Calculé pour les chevaux de sport, le BLUP (Bilan linéaire universel et prévisionnel) est un indice qui estime leur potentiel génétique. Il prend en compte les performances d'un cheval, mais aussi celles de ses parents, frères, sœurs, cousins. C'est donc un élément essentiel pour choisir un reproducteur.

Le BLUP est mis à jour chaque année et existe pour les trois disciplines olympiques. Seuls les chevaux ayant un indice supérieur à 0 sont considérés comme améliorateurs pour une discipline donnée. Pour être valable, un BLUP s'accompagne toujours d'un coefficient de détermination (CD) qui varie de 0 à 1 et reflète la précision du BLUP. Plus on dispose d'informations sur un cheval et sa famille, plus le CD est grand et donc, plus le BLUP est une estimation pertinente de son potentiel héréditaire.

∨ De gauche à droite :
- Étalon PRE s'ébrouant.
- Étalon lusitano dans l'attitude du flehmen, lèvre retroussée et encolure tendue.
- Étalon frison se cabrant.
- Le poulain est le fruit du mélange subtil entre deux individus, provoquant parfois des surprises.

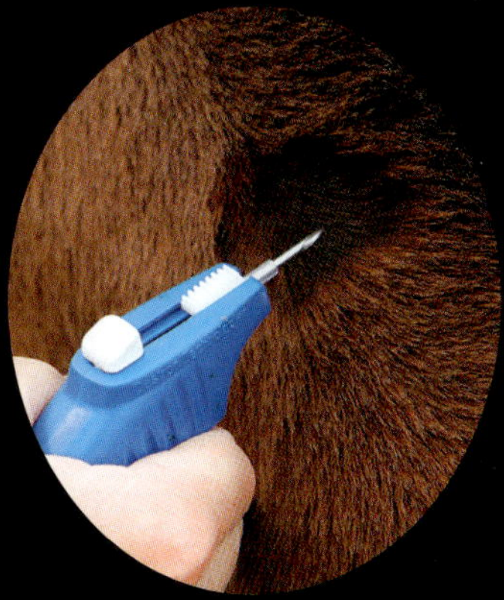

Un calendrier chargé

• Avant la saillie, renseignez-vous sur les formalités sanitaires en fonction du mode de reproduction choisi.
• Une déclaration de saillie remise par l'étalonnier au moment de la fécondation permettra de faire reconnaître les origines du poulain.
• Dans les 15 jours suivant la mise bas, déclarez le poulain au fichier SIRE (Système d'information relatif aux équidés) tenu par les Haras nationaux, et réglez les frais d'établissement de ses papiers, avec éventuellement un contrôle de filiation par ADN (obligatoire pour certaines races).
• Après le sevrage, le poulain doit faire l'objet d'un relevé de signalement par un agent des Haras nationaux ou un vétérinaire agréé, et se faire poser une puce électronique. Ces deux étapes sont indispensables pour établir son certificat d'identification.

Privé ou public

En France, le meilleur interlocuteur reste le Haras national le plus proche de chez vous. Il pourra vous aider dans votre recherche et vous indiquer où trouver un étalon privé chez un éleveur ou public dans l'un des Haras nationaux du pays. Vous pouvez aussi vous adresser aux associations de gestion de race, la plupart proposent des annuaires d'éleveurs, ou aux syndicats d'éleveurs.

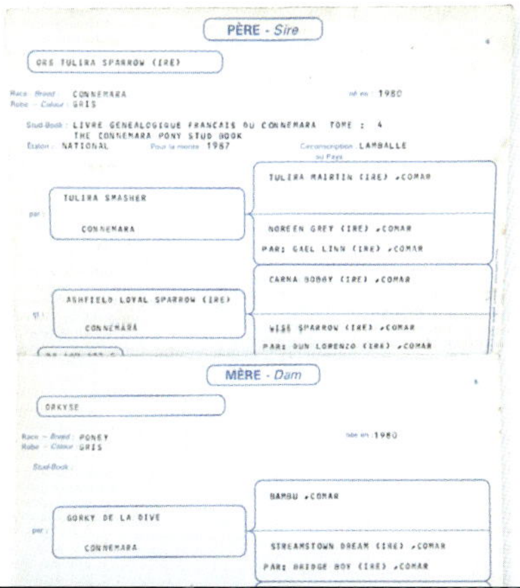

PÈRE - Sire

GRS TULIRA SPARROW (IRE)

Race - Breed : CONNEMARA — né en : 1980
Robe - Colour : GRIS

Stud-Book : LIVRE GENEALOGIQUE FRANCAIS DU CONNEMARA TOME : 4
THE CONNEMARA PONY STUD BOOK
Étalon : NATIONAL — Pour la monte : 1987 — Circonscription ou Pays : LAMBALLE

par : TULIRA SMASHER — CONNEMARA
TULIRA MAIRTIN (IRE) ,COMAR
NOREEN GREY (IRE) ,COMAR
PAR: GAEL LINN (IRE) ,COMAR

et : ASHFIELD LOYAL SPARROW (IRE) — CONNEMARA
CARNA BOBBY (IRE) ,COMAR
WISE SPARROW (IRE) ,COMAR
PAR: DUN LORENZO (IRE) ,COMAR

MÈRE - Dam

ORKYSE

Race - Breed : PONEY — née en : 1980
Robe - Colour : GRIS

Stud-Book :

par : GORKY DE LA DIVE — CONNEMARA
BAMBU ,COMAR
STREAMSTOWN DREAM (IRE) ,COMAR
PAR: BRIDGE BOY (IRE) ,COMAR

< La filiation est indiquée sur le certificat d'identification du cheval.

Différentes **méthodes** de **reproduction**

Les progrès scientifiques réalisés ces dernières années ont conduit à une diversification des méthodes de reproduction possibles chez le cheval. De la plus naturelle à la plus sophistiquée, chacune a ses avantages et ses inconvénients, mais, selon les races, toutes ne sont pas autorisées.

^ Parade amoureuse chez des chevaux au pré.

La monte en liberté

C'est la plus proche de la reproduction naturelle. Cette méthode représente 10 % des saillies réalisées en France, et même près de la moitié chez les poneys ! Elle concerne des chevaux qui vivent en troupeaux toute l'année, ou une partie. Plusieurs mâles peuvent être présents aux côtés des juments. Pour savoir qui sera le père de votre poulain, observez minutieusement leurs comportements. Si l'on désire choisir l'étalon reproducteur, il faut l'isoler avec une ou plusieurs juments et leur laisser suffisamment de temps pour qu'un accouplement puisse s'opérer de façon naturelle.

La saillie en main

Elle permet de choisir l'étalon et le moment de la fécondation, avec un taux de succès qui frôle les 90 %. Mais il y a des risques de transmission de certaines maladies et de blessures. Elle doit être supervisée par un professionnel, dans le respect du bien-être des animaux : il convient de leur laisser un peu de temps pour faire connaissance, de protéger la jument des morsures éventuelles de l'étalon, de ne pas l'entraver et encore moins d'utiliser un tord-nez. Mal conduite, trop rapide ou brutale, une saillie peut avoir des conséquences néfastes pour la jument et pour le déroulement de la gestation, a fortiori si c'est la toute première fois.

< Saillie en main : sans doute la méthode la plus pratiquée depuis que l'homme élève des chevaux.

> De haut en bas, les étapes de l'insémination artificielle :
• Recueil du sperme.
• Transport du sperme congelé.
• Insémination.

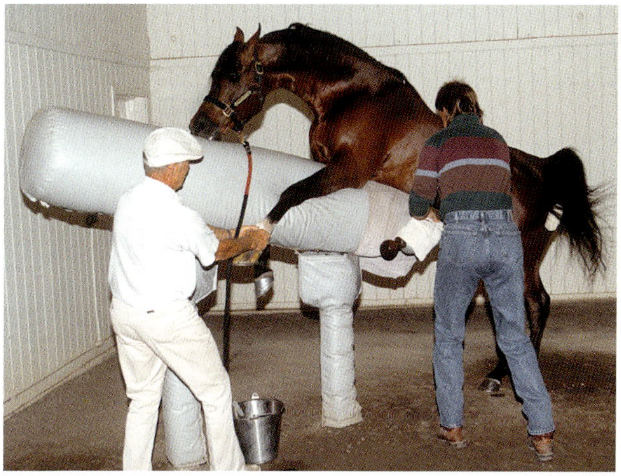

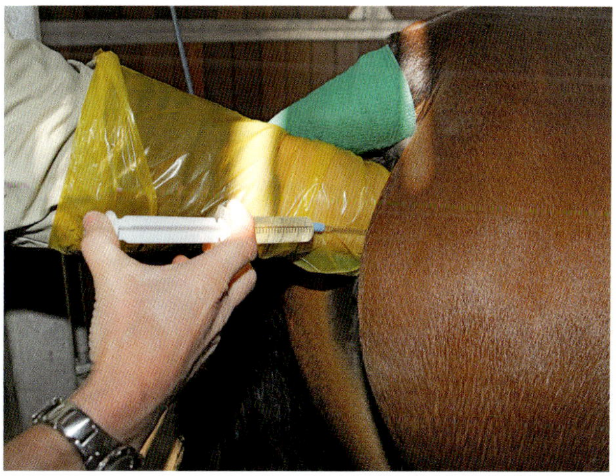

L'insémination artificielle

En France, elle est utilisée dans 60 % des saillies pratiquées chez les races françaises de selle et les races étrangères. **Principaux avantages :** la multiplication du nombre de poulains produits par un étalon et la possibilité de féconder des juments très éloignées géographiquement, en faisant voyager le sperme à la place de l'étalon ! Une dose de sperme peut être divisée et utilisée telle quelle pour féconder jusqu'à vingt-cinq juments dans les deux heures qui suivent le prélèvement, ou réfrigérée et utilisée dans les 48 heures, ou encore congelée et conservée pendant des années ! L'intérêt pour la jument : avoir accès à un plus large choix d'étalons et éviter les risques d'une saillie en main. Toute insémination doit être réalisée dans un centre agréé pour que le poulain soit reconnu par un stud-book. Certaines races, comme les pur-sang anglais, ne l'autorisent pas.

Le transfert d'embryon

Cette technique délicate est surtout destinée aux juments qui mènent une carrière sportive que l'on ne veut pas interrompre. Il s'agit d'abord de féconder la jument, par insémination artificielle ou saillie naturelle, puis de prélever l'embryon et de le transplanter chez une autre poulinière. Cela nécessite que les deux juments aient été synchronisées pour avoir leurs chaleurs exactement en même temps, une technique parfois lourde. Si le transfert d'embryons est encore très coûteux et incertain, le jeu en vaut la chandelle et permet à une jument de grande valeur de concilier reproduction et compétitions.

< La jument Samantha au Winter Equestrian Festival, à Palm Beach (2007).

Monter à cheval

• l'équipement • la pratique de l'équitation
• les compétitions • d'autres passions équestres

Randonnée, saut d'obstacles, attelage, voltige… Les pratiques de l'équitation sont multiples et attirent de nombreux passionnés ! Pour que les sensations et la sécurité soient au rendez-vous et pour progresser jour après jour, il faut savoir opter pour le bon matériel et faire preuve de patience. L'équitation est alors un véritable « art de vivre » avec le cheval.

Un contact permanent avec la bouche

Le mors, situé dans la bouche du cheval, est l'un des principaux moyens de communication dont dispose le cavalier. Il existe un grand nombre de modèles différents. Le mors doit être adapté au travail que l'on souhaite effectuer et aux caractéristiques du cheval.

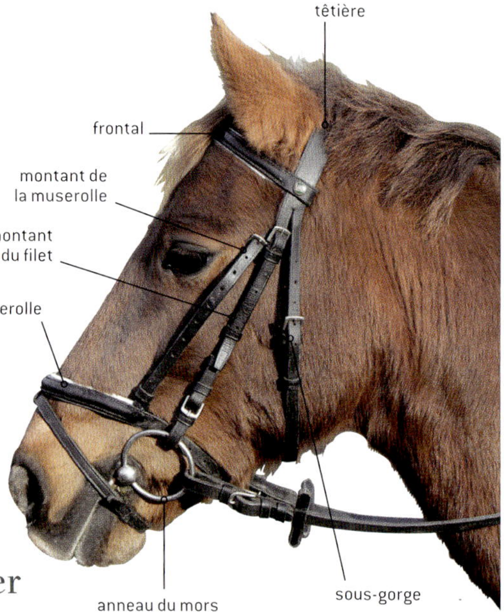

^ Filet à muserolle combinée ; comme la muserolle allemande, elle oblige le cheval à garder la bouche fermée.

< De gauche à droite :
- Filet à muserolle française.
- La bride est un double filet équipé de deux mors.

Communiquer

Entre la bouche du cheval et les mains du cavalier, le filet, avec les rênes et le mors, est un outil de transmission indispensable pour les ordres quant à la direction à prendre, le placement de la tête ou l'incurvation à adopter. Mais par là passent aussi l'état de stress, de contraction ou, au contraire, la détente et la confiance du cavalier. Les actions sur le mors doivent donc être exercées avec légèreté et surtout jamais de manière continue pour ne pas désensibiliser la bouche du cheval.

Le filet

C'est le harnachement classique le plus simple, appelé aussi **bridon**. Il comporte un mors de filet, en métal ou en plastique, qui se place dans la bouche du cheval, et différents montants en cuir ou, plus rarement, en plastique, qui assurent sa position et son maintien sur la tête du cheval. On distingue la muserolle française, assez haut sur le chanfrein, et la muserolle allemande, bouclée sous le mors et qui renforce son action à la commissure des lèvres.

DIFFÉRENTES EMBOUCHURES

mors chantilly

mors en caoutchouc

mors à olive

mors Verdun

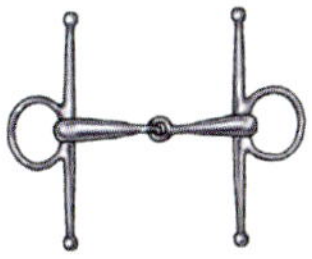

mors à aiguilles

Des aides supplémentaires

En plus du filet, différents types d'enrênements peuvent servir à compléter ou modifier son action. Ils doivent bien sûr être utilisés le plus judicieusement possible. Les plus fréquents sont :

Martingale à anneaux.

- **La martingale,** fixe ou à anneau, s'attache au niveau de la sangle, entre les antérieurs, passe dans un collier et coulisse plus ou moins sur les rênes. Elle est avant tout utilisée pour éviter que le cheval ne relève la tête trop haut.
- **Le gogue** est un système triangulaire qui relie la bouche du cheval, son poitrail et sa nuque. Il est utilisé pour abaisser la tête du cheval, le forcer à étirer sa ligne de dos et à engager ses postérieurs.
- **Les rênes allemandes** se fixent à la sangle, entre les antérieurs ; elles passent par les anneaux du filet et sont tenues par la main du cavalier, en même temps que les rênes du filet. Elles servent à abaisser la tête du cheval en agissant uniquement sur sa bouche.

À chacun son embouchure

Le mors de filet se compose d'une **embouchure**, appelée aussi « canon », en général en deux parties articulées, qui sont directement au contact de la langue du cheval. De chaque côté, des anneaux de forme variable permettent d'accrocher les rênes. On choisit le mors en fonction de la discipline pratiquée, mais aussi de la bouche du cheval et de sa sensibilité. En effet, certains mors, comme celui à aiguilles, sont beaucoup plus contraignants que d'autres. Enfin, la largeur du mors doit être adaptée à la bouche du cheval.

La bride

Il s'agit d'un **double filet** équipé de deux mors, un mors de filet et un mors de bride, donc de deux paires de rênes. Il s'utilise généralement en dressage et est réservé aux cavaliers confirmés, car il permet un contact très fin et subtil avec la bouche du cheval.

Le mors de bride est le plus souvent droit, avec un canon non articulé encadré par deux longues branches perpendiculaires. Il peut être cintré pour faciliter le passage de la langue du cheval. Dans la bouche, il se porte un peu plus bas que le mors de filet et s'utilise toujours avec une gourmette. Cette sorte de chaîne s'ajuste sous le menton du cheval et renforce l'action du mors de bride.

Et aussi…

Il existe une très grande variété de filets et d'embouchures. On peut citer :

- **Le hackamore** est un filet sans mors, qui agit par pression de chaque côté de la bouche du cheval. Il serait d'origine espagnole, mais se retrouve surtout en équitation américaine. Contrairement à ce que l'on pourrait croire, il peut être très sévère pour le cheval et doit s'utiliser avec beaucoup de délicatesse.
- **Le Pelham**, sorte de mors de bride qui s'utilise sans mors de filet. Pour n'utiliser qu'une seule paire de rênes, on les relie aux anneaux du mors avec des petites courroies en cuir appelées alliance. De sorte que les deux fonctions du mors ne peuvent plus être séparées. C'est un mors plus sévère que le simple filet, souvent utilisé en saut d'obstacles avec les chevaux qui avancent un peu trop ou ne gardent pas le contact avec la main.

∨ De gauche à droite :
- Le hackamore est un filet sans mors.
- Le Pelham est plus sévère que le simple filet ; il est souvent utilisé en saut d'obstacles.

Équiper son cheval

À chaque discipline, son harnachement. Que l'on pratique le dressage, le saut d'obstacles ou l'équitation western, la position du cavalier n'est en effet pas la même. Il faut aussi choisir judicieusement les protections pour son cheval.

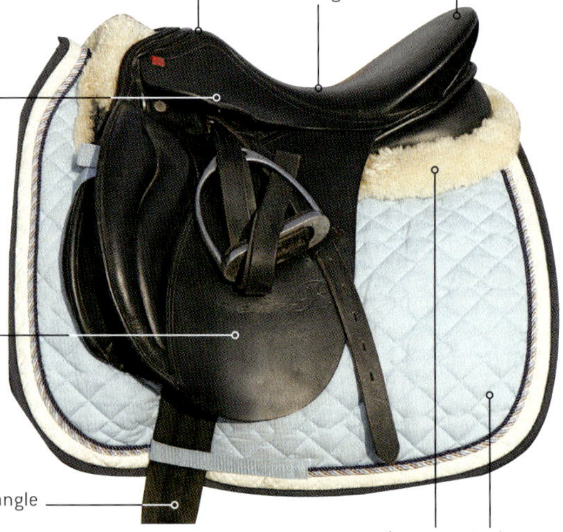

La selle

Elle s'articule autour d'une structure rigide – l'**arçon** – recouverte d'un siège capitonné en cuir ou en matière synthétique. Sa forme doit être adaptée à la taille du cheval, à son cavalier, mais aussi à la discipline.

- **La selle anglaise** est la plus utilisée. C'est une selle mixte qui s'adapte à toutes les pratiques.
- **La selle de dressage,** avec des quartiers plus longs et plus verticaux et une assise plus creusée.
- **La selle d'obstacles** a des quartiers orientés vers l'avant et des bourrelets plus marqués pour maintenir le genou et la cuisse en place.
- **La selle western** a un pommeau appelé corne sur lequel on peut fixer cordes et lasso.
- **La selle de randonnée** est à mi-chemin entre selle anglaise et américaine, avec de nombreux systèmes permettant d'accrocher des sacoches.

Avec la selle

Le tapis de selle protège le dos du cheval contre les frottements dus à la selle. On peut aussi utiliser un amortisseur de dos, en mousse ou en peau de mouton.

La sangle est le plus souvent en cuir, faite d'une seule pièce ou de deux, comme la sangle Balding (croisée) qui évite les pincements au niveau des coudes. Elle s'attache sur les contre-sanglons les plus en avant, ou sur le premier et le troisième.

^ De gauche à droite : selle de dressage, avec des quartiers verticaux et une assise bien creusée ; selle anglaise, ou mixte, s'adaptant à toutes la pratiques ; selle d'obstacles, avec des quartiers orientés vers l'avant.

^ Le travail en longe se pratique dès le débourrage. On peut répéter cet exercice pendant toute la vie du cheval, soit comme détente, soit comme exercice, pour travailler la régularité de la cadence, par exemple.

v Ci-dessous :
1. Protège-tendons.
2. Protège-boulets.
3. Cloches de protection.

Longer son cheval

Cet exercice semble un peu rébarbatif mais peut être très utile pour le cheval. C'est en effet un bon moyen de travailler son souffle, de muscler son dos ou de le remettre au travail après une convalescence. Pour cela, il faut avoir le bon matériel.

• **Le cheval peut porter son filet habituel**, avec une bonne muserolle. On peut opter pour un mors à aiguilles ou avec des rondelles pour être sûr qu'il ne bougera pas dans la bouche. La longe se fixe sur l'anneau intérieur du mors (méthode classique), ou peut être passée dans cet anneau intérieur, puis au niveau de la nuque du cheval et être ensuite fixée sur l'anneau extérieur (méthode Colbert).

• **Le caveçon**, sorte de licol avec un anneau sur la partie avant de la muserolle, est moins sévère qu'un filet, puisqu'il n'y a pas d'embouchure, mais il peut tout de même être douloureux pour le cheval s'il est mal utilisé.

• **Le surfaix** est une sorte de sangle qui se fixe derrière le garrot du cheval. On peut fixer la longe dessus après l'avoir passée dans l'anneau intérieur du mors (ce qui permet d'incurver le cheval). Il sert aussi à maintenir un tapis, lorsque l'on longe un cheval de voltige, par exemple.

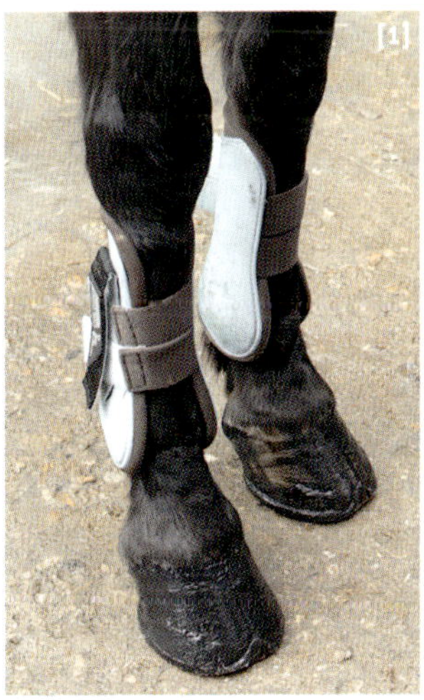

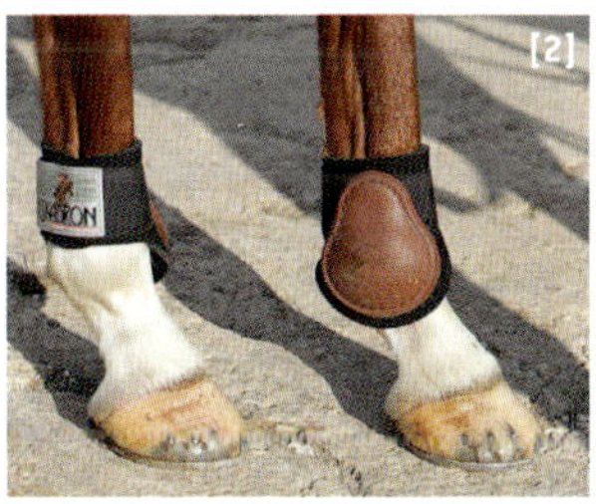

Les protections des membres

Elles sont très utiles chez les chevaux qui ont des défauts d'aplombs ou qui se blessent fréquemment. On les utilise à titre préventif chez les autres. Elles doivent toujours être posées sur des membres parfaitement propres, pour éviter les blessures, et ajustées correctement.

• **Les guêtres** couvrent le boulet et le canon jusqu'aux trois quarts de sa hauteur, et protègent aussi bien l'os que les tendons. Elles peuvent être en cuir ou en matière synthétique pour un entretien plus facile. Elles sont surtout utilisées pour les membres antérieurs. Les protège-tendons ne couvrent que la partie arrière du membre.

• **Les protège-boulets** peuvent être plus ou moins hauts et sont plutôt destinés aux postérieurs.

• **Les cloches** se posent surtout sur les sabots antérieurs, pour protéger les glomes et la couronne d'éventuels coups des sabots postérieurs ou contre une barre.

L'habit fait le cavalier

> Page ci-contre : Tenue western.

Comme pour n'importe quel sport, il existe une tenue appropriée à l'équitation. Elle peut être très formelle, pour les compétitions, ou plus détendue, pour le loisir. L'essentiel est qu'elle soit confortable et qu'elle assure la sécurité du cavalier.

La bombe

C'est l'accessoire incontournable lorsque l'on monte à cheval. Une bombe, ou un casque approprié à l'équitation, permet de protéger la tête en cas de chute. Pour qu'elle soit conforme aux normes de sécurité, elle doit comporter trois points d'attache et une mentonnière. Elle peut être à tour de tête unique ou réglable. Après un choc violent, un casque doit être remplacé car il peut comporter des fissures invisibles qui diminuent son efficacité.

Les gants

Ils protègent les mains lorsqu'il fait froid et assurent une meilleure prise sur les rênes. Il existe des modèles en cuir ou en tissu, avec des picots en plastique sur la paume et la surface interne des doigts pour ne pas glisser sur les rênes. Ils doivent être bien ajustés pour permettre de conserver une main légère et sensible sur les rênes.

^ La tenue d'équitation « classique » est composée de l'incontournable bombe, de bottes noires en cuir ou en plastique, d'une culotte et de gants.

Le pantalon

Le pantalon d'équitation, ou culotte, se porte près du corps pour éviter les frottements dus aux plis sur la selle et le long des jambes. Il assure aussi un bon contact avec le corps du cheval et donc une meilleure utilisation des aides. Dans certains pays, on préfère porter un jodhpur (pantalon large aux cuisses et resserré au niveau des mollets).

Les bottes

En cuir ou en plastique, hautes ou basses (on parle alors de boots ou de bottines), leur rôle est de protéger la jambe des frottements contre la selle et le corps du cheval, mais aussi des coups éventuels. Elles doivent être souples pour permettre à la jambe et à l'articulation de la cheville de bouger librement.

Le gilet de protection

C'est un accessoire récent qui permet de protéger le dos en cas de chute. Il faut le choisir bien adapté à la taille et assez souple pour ne pas gêner les mouvements. Il est surtout recommandé pour les enfants, les cavaliers débutants et lors des épreuves de cross.

^ Tenue traditionnelle péruvienne sur des montures pasos péruviens.

La tenue western

Traditionnellement, elle se compose d'un jeans assez près du corps, évasé en bas pour permettre de porter des bottes, à bout rond ou pointu, de grandes chaps en cuir et d'un chapeau à bords larges en feutre ou en paille. La chemise à manches longues doit être fermée. En compétition, toutes les couleurs de chemises, ainsi que les gilets, petites cravates et foulards sont autorisés, mais pas les franges !

^ De gauche à droite :

- En course, les jockeys portent une casaque (veste + casque) aux couleurs du propriétaire du cheval.
- Pour le dressage, la bombe est remplacée par un haut-de-forme.
- La tenue de concours : veste rouge (ou bleue, noire, verte), culotte blanche, bottes noires.

Lorsque l'on porte des bottines, on peut choisir de mettre par-dessus des chaps, sorte de guêtres en cuir qui recouvrent les mollets ou toute la jambe.

On peut aussi porter de simples chaussures, mais elles doivent être suffisamment solides pour protéger le pied, comporter une semelle pas trop rigide et avoir un talon pour éviter que le pied ne glisse à travers l'étrier.

Sur les terrains de concours

Selon les pays, il existe différents règlements quant à la tenue à porter lors d'une compétition officielle. Pour les disciplines olympiques, il s'agit en général d'une culotte blanche, d'une chemise blanche avec une cravate blanche aussi, d'une veste traditionnellement bleu marine ou rouge, de bottes noires et de gants blancs. En France, chemise et veste peuvent être remplacées par un polo ou un blouson de compétition agréés par la Fédération française d'équitation.

Il existe aussi des dispositions particulières selon les disciplines. Ainsi, en dressage, les cavaliers portent le plus souvent un chapeau au lieu d'une bombe. Les femmes doivent porter les cheveux attachés ou en chignon. Les militaires, les membres des Haras nationaux ou d'une école nationale d'équitation portent leur uniforme de service lorsqu'ils participent à une compétition.

Trouver le bon club

Il existe des milliers de clubs équestres en France, spécialisés ou non, et de tailles très variables. Autant en choisir un qui affiche des garanties de qualité et qui corresponde à vos attentes !

Les labels qualité de la fédération

Pour vous assurer du **sérieux** d'un club équestre, vous pouvez commencer par vérifier qu'il est bien affilié à la Fédération Française d'Équitation. Ensuite, il peut avoir des labels qui offrent des **garanties** supplémentaires : ils prouvent que l'établissement est régulièrement visité par des représentants de la Fédération et que les installations, **l'encadrement** et **les activités** proposées sont conformes aux cahiers des charges définis par la profession.

- **Le label École Française d'Équitation** indique que le club propose initiation, perfectionnement ou pratique de la compétition club. Les EFE peuvent avoir les mentions Poney Club de France et Cheval Club de France, selon les publics accueillis.
- **Le label Centre de Tourisme Équestre** signale la qualité des infrastructures et des prestations d'un club avec une nette orientation vers la pleine nature, la topographie, la découverte de la faune, de la flore et du patrimoine.
- **Le label Écurie de Compétition** identifie les établissements accueillant des cavaliers confirmés voulant s'entraîner avec leur cheval en vue de sortir en compétition amateur ou des propriétaires qui souhaitent faire valoriser leur cheval par un professionnel. Ce label est décliné

dans plusieurs disciplines (obstacles, concours complet, dressage, endurance, attelage et voltige).

- **Le label Équi-Handi Club** distingue les établissements aptes à bien accueillir les personnes en situation de handicap (handicap mental et/ou handicaps moteur et sensoriel).
- D'autres labels existent : **école française d'attelage**, **cheval étape**, **sport études** et **sport études excellence**.

Observer et apprécier

Avant de choisir un club pour y pratiquer l'équitation, rien de mieux que de s'y rendre en simple piéton. **Observez** les installations et leur entretien, **l'ambiance générale** dans le club. Soyez attentif aux chevaux : ont-ils l'air bien nourris, soignés régulièrement, nerveux ou au contraire abattus ? N'hésitez pas à **discuter** avec quelques cavaliers de leur ressenti, et même avec les moniteurs pour vous informer de leur approche pédagogique et des disciplines qu'ils enseignent. Vous pouvez aussi essayer de faire marcher le **bouche-à-oreille**. Et si le club dans lequel vous montez ne vous convient pas, n'hésitez pas à en changer !

Tester de nouvelles disciplines

Les pratiques de l'équitation sont multiples et de plus en plus variées. Vous pouvez profiter de portes ouvertes ou bien d'un séjour dans un lieu de vacances pour tester de nouvelles disciplines afin de faire évoluer votre pratique ou découvrir des méthodes d'apprentissage alternatives. L'équitation d'extérieur, les sports d'équipes, l'équitation éthologique ou encore l'attelage peuvent être un moyen différent d'entretenir votre passion pour le cheval.

La demi-pension

Vous avez envie de nouer une **relation particulière** avec un cheval, de développer votre pratique dans une discipline mais vous n'êtes pas, ou pas encore, prêt à devenir **propriétaire** et assurer le quotidien de votre propre cheval ? La demi-pension est une **alternative** intéressante : elle consiste à partager le cheval d'un propriétaire. En échange d'une **participation financière** régulière, qui couvrira les frais d'hébergement, de nourriture et éventuellement de maréchalerie et de vétérinaire, vous avez le droit de monter régulièrement le cheval d'un autre. Pour un propriétaire, c'est un moyen d'alléger le coût d'entretien de sa monture et de ne pas avoir à s'en occuper quotidiennement. Certains clubs proposent aussi cette possibilité sur leur propre cavalerie. Pour les jeunes cavaliers qui veulent s'investir dans ce sport mais n'ont pas la possibilité d'avoir leur propre cheval, c'est une solution très intéressante.

La vie **au club**

Dans un centre hippique, il se passe toujours quelque chose. Entre les leçons d'équitation dans le manège, les balades en forêt, la distribution des repas, le pansage des chevaux, l'entretien du matériel et les bons moments passés entre cavaliers… les activités sont nombreuses !

À chaque lieu son usage

Pour les chevaux

• **Box :** chaque cheval a le sien avec son nom sur la porte ; on peut aussi y mettre les plaques gagnées lors des concours et indiquer les rations, traitements en cours…

• **Stabulation :** c'est comme un grand box où vivent ensemble plusieurs poneys. C'est fréquent pour les plus petits poneys comme les shetlands.

Pour le matériel

• **Sellerie :** on y range les selles, les filets, les tapis et tout le matériel pour monter. Les cavaliers propriétaires peuvent aussi disposer d'un casier pour ranger leur matériel de pansage.

• **Grange et silo :** réserve de foin et stock de granulés.

Pour monter à cheval

• **Manège :** permet de monter à cheval à l'abri de la pluie et du froid.

• **Carrière :** permet de monter à l'extérieur. C'est aussi là qu'on organise les concours de sauts d'obstacles.

• **Paddock :** c'est une carrière plus petite qui permet de s'échauffer avant les concours ou de lâcher un cheval en liberté pour qu'il fasse un peu d'exercice.

• **Terrain de cross :** ce sont des obstacles en pleine nature. Tous les clubs n'ont pas la chance d'en avoir un.

Pour s'occuper des chevaux

• **Douche :** pour passer un coup d'eau fraîche sur les jambes des chevaux après le travail ou les laver.

• **Van :** c'est le camion qui permet de transporter un ou plusieurs chevaux.

Pour les cavaliers

• **Club-house :** c'est l'endroit où les cavaliers se retrouvent pour discuter entre eux et se détendre un peu. C'est aussi là que sont donnés les cours théoriques pendant les stages.

^ Reprise en manège couvert.

< Page ci-contre, de gauche à droite :
• Écurie à l'américaine, avec les portes des box donnant sur une allée centrale assez large.
• Sellerie. Le selles y sont rangées sur des porte-selles fixés au mur ; les brides sont ici accrochées à un autre mur.

Suivre des cours

Avant de prendre des leçons d'équitation, il est important de bien choisir son club équestre. Les chevaux doivent y être en bonne santé et bien entretenus, les installations en bon état et adaptées aux pratiques enseignées.

Les moniteurs d'équitation doivent être titulaires du diplôme officiel. Sérieux, à l'écoute de leurs élèves, il vaut mieux qu'ils soient de vrais « hommes de cheval », prêts à répondre à vos questions et à partager leur amour du cheval.

En général, les cours sont collectifs (on les appelle **reprises**) et organisés selon le niveau des cavaliers. On peut aussi opter pour des leçons particulières. Pour préparer ses examens, on peut aussi suivre des stages durant lesquels des cours théoriques sont dispensés.

> Reprise en carrière. Les cours, regroupant des cavaliers de niveau proche, se déroulent soit en manège couvert, soit en carrière, selon les conditions atmosphériques et les possibilités du club.

Des évènements qui rythment la vie du club

Le week-end, des concours sont régulièrement organisés. Ils peuvent être ouverts aux cavaliers amateurs et permettre de valider certaines étapes des diplômes officiels (les Galops). Pendant les vacances scolaires, des stages ont lieu. Cela peut être par exemple l'occasion d'une randonnée de plusieurs jours ou d'une préparation de diplôme officiel avec des cours théoriques et des séances pratiques.

En toute **sécurité**

Que l'on soit à pied ou en selle, la sécurité est un élément qu'il faut toujours garder en tête lorsqu'on travaille avec un cheval. Elle est essentielle pour se protéger soi, sa monture, ainsi que les autres couples cavalier-cheval.

Un équipement adapté

Bien sûr, le **casque** est un élément obligatoire de la sécurité du cavalier. Il en existe aujourd'hui de différentes formes, dans des matériaux légers et qui sont agréables à porter même en plein été. Il y a aussi les **gilets** de sécurité : ils permettent d'amortir le choc lors d'une chute. De plus en plus de clubs investissent dans ces gilets afin de les proposer à leurs plus jeunes pratiquants. Il peut aussi être réservé aux **pratiques les plus risquées** (cross, obstacles, horse-ball...) Une bonne paire de gants peut être utile pour garder toute la fonctionnalité des mains lorsqu'il fait froid, ou lorsqu'on monte un cheval à la bouche un peu difficile. Enfin le choix de la selle fait parfois la différence : une selle d'équitation de travail ou d'équitation western est plus rassurante qu'une selle anglaise classique, car elles enveloppent mieux l'assise du cavalier et le maintiennent ainsi plus facilement en place.

À pied

- **Tenir correctement la longe** : ni trop longue ni trop courte, vous devez laisser environ 70 cm entre votre main et l'attache au niveau du licol. N'enroulez surtout pas la longueur de longe restante autour de votre main. Si le cheval venait à tirer cela pourrait faire très mal ! Ne la laissez pas non plus traîner par terre.
- **Bien mener son cheval en main** : il ne doit pas vous bousculer ou vous dépasser, vous ne devez pas être obligé de tirer sur la longe pour le faire avancer. Soyez très attentif à votre cheval et essayez d'anticiper ses réactions. Et prenez garde à vos pieds, si vous êtes trop près de votre cheval, il pourrait vous marcher dessus involontairement.
- **Attacher en toute sécurité** : lorsque vous faites un nœud avec le licol, veillez toujours à ce qu'il soit très facile à défaire, simplement en tirant sur le bout libre de la longe (nœud en demi-clé gansée).

En selle

• **Sangler en trois fois** : pour être sûr que la selle est bien en place et fixée sur le dos du cheval, le serrage de la sangle s'effectue toujours en trois fois : une première fois au moment où vous installez la selle, une seconde fois après avoir fait marcher votre cheval en main jusqu'au manège et avant de monter sur son dos, une troisième fois après quelques minutes au pas en selle.

• **Respecter les distances de sécurité** : lorsque vous suivez d'autres chevaux, ou progressez en parallèle, laissez toujours suffisamment de place, l'équivalent d'un cheval devant et derrière vous et de chaque côté. Cela évitera les coups de sabot ou de dents intempestifs.

• **Prévoyez large** : en randonnée dans la forêt, prenez garde aux distances par rapport aux troncs et branches d'arbres, le cheval n'a conscience que de son corps, pas du vôtre ! Il évitera les branches basses mais ne fera pas attention à votre tête qui dépasse. Même chose pour vos genoux lorsque vous franchissez pas exemple la clôture d'un pré ou contournez un chandelier.

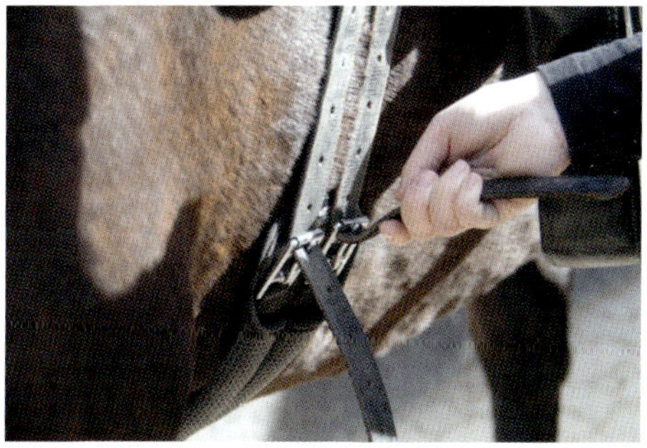

^ Pour une bonne mise en place de la selle, le serrage de la sangle s'effectue toujours en trois temps.

Les règles de circulation

• **Au manège** : deux règles importantes à retenir lorsque plusieurs cavaliers se côtoient dans un espace clos : la priorité est toujours donnée à celui qui évolue à l'allure la plus rapide, ou, si vous êtes à allure semblable, à celui qui évolue piste à main gauche.

• **En extérieur** : si vous partez seul, mieux vaut prévenir quelqu'un de l'itinéraire que vous allez effectuer et de l'heure approximative à laquelle vous pensez rentrer. Respectez les sentiers et les éventuelles interdictions (accès aux sous-bois et aux terrains privés). Sur les voies où circulent des véhicules, le Code de la route s'applique, vous devez donc tenir votre droite. Enfin mieux vaut repasser au pas si vous croisez d'autres chevaux, des piétons ou même une voiture.

Restez calme !

Ne jamais perdre son sang-froid ! Telle est la règle d'or lorsqu'on fréquente les chevaux. En effet, ce sont des animaux sensibles et le stress peut devenir très vite contagieux entre eux. Mieux vaut ne pas se laisser envahir par leur panique ni laisser transparaître la vôtre. Apprenez à observer votre cheval et ses réactions : il est bien plus facile de gérer des situations difficiles lorsqu'on les a anticipées !

En pratique

- Ayez des gestes assurés, pas trop brusques ni trop amples.
- Parlez d'une voix calme et posée.
- Approchez de face ou de côté, jamais par l'arrière.
- Ne courez pas.
- N'hésitez pas à mettre en place des habitudes, la routine rassure les chevaux !

Les premiers contacts

Avec un cheval, on passe en général plus de temps à pied qu'en selle ! Aller le chercher dans son pré, le panser avant et après une séance de travail, le harnacher… Pour que les premiers contacts soient réussis, il faut apprendre à maîtriser la crainte que l'homme et l'animal ressentent l'un pour l'autre.

^ Le cheval est extrêmement sensible aux encouragements de la voix, accompagnés ou non d'une friandise.

Le rôle de la voix

C'est le moyen de communication le plus naturel pour l'homme et il est bien utile avec les chevaux, que l'on soit à terre ou en selle. L'oreille du cheval est particulièrement sensible aux fréquences de la voix humaine, nul besoin donc de crier ni d'adopter un ton trop ferme.

Des encouragements, des apaisements ou des compliments sont autant de moyens de le rassurer et de le conforter ; si au contraire on hausse le ton ou qu'on le réprimande, le cheval est tout aussi capable de le comprendre.

^ De gauche à droite :
- Tout geste brusque est à proscrire lorsque l'on aborde un cheval à pied.
- Avant ou après une séance de travail, on tient le cheval en main en se plaçant à sa gauche.

Jouer sur ces deux registres permet de le guider face aux ordres qu'on lui donne ou aux actions qu'on lui demande. Si le cheval ne comprend pas le vocabulaire de l'homme, il peut cependant associer certains mots précis à des gestes ou des actions à effectuer. Mais pour cela, il faut utiliser toujours les mêmes mots et lui laisser le temps de les assimiler. Mieux vaut choisir des mots brefs et très différents les uns des autres pour qu'il n'y ait pas confusion.

Aborder un cheval

Lorsque l'on aborde un cheval à pied, il faut se montrer serein et ne pas faire de gestes brusques qui pourraient l'effrayer. Mieux vaut prévenir de votre arrivée en lui parlant calmement et en vous plaçant dans son champ visuel. Il faut ensuite tenter de retenir son attention, toujours par la voix ou en le touchant avec des gestes précis ou des caresses, qu'il apprécie particulièrement.

Une confiance réciproque

Un cheval qui hésite devant un objet, qui craint l'inconnu ou refuse carrément d'avancer, ce n'est pas si rare. Le cheval doit sa survie à son extrême vigilance face à l'inconnu et à la soudaineté. Mais il peut aussi se montrer espiègle, voire têtu ! Il faut savoir être patient, lui accorder le temps nécessaire pour se familiariser avec quelque chose de nouveau, mais aussi parfois se montrer ferme pour réussir à se faire obéir. Une bonne relation entre un cheval et son cavalier se construit sur la confiance réciproque.

< Il faut parfois se montrer ferme pour réussir à se faire obéir.

Ne pas avoir **peur**

Une mauvaise chute, un cheval agressif… La peur peut surgir très rapidement lorsqu'on pratique l'équitation. Il faut dépasser cette appréhension pour retrouver la confiance et monter en toute sécurité.

^ Les cavaliers les plus jeunes sont souvent les plus téméraires !

À chacun sa peur

Grandes galopades, chevaux au caractère bien trempés, chutes répétées… rien ne fait généralement peur aux cavaliers les plus jeunes. Puis un jour vient l'évènement de trop, une mauvaise morsure, une chute traumatique, un moniteur désagréable… **La peur** s'insinue et **la confiance** s'en va. C'est un sentiment très personnel et pas toujours rationnel ! Si la peur n'empêche pas la passion du cheval, elle est l'un des premiers motifs **d'arrêt** de l'équitation.

La chute, ennemi n°1

« Il faut être tombé cent fois pour devenir un bon cavalier. » Cet adage illustre bien le fait que la chute fait partie de la vie d'un cavalier ! La plupart du temps elle est **sans gravité**, et l'on remonte vite en selle. La hauteur du cheval, ses mouvements brusques, de nombreux facteurs peuvent faire **craindre** la chute à un cavalier. Il faut savoir **dédramatiser**, et même apprendre à tomber sans trop se faire mal. Ainsi, dans certains clubs équestres, il est de coutume que les appentis cavaliers qui chutent apportent un gâteau à la prochaine reprise ! Il est aussi très important de comprendre l'origine de la chute, et surtout de réaliser que bien souvent, le cheval n'a **pas volontairement** cherché à faire tomber son cavalier.

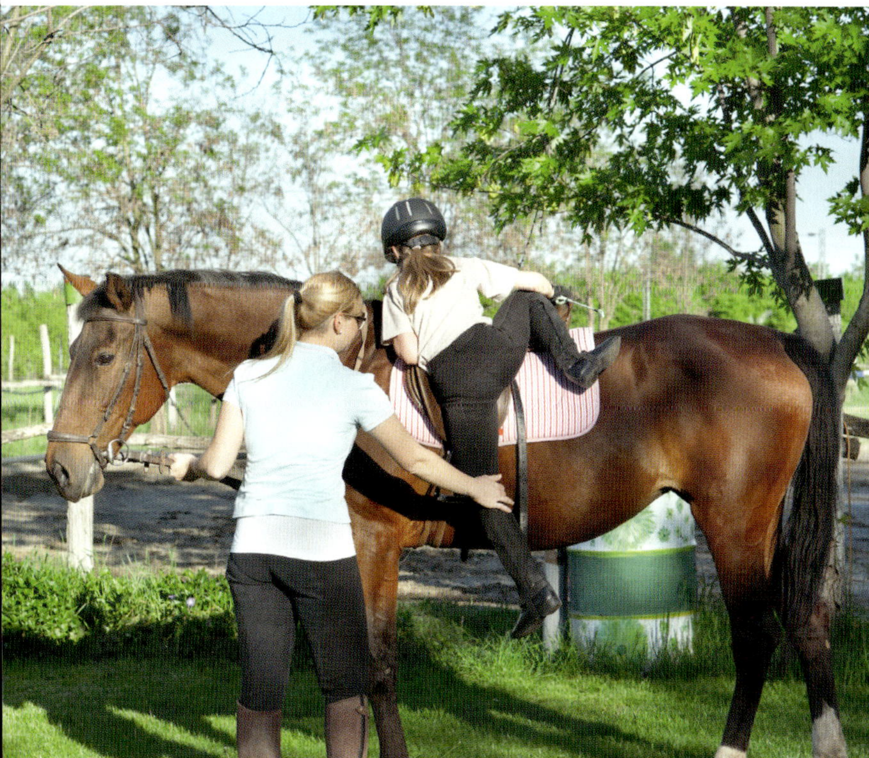

Un sentiment communicatif

Le cheval est **très sensible aux émotions** des autres chevaux mais aussi à celles des humains qui l'entourent. Il est tout à fait capable de percevoir la peur ou le stress qui anime son cavalier : le cœur qui s'accélère, les mouvements qui se font plus raides, la voix qui s'enraille… Certains chevaux s'adaptent et sont alors capables de rassurer leur cavalier par leur calme et leur docilité. Mais il arrive aussi que le cheval ressente les mêmes sensations et adopte la peur de son cavalier. En **perte de confiance**, c'est la **sécurité** du duo qui peut alors être en péril.

^ L'apprentissage avec un moniteur digne de confiance sécurise généralement beaucoup.

Apprivoiser sa peur pour la dépasser

Pour soigner sa peur, la première chose est d'être capable de l'**admettre** ! Mettre des mots sur ses inquiétudes, les partager avec quelqu'un est une étape préalable indispensable. Une fois ses craintes identifiées, il faut les **dédramatiser** et les affronter dans les meilleures conditions possibles : par exemple une grande galopade dans un champ fermé et avec d'autres cavaliers autour de vous, ou bien votre premier cross lors d'un cours particulier avec votre moniteur et avec un cheval qui vous rassure ! Misez sur la **sécurité** pour vous tranquilliser : soyez bien équipé et apprenez avec un moniteur en qui vous avez **confiance**. Et si nécessaire, n'hésitez pas à revoir votre pratique de l'équitation et à vous tourner vers d'autres disciplines où le plaisir sera aussi intense mais moins stressant !

Mieux vaut prévenir

Anticiper sa peur est la meilleure des sécurités à cheval. Vous appréhendez votre première balade ? Vous craigniez la chute sur le parcours de cross ou le refus face à un obstacle un peu imposant ? Parlez-en avec votre moniteur ou d'autres cavaliers ! Essayez d'imaginer la situation si tout se passe bien, anticipez vos réactions si un problème survient. Ayez conscience aussi que la peur peut être un très bon moyen de se protéger ! Si elle est mesurée, elle peut vous empêcher de prendre des risques inconsidérés, ou bien vous obligez à les anticiper.

Harnacher son cheval, les étapes à suivre

Préparer un cheval avant de le monter demande beaucoup de soin : c'est le bon moment pour vérifier qu'il va bien et pour ajuster au mieux son harnachement afin de garantir son confort, mais aussi celui du cavalier !

Compléter et ajuster le harnachement

En fonction des exercices qui vont être effectués, une bride peut être choisie à la place du filet ou encore un enrênement particulier, et des protections peuvent être placées sur les membres du cheval. Tout cet équipement doit être parfaitement ajusté afin de ne pas blesser le cheval ou le gêner.

[1]

[2]

[3]

La pose du filet

1 En se plaçant du côté gauche du cheval, on passe d'abord les rênes par-dessus la tête. Avec la main droite, on tient le filet et de la main gauche on introduit le mors à l'intérieur de la bouche. Si le cheval refuse d'ouvrir la bouche, on peut glisser un doigt au niveau de la commissure des lèvres.

2 On passe la têtière par-dessus les oreilles du cheval en veillant à ne pas trop les plier !

3 Le toupet est dégagé au niveau du frontal. On ajuste enfin la sous-gorge, et la muserolle en avant ou en arrière du mors selon le type de filet.

[1]

[2]

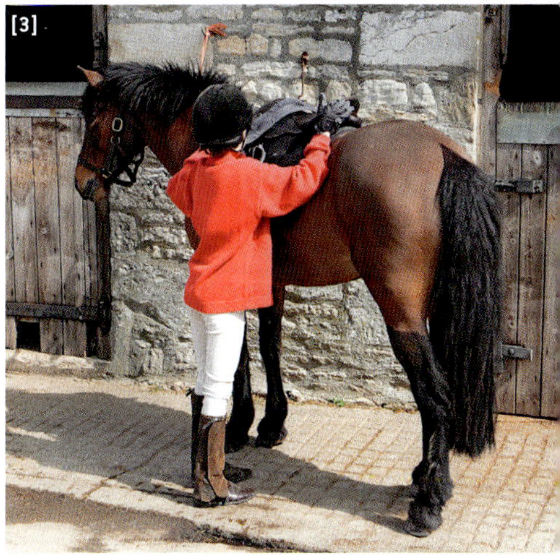
[3]

[4]

[5]

La selle, tout en délicatesse

1 Le tapis de selle doit être posé sur le dos, un peu en avant de sa place définitive. Il sera ensuite tiré légèrement vers l'arrière lorsque la selle sera posée dessus. Ainsi, on est sûr que le poil du cheval est dans le bon sens. Il faut veiller à ce que le tapis ne fasse aucun pli pour ne pas blesser le cheval.

2 La selle, dont les étriers et la sangle sont remontés, est posée sur le tapis, tout en douceur, pour ne pas surprendre le cheval ni lui faire mal au dos.

3 Il faut alors bien dégager le tapis au niveau du garrot pour ne pas blesser le dos du cheval. Passant du côté droit du cheval, on descend la sangle en prenant garde qu'elle ne tape pas dans les membres antérieurs.

4 La sangle est attachée aux contre-sanglons sur le côté gauche de la selle – mais on serre au minimum.

5 Juste avant de monter, la sangle doit être resserrée afin que la selle ne tourne pas !
On termine en descendant les étriers de chaque côté.

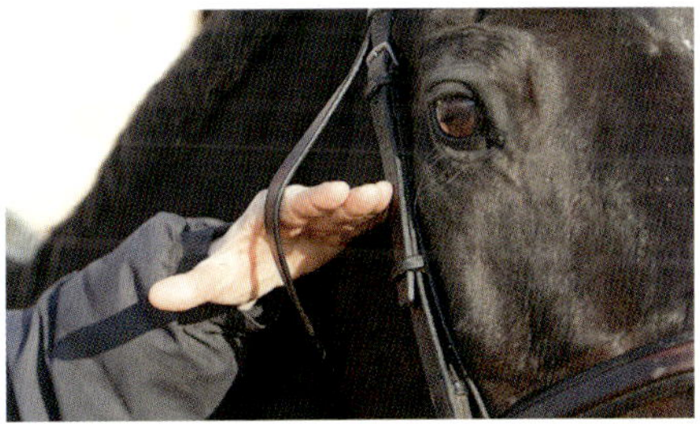

Comment ajuster le filet

Un même filet ne peut aller à tous les chevaux. Mais comme il est réglable, on peut l'adapter à plusieurs montures si leur tête a à peu près la même taille. Une vérification de tous les points de réglage du filet est indispensable : le frontal ne doit pas pincer les oreilles ni bâiller sur le front.
Le mors doit appuyer légèrement sur les commissures sans les faire plisser. Vous devez pouvoir passer une main entre le cuir de la sous-gorge et la gorge du cheval et glisser facilement deux doigts entre le cuir de la muserolle et la peau du cheval.

En selle !

Un cheval n'est pas un vélo et, pour se mettre en selle, il y a une sorte de protocole à respecter. Il garantit la sécurité du cavalier, mais aussi celle du cheval. Les premières minutes sont consacrées à l'échauffement.

Juste avant de monter

Après avoir harnaché un cheval, on peut le faire marcher quelques pas, par exemple pour rejoindre le manège : cela permet à la selle de bien se mettre en place et l'on pourra resserrer une nouvelle fois la sangle avant de se mettre en selle !

[1]

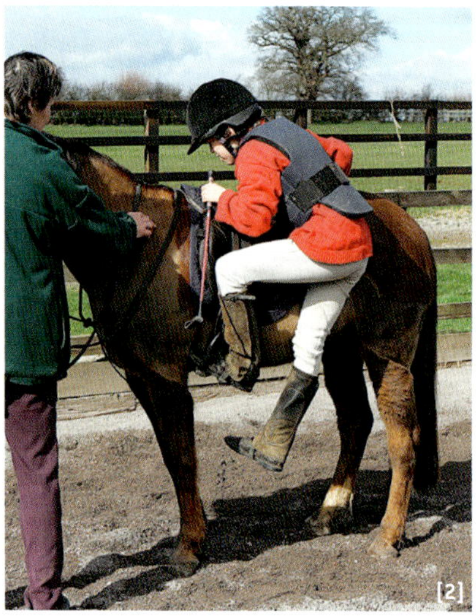

[2]

[3]

Monter à cheval

1 La mise en selle s'effectue toujours par la gauche. Les rênes sont tenues dans la main gauche, posée au niveau du garrot, et ajustées sans tirer sur la bouche du cheval. On peut aussi se tenir au pommeau avec la main gauche. Le pied gauche est placé dans l'étrier. On peut aussi se faire aider par quelqu'un qui fait la courte échelle ou bien utiliser un petit tabouret bien stable. La main droite attrape le troussequin de la selle.

2 On s'élève en prenant appui sur le pied gauche et en s'aidant légèrement des mains.

3 La jambe droite passe au-dessus de la croupe du cheval et on peut s'asseoir tout en douceur !

S'échauffer

Toute activité physique doit être précédée d'un échauffement – c'est valable pour le cavalier comme pour sa monture. Profitant de quelques tours de manège au pas, rênes longues, on peut effectuer quelques rotations de bassin, des moulinets avec les bras, toucher avec la main droite la pointe du pied gauche et vice versa… On peut ensuite mettre son cheval au trot et lui faire tracer quelques voltes dans les deux sens et des transitions d'allures. Pour le cheval, l'échauffement est appelé la détente.

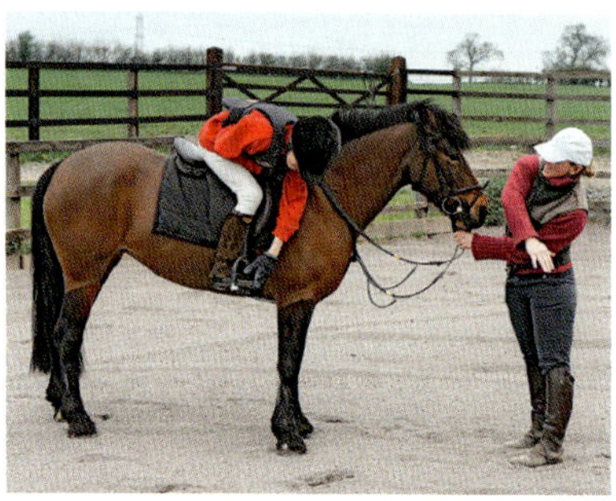

La bonne position

Chaque rêne passe par-dessous le petit doigt ou entre celui-ci et l'annulaire, puis ressort entre l'index et le pouce. Les pouces sont vers le ciel et les paumes des mains se font face, **les mains** étant en général à hauteur du garrot. Il faut être au contact de la bouche du cheval, mais surtout ne pas tirer dessus ! Les coudes sont contre le corps.

Les jambes doivent être au contact du corps du cheval, les talons descendus et les pieds parallèles au corps du cheval.

Il faut garder le dos droit, en imaginant une ligne qui passe par l'oreille, l'épaule, la hanche et le talon, et regarder au loin, devant soi.

^ Le cavalier doit être assis d'aplomb, le buste et la tête verticaux, les jambes tombant naturellement, les genoux contre la selle, sans serrer. La position n'est jamais figée puisque le cavalier doit suivre les mouvements de sa monture.

< De gauche à droite :
- Les rênes sont ajustées pour entretenir le contact avec la bouche du cheval, mais le cavalier ne doit jamais s'y accrocher.
- Les étriers sont chaussés au tiers du pied, le talon plus bas que les pointes.

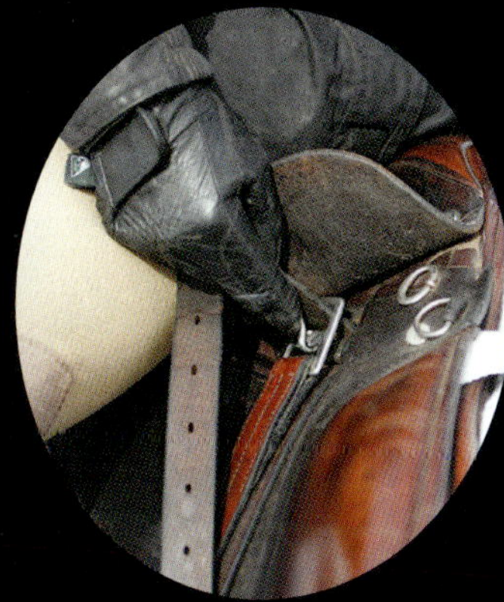

Régler et chausser les étriers

Cela peut se faire à pied, en selle, à l'arrêt ou même en marchant. La longueur de l'étrivière dépend du travail que l'on va effectuer. En général, on estime que, jambe pendante et étrier déchaussé, celui-ci doit arriver au niveau du talon lorsqu'on fait du dressage, à la cheville pour du travail sur le plat et au-dessus de la cheville pour l'obstacle. Cela dépend bien évidemment de la taille du cheval, du cavalier et de son confort ! Pour chausser les étriers, il reste simplement à tourner la pointe des pieds vers l'intérieur.

Melissa Taylor remporte
le Grand Prix de dressage
à West Palm Beach en 2007.

Un langage commun

Selon la pratique équestre, le cheval monté et l'expérience du cavalier, les ordres de l'un à l'autre peuvent différer. Ils reposent cependant sur un apprentissage et l'existence d'un langage commun. Bien souvent, ces ordres répondent à une certaine logique. Les différentes parties du corps d'un cheval sont mobilisées par les aides les plus naturelles et instinctives de l'homme : les mains contrôlent plutôt l'avant-main alors que les jambes se concentrent sur l'arrière-main, qui est le centre moteur du cheval. L'apprentissage de ces codes demande patience et rigueur, mais fait aussi appel à l'intuition, le ressenti et la sensibilité du cavalier.

Quand le cavalier communique avec son cheval

Pour se faire comprendre par son cheval, le cavalier utilise divers moyens de communication que l'on appelle les aides. Plus le cheval et le cavalier progressent dans leurs apprentissages, plus les signaux et ordres envoyés via ces aides peuvent être complexes et subtils.

^ Quand le cheval et le cavalier ont acquis une solide expérience, l'usage des aides devient extrêmement fin et subtil, quasi invisible pour les spectateurs.

Les mains

Par l'intermédiaire des rênes et du mors, les mains sont en contact direct avec la bouche du cheval, qui est très sensible. Ce contact doit être permanent mais ne pas gêner le cheval : les rênes doivent être ajustées, ni trop courtes pour ne pas faire mal, ni trop longues, car il n'y aurait plus aucun contact ! Elles permettent aussi de recevoir des informations données par le cheval. Lorsqu'il veut avancer, il durcit sa bouche et le cavalier se sent comme tiré vers l'avant. Les actions de mains doivent toujours être brèves et douces, le contact léger. Un

La voix

Le cheval est très sensible à la voix humaine et c'est un mode de communication des plus spontanés pour le cavalier. Si elle est très utilisée lorsqu'on est à pied (cheval guidé en main, à la longe ou aux longues rênes, par exemple) ou en attelage, elle est souvent négligée par les cavaliers une fois en selle. C'est dommage car elle peut être très utile. D'ailleurs, beaucoup de chevaux de club réagissent aux indications données à haute voix par le moniteur plutôt qu'aux ordres transmis par les jambes et l'assiette de leur cavalier ! Comme pour toutes les aides utilisées en équitation, il faut savoir rester sobre : si la voix est trop souvent ou mal utilisée, le cheval peut à la longue ne plus y être sensible.

L'assiette

Elle est définie par la position et les mouvements du bassin du cavalier, donc le déplacement de son centre de gravité. Pour que son action soit efficace, il est essentiel que le cavalier ait une bonne position. Si le cavalier est trop en avant, à cause par exemple de ses épaules, il peut freiner le cheval parce que son centre de gravité est situé en avant de celui de sa monture. De la même façon, le cavalier ne doit pas être trop en arrière et se faire « balader » par le cheval. Par les mouvements de son bassin, le cavalier accompagne ceux de son cheval, il peut aussi agir sur l'impulsion de sa monture en forçant sur ses propres mouvements ou au contraire en les freinant. On peut agir également de façon latérale, en portant le poids de son corps d'un côté ou l'autre de la selle. De l'action de l'assiette, de sa finesse et son opportunité dépendent la justesse des autres aides – les mains et les jambes. Les cavaliers les plus expérimentés parviennent ainsi à ne guider leur cheval que par leur assiette.

Il faut plusieurs années de pratique régulière avant d'acquérir une bonne assiette. Patience et persévérance sont de mise !

v De gauche à droite :
- Le trot assis est excellent pour améliorer l'assiette, puisque le cavalier amortit avec son bassin et son dos les mouvements du cheval. Les mains doivent rester en contact avec la bouche du cheval.
- Au galop en suspension, la jambe doit rester bien en place, le mollet en contact, le cavalier suivant avec les mains les mouvements de la bouche de sa monture.

cavalier expérimenté et un cheval bien dressé sont capables de travailler rênes longues – c'est d'ailleurs l'un des fondamentaux de l'équitation de type western.

Les jambes

Là aussi, le contact doit être permanent sans être gênant. Naturellement, les jambes sont placées juste en arrière de la sangle. Plus elles agissent, en augmentant la pression des mollets contre le flanc, et plus elles mobilisent les postérieurs de l'animal, qui s'engagent sous le corps. Les jambes contrôlent ainsi la mobilité du cheval. Pour mobiliser un cheval qui fait mine de ne pas répondre aux jambes, on peut donner quelques coups de talons de façon symétrique, en veillant à ne pas en abuser pour ne pas désensibiliser le cheval.

Les jambes servent aussi à contrôler la trajectoire du cheval via son arrière-main, de façon dissymétrique. Une pression de la jambe droite près de la sangle aide à incurver le cheval sur la droite (on dit qu'il s'enroule autour de la jambe) ; si au contraire on recule la jambe droite, on pousse les hanches vers la gauche.

Des aides artificielles

Les éperons, la cravache, le stick (longue cravache utilisée en dressage) et la chambrière (longue cravache prolongée par une cordelette, utilisée en attelage ou lorsqu'on longe un cheval) sont autant d'aides supplémentaires qui peuvent remplacer ou renforcer les aides naturelles. Il faut les utiliser à bon escient, avec beaucoup de finesse, car elles peuvent être douloureuses ou provoquer des réactions très vives de la part du cheval. C'est le cas des éperons, utilisés pour affiner l'emploi des jambes et les rendre plus efficaces et plus précises, mais qui risquent d'être très mal acceptés par un cheval déjà sensible aux jambes.

L'accord des aides

Pour qu'un ordre de changement de direction ou d'allure soit compris par un cheval, il faut que toutes les voies de communication utilisées – les aides – fassent passer le même message. Bien souvent, lorsqu'un cheval refuse d'obéir, c'est simplement parce qu'il a mal compris l'ordre qui lui a été donné.

Bien débuter en selle

Comme conduire une voiture ou jouer de la batterie, mener un cheval demande d'accorder toutes les aides dont on dispose : mains, jambes, position du corps… Les changements de direction ou d'allure résultent d'ordres coordonnés.

^ La diagonale est une figure de manège simple qui permet de changer de main.

Piste et changement de main

Dans un manège ou une carrière, le cheval marche sur la piste, qui forme un rectangle et longe les murs ou les barrières. On dit que l'on avance à **main droite** lorsque la main droite se situe à l'intérieur de ce rectangle et donc que les quatre angles se parcourent en tournant à droite, et vice versa. Lorsqu'on effectue une figure de manège qui amène à prendre la piste dans l'autre sens, par exemple une diagonale ou un doubler, on dit que l'on **change de main**. Lorsque plusieurs cavaliers se croisent, c'est celui qui marche à main droite qui a priorité.

Changement de direction

En marche, quelle que soit l'allure, le cheval est assez sensible aux actions latérales de son cavalier lui demandant de changer de direction. Avant tout, le cavalier doit porter son regard dans cette direction, ce qui change sensiblement la position de ses épaules et de son bassin : ainsi, par son assiette, il transmet déjà une première information à son cheval. Il suffit ensuite de serrer les doigts sur la rêne du côté où l'on veut aller.

Pour être plus précis, on peut aussi utiliser :

- **La rêne d'ouverture :** le regard et les épaules portés dans la direction où l'on veut tourner, on ouvre l'avant-bras de ce même côté en écartant la main – surtout, sans tirer dessus – et en tournant la paume vers le ciel, un peu à la façon d'un auto-stoppeur. La main du côté opposé s'avance un peu pour ne pas empêcher l'encolure du cheval de s'infléchir. La jambe intérieure peut légèrement se resserrer pour aider le cheval à s'incurver autour.
- **La rêne d'appui :** elle permet de faire des virages plus serrés. Regard et épaules sont, là aussi, tournés dans la direction à prendre mais cette fois, c'est la rêne extérieure qui agit en se tendant et en venant s'appuyer sur l'encolure pour pousser les épaules du cheval vers l'intérieur. Cette main extérieure doit aller vers l'intérieur et vers l'avant afin de pousser toute l'avant-main vers l'intérieur, tandis que la main intérieure est très légèrement relâchée. Les jambes maintiennent une légère pression pour faire avancer le cheval dans le mouvement. L'assiette participe aussi au changement de direction.

^ De gauche à droite :
- Rêne d'appui.
- Rêne d'ouverture.
- Si l'on cherche à tourner par une rêne d'ouverture, la jambe intérieure peut se resserrer légèrement pour permettre au cheval de s'incurver autour d'elle.

v En dressage, on utilise une longue cravache appelée stick. Mais elle est interdite pendant les compétitions.

Allures et figures, le travail sur le plat

Les exercices de manège visent à travailler la souplesse et l'impulsion du cheval : on distingue les figures, où la bonne incurvation est recherchée, et les transitions d'allures, qui font appel à l'équilibre, à la cadence et à l'engagement du cheval.

LES FIGURES DE MANÈGE

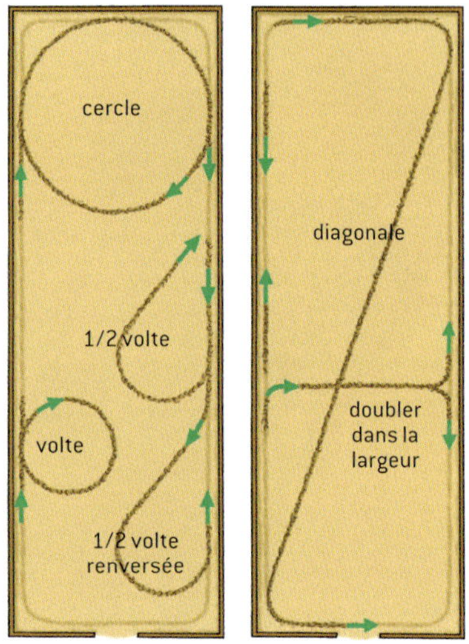

Rectitude et encolure

Chez un cheval marchant en ligne droite, il n'est pas si facile d'obtenir la rectitude, car les chevaux ne sont pas forcément symétriques dans leurs aplombs et leur musculature. Pour qu'un cheval soit droit, c'est-à-dire que les empreintes de ses postérieurs soient sur la même ligne que celles des antérieurs, on peut travailler en s'aidant de la bordure du manège (pare-botte ou lice).

Naturellement, un cheval en mouvement a tendance à s'équilibrer et à minimiser son effort en portant l'encolure vers l'extérieur de la courbe qu'il amorce, comme un vélo, d'ailleurs. C'est le pli naturel. Mais en équitation, on recherche l'inverse, que l'on appelle le **pli juste**. Cela permet de dissocier impulsion, équilibre et vitesse.

En cercle

Pour travailler le pli juste et la rectitude du cheval tout en maintenant cadence et impulsion, on effectue différentes figures de manège : cercle, volte, demi-volte… permettent d'assouplir le cheval et de travailler son placement correct. L'idéal est que sa colonne vertébrale, de la tête à la queue, soit incurvée à l'image du cercle qu'il décrit. Épaules et hanches doivent se trouver sur la même piste. En effectuant des changements de main successifs, on travaille le changement de pli. Pour cela, toutes les aides sont nécessaires – les mains et les jambes, mais aussi l'assiette du cavalier et l'impulsion qu'elle donne au cheval.

< Jaimey Irwin et Dover en pleine reprise de dressage à l'Olden Dressage à West Palm Beach en 2008.

Se faire obéir

Même les cavaliers les plus expérimentés rencontrent parfois des chevaux récalcitrants, qui refusent le contact avec le mors ou n'obéissent pas à la jambe. Il arrive que le cheval ne comprenne pas l'ordre qui lui a été donné ou tout simplement qu'il s'en défende.

Pour se faire obéir, il faut savoir agir avec fermeté, mais sans brutalité, sinon on risque de braquer encore plus le cheval. Un léger coup de cravache sur l'épaule pour réveiller l'attention du cheval ou en arrière de la jambe pour renforcer l'action de celle-ci peut s'avérer utile !

Épaule en dedans.

Travail sur deux pistes

Lorsque les antérieurs et les postérieurs du cheval suivent deux traces différentes, on parle de déplacements latéraux : épaule en dedans, pas de côté, appuyer font appel à l'action isolée des jambes et des mains; dissociation et accord des aides doivent donc être parfaitement maîtrisés. Le pli de l'encolure du cheval peut être dans la direction opposée à celle qu'il suit. En mobilisant les hanches et les épaules du cheval sur des axes différents, on l'assouplit et on fait travailler sa masse musculaire.

^ Transition du trot à l'arrêt.

Cadence et impulsion

La cadence correspond à la régularité d'une allure et l'impulsion est la force mise en œuvre par le cheval pour avancer. Il ne s'agit ni de vitesse ni d'excitation, mais bien du contrôle régulier de l'énergie du cheval. Ces deux notions sont essentielles car elles sont indispensables à tout travail en équitation, aussi bien sur le plat qu'en obstacles : il faut sans cesse chercher à les maîtriser pour conserver un cheval bien équilibré.

Transitions

Comme pour tous les ordres donnés à un cheval, ralentir ou accélérer s'obtient grâce à une action discontinue et répétée des mains, des jambes et de l'assiette. Les transitions d'allures, qu'elles soient montantes ou descendantes, sont un exercice très important. Plus le cavalier progresse et plus elles sont effectuées avec précision et légèreté.

L'Américain Steffen Peters sur Ravel, effectuant une cession à la jambe au trot, durant les JO de Pékin en 2008.

Sauter en confiance

Pour bien franchir les obstacles, le cavalier doit maîtriser son équilibre et celui de son cheval. Il apprend ensuite à le conduire et à enchaîner différents sauts sur un parcours, tout en maîtrisant la cadence. L'impulsion donnée au cheval est essentielle.

Une bonne préparation

Pour travailler à l'obstacle, on raccourcit en général les étrivières de trois ou quatre trous pour permettre de se mettre en équilibre. Avant de franchir des obstacles, cavalier et cheval doivent s'échauffer en franchissant des petites barres dont on monte progressivement la hauteur. Il peut s'agir au départ de simples croisillons. On peut aussi prévoir de travailler avec des barres posées au sol. Franchies au trot, puis au galop, en ajustant à chaque fois la distance entre chaque barre, elles permettent de travailler la cadence et la régularité de l'allure.

En équilibre

Pendant le saut, le cavalier ne doit pas gêner la progression de sa monture. Il amortit les secousses sans bloquer les mouvements du cheval. Pour cela, il peut se mettre **en suspension** : en équilibre sur ses pieds, légèrement au-dessus de sa selle, il contrôle son centre de gravité grâce à son assiette. Il ne faut pas freiner le cheval ni le gêner à cause d'un équilibre mal ajusté. Les mains doivent suivre les mouvements de la tête du cheval pour rester en contact avec la bouche sans la brutaliser. Le regard doit être porté haut, au-delà de l'obstacle.

1 Abord : le cheval doit se présenter face au milieu de l'obstacle, perpendiculairement à celui-ci. La foulée qui précède l'appel est particulière, car le corps du cheval subit d'abord un ralentissement, puis une accélération verticale.

2 Battue d'appel : les antérieurs produisent une poussée verticale, puis les postérieurs ont une action de poussée horizontale. Le cavalier doit se tenir fermement pour ne pas être déséquilibré à ce moment-là.

3 Ascension : cette phase correspond à la détente des postérieurs pour franchir l'obstacle.

Les différents obstacles

Il existe différentes formes d'obstacles pour varier les difficultés, en hauteur comme en largeur. Cela oblige le cheval à prendre son appel de différentes façons. Lorsque le cavalier et son cheval sont suffisamment entraînés, ils peuvent franchir plusieurs obstacles les uns derrière les autres. Des combinaisons sont même parfois prévues, obligeant le cheval à n'effectuer qu'une ou deux foulées entre les obstacles.

^ Spa.

^ Obstacle vertical.

^ Oxer.

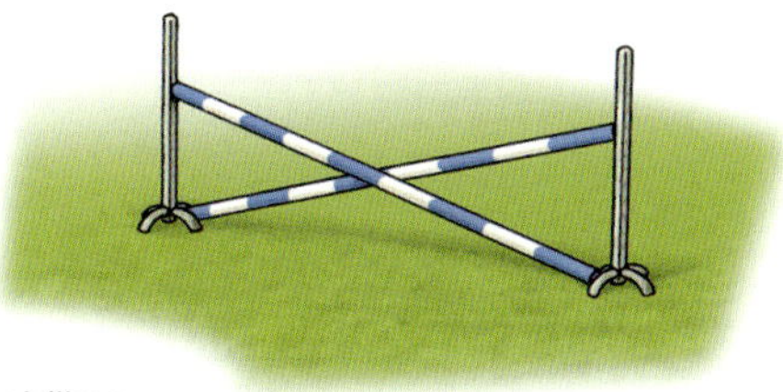

^ Croisillons.

^ Mur.

4 Planer : le cheval survole l'obstacle en levant bien ses membres pour ne pas le toucher. Plus l'obstacle est large et plus cette phase est importante.

5 Descente : les antérieurs sont tendus vers l'avant et l'encolure relevée pour préparer la réception. L'arrière-main est plus haute que l'épaule et le cavalier se prépare à subir une décélération.

6 Réception : le cheval reprend contact avec le sol. Le cavalier doit être vigilant quant à son équilibre et ne pas retomber trop brutalement dans sa selle. Suit une foulée de galop qui permet de reprendre la cadence.

En balade

Partir en extérieur avec son cheval est un moment très plaisant. Que ce soit pour une simple promenade ou pour une randonnée de plusieurs jours, c'est l'occasion de diversifier sa pratique de l'équitation. Quelques règles doivent cependant être respectées.

Gare aux branches !

À l'extérieur et, qui plus est, en forêt, il ne faut pas perdre de vue que le cheval n'a en tête que son propre gabarit et pas celui de son cavalier ! Lorsqu'il passe tout près d'un arbre, il faut donc veiller à ses genoux et sa tête pour ne pas heurter une branche ou se faire emporter la jambe. Et si l'on retient une branche avec la main, mieux vaut prévenir les cavaliers qui sont derrière pour qu'ils ne soient pas violemment heurtés par celle-ci.

Le trotting

Il s'agit d'une longue balade où on alterne pas et longues phases au trot. La fréquence, la durée et l'alternance de ces phases permettent de travailler l'endurance du cheval et de muscler son cœur. À la manière d'un jogging, c'est un très bon entraînement de fond qui, de plus, permet d'aérer sa monture !

^ Sur un chemin accidenté, il est bon de se pencher légèrement en avant dans les montées et de se tenir le dos un peu en arrière en descente, pour aider son cheval à garder l'équlibre.

S'adapter au terrain

En extérieur, le cavalier doit veiller à adapter l'allure de son cheval et sa position à la nature du terrain. Il est bon de se pencher légèrement en avant dans les montées, quitte à se mettre en équilibre, pour soulager un peu le dos du cheval, et de se tenir le dos un peu en arrière en descente pour ne pas déséquilibrer son cheval. Si la pente est trop importante, mieux vaut mettre pied à terre et, si le cheval est bien dressé, le laisser passer devant en descente pour ne prendre aucun risque. Trot et galop doivent être réservés aux terrains souples, plutôt meubles, et pas trop accidentés. Le regard doit porter loin pour surveiller le terrain à venir et d'éventuels dangers.

Tenir sans retenir

Lorsque la balade se pratique à plusieurs, il faut veiller à garder ses distances entre chacun, pour ne pas gêner la progression, éviter les coups de pied et morsures éventuels et laisser aux chevaux la possibilité de voir le terrain. Les rênes peuvent être plus longues qu'au manège, ce qui laisse au cheval une certaine initiative pour franchir les terrains un peu difficiles.

Si l'on part seul, mieux vaut prévenir quelqu'un à l'écurie de l'itinéraire et de la durée de la balade, au cas où un incident surviendrait. Et n'oubliez pas que sur le trajet de retour, il arrive que le cheval aille plus rapidement qu'à l'aller malgré la fatigue – c'est signe que l'écurie et sa mangeoire ne sont pas loin !

La randonnée

L'un des plaisirs de l'équitation d'extérieur est la randonnée. Partir plusieurs jours à cheval à travers la nature est une aventure exaltante. De nombreuses agences de voyage proposent des randonnées dans une grande diversité de pays. On peut aussi partir seul avec son cheval dans la campagne près de chez soi. Dans ce cas, il faut veiller à réserver des hébergements qui acceptent des chevaux et ont de quoi les nourrir.

• **Bon à savoir :** dans la journée, lorsqu'on veut abreuver son cheval, on peut aller chercher de l'eau dans les cimetières. Ils sont toujours ouverts et disposent bien souvent d'un point d'eau.

Lorsqu'on part plusieurs jours en totale autonomie, et que l'on emmène donc une certaine quantité de matériel et de vivres, mieux vaut prévoir un cheval de bât. Car si un cheval peut parcourir de longues distances quotidiennes, il s'épuise vite s'il porte un poids important. On peut alors échanger chaque jour monture et animal de bât. en adaptant les charges selon la capacité de chacun.

^ De gauche à droite : Lorsque les cavaliers ont la possibilité de galoper de front, sur un vaste terrain ouvert, comme ici une plage déserte, il est possible de laisser les chevaux galoper tout leur content et faire un peu la course. En revanche, sur un chemin étroit, pas question de les laisser se doubler les uns les autres.

• Il est important que les cavaliers ne se suivent pas de trop près, d'abord pour éviter les morsures et les coups de pied, ensuite parce qu'un cheval peut s'arrêter brusquement, glisser ou buter et risque de faire tomber ceux qui le suivent.

< En randonnée, le cheval de bât permet d'emporter du matériel et des provisions sans surcharger les montures.

Voyager avec un cheval

Le tourisme équestre est en plein développement : découvrir de nouveaux paysages, apprendre une langue étrangère, partir en famille sur les routes… désormais tout ou presque peut se faire à cheval !

La randonnée

Lorsqu'une balade dure plus d'une journée et que l'on change d'hébergement chaque soir, on parle de randonnée. Il existe de très nombreux **parcours et structures d'organisation** de randonnées, adaptés au niveau et au goût de chaque cavalier. « Qui veut voyager loin ménage sa monture ! », la plupart du temps la randonnée se passe donc au pas, ce qui rend le voyage accessible même aux cavaliers débutants. Un **rythme** qui rend aussi possible la contemplation du **paysage** et l'émergence de nouvelles amitiés. S'il arrive que des randonneurs aguerris partent seuls ou entre amis, la plupart des randonnées sont encadrées par **des accompagnateurs**, qui s'occupent de l'itinéraire mais aussi de la logistique pour les cavaliers et les chevaux.

Contrées lointaines

Randonner à cheval est aussi un moyen de découvrir **des pays étrangers**. Quel cavalier n'a pas rêvé un jour des traverser les steppes mongoles, de découvrir l'Ouest américain ou de galoper sur une plage d'île paradisiaque ? Il existe plusieurs **agences de voyage** spécialisées dans la randonnée à cheval. Elles peuvent proposer **des circuits tout compris**, ou vous concocter un voyage sur mesure, en fonction de vos envies et votre budget bien sûr. Certaines proposent aussi des séjours en famille, avec des activités équestres adaptées pour les petits et les grands, des visites d'élevages ou d'écoles renommées, des séjours dans des ranchs, des safaris à cheval… et peuvent même vous aider à organiser votre randonnée en totale autonomie !

v Les voyages en roulotte raviront les petits comme les grands !

< En France comme à l'étranger, les randonnées équestres permettent de profiter pleinement des paysages et de la nature.

Voyager autrement

Pas besoin d'être cavalier pour voyager avec un équidé ! Certaines structures proposent par exemple des séjours en roulotte. Toute une famille peut y participer, et vous découvrirez une région au rythme d'un cheval de trait. En général, l'itinéraire est préparé à l'avance et vous êtes formé à mener le cheval et à l'harnacher correctement. Cette solution permet de concilier confort et itinérance et certaines roulottes sont même équipées de porte-vélos ! Autre proposition de voyages itinérants, la randonnée à pied avec un âne. À la manière de Stevenson qui a traversé ainsi les Cévennes, l'âne porte tous vos bagages et vous suit sur tous les sentiers. Il peut même porter les plus jeunes !

Parler une autre langue

Concilier **séjour linguistique et stage d'équitation** est une formule séduisante pour les jeunes cavaliers et leurs parents. Plusieurs formules existent en matière d'hébergement, de **rythme** et de niveaux des cours de langues et d'équitation. Avant tout, bien cerner son projet : s'agit-il d'un **séjour découverte**, d'une **immersion totale** ou d'un véritable **approfondissement** d'une langue voire d'une pratique équestre ? Pour les plus jeunes, ou une première expérience à l'étranger, mieux vaut un séjour court, proposant un hébergement dans un centre ou un pensionnat, avec au moins deux heures de cours de langue par jour. Pour les adolescents ou ceux qui ont déjà fait leurs premières armes en terre étrangère, un séjour plus long et en immersion complète dans une famille permet de gagner en maîtrise de la langue.

Progresser à tout âge

À chaque séance d'équitation, à chaque nouveau cheval monté, des progrès sont possibles. Monter à cheval est sans aucun doute une activité où l'on progresse tout au long de sa vie.

Les bébés cavaliers

Il y a les bébés-nageurs, les bébés-gymnastes et aussi les bébés-cavaliers ! Certains clubs proposent des séances d'équitation pour les tout petits, en général entre 2 et 5 ans. Dans un premier temps, les apprentis cavaliers apprennent à se familiariser à des poneys adaptés à leur taille, ils les brossent (ou font semblant !), tournent autour, les touchent... L'objectif est de découvrir l'animal en toute confiance. Puis ils se mettent en selle, en général pas plus d'une demi-heure. Il existe aujourd'hui une grande variété de matériel spécifique (selle avec poignée, rênes à longueur fixe, matériel de jeux...) qui leur permet de se sentir à l'aise sur le cheval. Le moniteur propose alors des exercices pour mobiliser leur corps et apprendre à bouger au rythme de leur monture. Une telle pratique de l'équitation dès le plus jeune âge permet à certains de canaliser un trop plein d'énergie ou au contraire de vaincre leur timidité et acquérir plus de confiance en soi. C'est aussi un excellent entraînement psychomoteur.

^ Les premières séances d'équitation sont toujours riches en sensations.

Débutant : tous les mêmes sensations

Que l'on soit enfant, adolescent ou adulte, la toute première séance d'équitation est toujours un moment riche en **sensations** et en **émotions** ! Il y a d'abord la rencontre avec l'animal, qui peut être très **impressionnante**. Gardez votre calme, et soyez patient, il n'y a pas de raison que vous ne deveniez pas amis. N'hésitez pas à demander l'aide de votre moniteur ou d'autres cavaliers plus assurés si vous hésitez à faire certains gestes. Une fois en selle, votre premier objectif sera de trouver votre équilibre. Ne vous découragez pas, la bonne position,

Passer ses Galops

Lorsqu'on pratique le judo, passer régulièrement ses examens et changer de couleur de ceinture, c'est une bonne façon de valoriser ce qu'on a appris et de connaître son niveau. Les Galops en équitation, c'est la même chose ! Sauf qu'en plus de la pratique, il y a aussi des connaissances théoriques à acquérir. Pour les plus jeunes, passer ces examens est très valorisant, c'est même une motivation très forte. Pour les cavaliers qui ont quitté les bancs de l'école depuis longtemps, cela peut paraître rébarbatif voire décourageant. Sachez cependant que pour participer à des compétitions officielles, quelle que soit la discipline, il est nécessaire d'avoir son Galop 7.

v Le saut d'obstacles nécessite une technique spécifique.

confortable pour vous et pour votre cheval, ne s'acquiert pas en un claquement de doigt ! Courbatures et douleurs suivront très probablement après ces premières séances, mais heureusement cela s'estompe vite avec **la pratique**.

Pratiquer, pratiquer, pratiquer...

Pour **progresser**, rien ne peut remplacer les heures passées à cheval, pas même la lecture d'un bon manuel d'équitation ! Plus vous monterez à cheval, plus vous vous améliorerez. Une heure par semaine peut suffire, mais les **stages** peuvent aussi vous permettre d'apprendre de nouvelles choses qu'il est difficile d'acquérir pendant une reprise : lors des cours théoriques, immergé pendant plusieurs jours au sein du club, vous apprendrez beaucoup sur le cheval, sa nature, sa santé, comment s'en occuper, mais aussi l'entretien du matériel par exemple, ou des **pratiques différentes** comme longer un cheval. À partir d'un certain niveau, vous pouvez aussi vous interroger sur votre pratique et tenter de **nouvelles disciplines**. Vous avez l'impression de stagner en saut d'obstacles ? Peut être êtes-vous plutôt fait pour le dressage... L'extérieur vous fait peur ? Et si vous essayiez un sport collectif comme le horse-ball ?

Les diplômes officiels (1)

En France, la Fédération française d'équitation valide chaque année plus de 240 000 examens officiels, appelés « galops ». Des épreuves théoriques et pratiques permettent de juger la progression des connaissances des cavaliers.

Galop 1

En pratique : recherche de l'équilibre au pas et au trot, maintien et transitions à ces deux allures, découverte du galop.
Autour du cheval : savoir aborder un cheval, lui mettre un licol et l'attacher. Pratique élémentaire du pansage, savoir brider et seller, puis enlever et ranger le harnachement, être capable de mener en main un cheval.
Connaissances théoriques : savoir nommer les principales parties du corps, le matériel de pansage et le harnachement de base, reconnaître les différentes robes, connaître les différentes activités équestres et les règles de sécurité autour du cheval.

Galop 2

En pratique : être stable au pas et au trot. Recherche de l'équilibre au galop. Maintien et transitions entre les trois allures. Savoir se déplacer sans suivre un autre cheval sur des tracés serrés au pas, plus larges au trot. Découverte du saut, de la position en équilibre sur les étriers, franchissement de petits obstacles isolés de type cavaletti en maintenant l'allure à l'abord.
Autour du cheval : être capable d'effectuer un pansage complet, de seller, brider, puis desseller et débrider, de mettre une chemise ou une couverture, d'entretenir le matériel (cuir, acier et matériel de pansage).

Les quatre premiers galops

Ils constituent essentiellement une découverte de l'équitation. Le galop 4, appelé aussi **brevet de cavalier**, est le premier pour lequel le cavalier doit effectuer une reprise de dressage et enchaîner un parcours d'obstacles. C'est le sésame indispensable pour participer à des compétitions de club.

Connaissances théoriques : connaître les différentes parties d'un licol, d'un filet, d'une selle, identifier les particularités des robes (marques blanches…), connaître les aides naturelles et artificielles, comprendre la notion d'impulsion.

Galop 3

En pratique : être capable de trotter sur le diagonal désiré et stabiliser son équilibre sur les étriers. Savoir évoluer seul aux trois allures, conduire son cheval sur des tracés serrés au trot et effectuer des transitions montantes et descendantes entre le pas et le trot en des points précis. Partir au galop en un point précis et sur le bon pied et rechercher son équilibre assis. Sur des cavaletti isolés, chercher son équilibre, contrôler l'allure et la direction à l'abord comme à la réception.
Autour du cheval : inspection des membres, soins élémentaires avant et après le travail. Ajustement du harnachement et entretien de la litière.
Connaissances théoriques : connaître les raisons d'un changement de diagonal au trot, les mécanismes rudimentaires des allures et les différentes aides pour tourner ; connaître les principaux rôles de la ferrure et savoir faire une description précise de la tête et des membres.

Galop 4

En pratique : au pas, le cavalier déplace les hanches de son cheval, inverse et enchaîne des courbes serrées. Au trot, il recherche son équilibre entre le trot assis et le trot enlevé lors des variations de vitesse et des changements de direction. Il enchaîne et inverse des courbes larges. Au galop, il se stabilise en équilibre sur les étriers, galope assis en rythme, sait partir sur le bon pied à partir du pas. Il contrôle la vitesse et conduit son cheval sur de larges courbes. Il est capable d'enchaîner des obstacles isolés sur un terrain varié en contrôlant son équilibre, la vitesse et la direction.
Autour du cheval : savoir poser des protections de travail et de transport.
Connaissances théoriques : notions élémentaires sur l'alimentation et les soins quotidiens, le comportement du cheval à l'écurie, au travail et en extérieur, les règles de sécurité dans les aires de travail et en extérieur. Compréhension de l'accord des aides et des mécanismes du galop.

∨ De gauche à droite :
- Pour le diplôme du galop 1, la recherche de l'équilibre au pas et au trot passe par un travail sans étriers.
- Pour le galop 2, le cavalier doit être stable au trot.
- Pour le galop 4, il est capable, au galop, de se stabiliser en équilibre sur les étriers.
- Pour passer le galop 4, le cavalier doit être capable d'enchaîner des obstacles isolés en terrain varié.

Les diplômes officiels (2)

Les diplômes du galop 5 au galop 7 sont la preuve d'un perfectionnement du cavalier. Pour chaque examen, une reprise de dressage et un parcours d'obstacles sont effectués, ainsi qu'un parcours de cross à partir du galop 6. Le diplôme du galop 7 est nécessaire pour participer à des compétitions officielles.

> Page ci-contre :
Pour obtenir le diplôme du galop 7, il faut être capable de toiletter un cheval.

^ L'épreuve de cross, qui consiste à franchir des obstacles fixes en pleine nature, est abordée à partir du galop 5.

Galop 5

En pratique : en dressage, le cavalier recherche son équilibre assis lors des changements d'allures, il est capable de maintenir une vitesse régulière à chaque allure et de varier l'amplitude au pas. Il prend le galop en un point précis, enchaîne des courbes serrées au pas et au trot et déplace latéralement sa monture au pas. À l'obstacle, il cherche son équilibre sur les étriers et maintient une vitesse régulière lors du franchissement d'obstacles rapprochés en ligne droite. Découverte du cross, recherche d'équilibre au trot enlevé sur des terrains variés.

Autour du cheval : pose de bandes de repos.

Connaissances théoriques : connaissances rudimentaires sur les muscles et le squelette.

Galop 6

En pratique : en dressage, équilibre stabilisé aux trois allures et lors des transitions, maintien d'une cadence régulière au galop, capacité de s'arrêter à partir du trot, de reculer sur quelques pas, de

Galop 7

En pratique : en dressage, contrôle de la cadence aux trois allures, variations d'amplitude au trot et au galop, maintien du contre-galop (galop à faux) dans l'enchaînement de courbes larges et inverses, déplacements latéraux au pas et au trot du côté convexe. À l'obstacle, savoir adapter l'amplitude et la direction pour suivre un tracé précis. En cross, enchaînement d'obstacles variés en adaptant l'équilibre et la vitesse en fonction du terrain. Travail à la longe d'un cheval déjà enrêné.
Autour du cheval : savoir toiletter un cheval, monter, démonter et entretenir une bride, embarquer et débarquer un cheval dans un van.
Connaissances théoriques : connaître les aplombs, les défauts d'équilibre, les bases de l'hygiène et de la santé du cheval. Identifier les différents équilibres, la rectitude, les rôles et les effets d'une bride, les enrênements, les profils des obstacles et les trajectoires à adopter, le rôle d'une cession à la jambe et du galop à faux.

contrôler la rectitude en ligne droite et les déplacements latéraux au trot. À l'obstacle, contrôle de la cadence et de la direction en enchaînant des sauts. Sur le cross, recherche de l'équilibre sur les étriers, maintien de la vitesse régulière sur plusieurs obstacles. Découverte du travail à pied : le cavalier doit être capable de longer un cheval déjà enrêné et détendu aux deux mains, au pas et au trot.
Autour du cheval : savoir présenter un cheval en main.
Connaissances théoriques : connaître l'anatomie et le rôle du pied, les tendons, les critères d'appréciation de l'état d'un pied et de sa ferrure. Comprendre les mécanismes des trois allures, mais aussi du reculer. Connaître les qualités des allures, les allures artificielles ou défectueuses, les transitions dans l'allure et d'une allure à l'autre.

Pour préparer ces examens, il existe de nombreux ouvrages. On peut aussi effectuer des stages dans un club équestre.

^ Pour obtenir le galop 7, l'épreuve pratique de dressage demande que le cheval soit présenté « dans un équilibre stable et une attitude adaptée ».

L'équitation éthologique

Venus des États-Unis, les nouveaux maîtres, appelés aussi chuchoteurs, ont introduit une nouvelle forme d'équitation fondée sur l'observation du comportement du cheval. Elle connaît un franc succès depuis une dizaine d'années.

Monty Roberts.

Nouveaux maîtres

Ceux qui ont clairement renouvelé cette approche comportementale du cheval viennent des États-Unis. Ils se nomment Monty Roberts, John Lyons, Pat Parelli... Issus de l'équitation western, ces hommes privilégient la relation avec le cheval dans leur travail quotidien. Cette évolution accompagne le changement de statut du cheval qui, d'animal utilitaire, devient animal de compagnie, utilisé avant tout pour les loisirs. Ces nouveaux maîtres, aussi appelés chuchoteurs à cause du film *L'Homme qui murmurait à l'oreille des chevaux* (réalisé en 1998 par Robert Redford et inspiré du roman éponyme de Nicholas Evans et de l'autobiographie de Monty Roberts), prétendent « persuader le cheval plutôt que le soumettre », en s'efforçant de « se mettre à sa place pour penser comme lui ».

^ Le travail à pied est essentiel à l'équitation ethologique. Le haras de la Cense en est un des hauts lieux en France.

Révolution ou coup marketing ?

Lorsque l'on vit au quotidien à proximité des chevaux, on ne peut ignorer leur comportement. Les vrais « hommes de chevaux », cavaliers et/ou éleveurs, sont sensibles aux particularités de cet animal et travaillent en fonction de son tempérament. Ils font donc de l'équitation éthologique sans le savoir...

Avec le développement considérable de l'équitation ces dernières années, le cheval est devenu accessible au plus grand nombre, parfois au détriment de son respect, et de la relation entre l'homme et l'animal. (Re)venir aux sources en prenant en compte l'animal et son comportement est apparu comme une nouvelle mode, une nouvelle pratique équestre, alors que cela n'aurait jamais dû être perdu de vue.

L'ÉTHOLOGIE, UNE VRAIE SCIENCE

L'étude du comportement animal est devenue une discipline scientifique à part entière il y a une cinquantaine d'années. Et malgré plus de 6000 ans de cohabitation entre l'homme et le cheval, cette science ne s'est intéressée au cheval, sauvage ou domestique, que très récemment.

Les premières recherches sur cet animal datent des années 1970. **James Feist**, jeune étudiant américain, s'est intéressé aux chevaux vivant à l'état sauvage dans les Pryor Moutains, à l'est des États-Unis. Par la suite, des dizaines d'études ont été réalisées dans ce pays, car les chevaux retournés à la vie sauvage y sont très nombreux. En Europe, la Britannique **Stéphanie Tyler** s'est fait connaître grâce à son suivi d'un groupe de 300 poneys new-forest pendant plus de trois ans. En France, en 1974, c'est **Patrick Duncan** qui, le premier, s'intéresse à des chevaux vivant dans des conditions naturelles. En 1972, les Haras nationaux créent un troupeau expérimental qui, pendant plus d'une dizaine d'années, ne sert qu'à des observations éthologiques.

Avec l'avènement des chuchoteurs, les scientifiques sont sortis de leur tour d'ivoire. Les jeunes éthologues l'ont aujourd'hui bien compris : communiquer auprès du grand public fait partie intégrante de leur mission de chercheurs. En décembre 2006, les Haras nationaux ont organisé pour la première fois une conférence sur l'éthologie équine à l'intention du grand public.

^ Ces nouvelles techniques d'équitation cherchent à persuader le cheval plutôt qu'à le soumettre. Le travail à pied, avant de monter, compte beaucoup. Ci-dessus, le cavalier monte à cru et n'a pas besoin de rênes pour communiquer avec sa monture.

v D'animal utilitaire, le cheval est devenu un animal de compagnie, utilisé avant tout pour les loisirs.

Une reconnaissance récente

Popularisée en Europe par Pat Parelli d'abord, puis d'autres, l'équitation éthologique fait de plus en plus d'adeptes. Les offres de formations et de stages se multiplient et on ne compte plus les spécialistes qui proposent de venir en aide aux cavaliers et à leurs montures. En France, la Fédération française d'équitation a même mis en place des examens officiels sanctionnant l'apprentissage des fondements de l'équitation éthologique. Ces diplômes sont appelés « Savoirs ».

Équithérapie et paraéquitation

Les personnes présentant un handicap moteur et/ou cérébral peuvent elles aussi pratiquer l'équitation. Le cheval se révèle alors un formidable médium pour reprendre confiance en soi, communiquer avec les autres ou simplement se faire plaisir.

L'équithérapie

Appelée aussi **hippothérapie**, elle consiste à accueillir des enfants ou des adultes atteints de maladies mentales ou de handicaps psychiques et à les aider en leur faisant pratiquer l'équitation ou simplement en côtoyant des chevaux. Elle dispense une prise en charge **psychologique** en utilisant le cheval comme médium. L'objectif est de diminuer les symptômes mais aussi d'apporter un sentiment de bien-être et de confort. Il s'agit par exemple d'enfants autistes ou d'handicapés psychomoteurs.
Le cheval est un être vivant ayant son propre psychisme, il n'est pas lui-même le thérapeute mais bien l'outil utilisé pour améliorer la pathologie ou ses symptômes. La parole et le partage des émotions, mais aussi les sensations physiques du malade, les mouvements et son propre ressenti sont autant de sources de bienfaits pour le corps et l'esprit.

Monter à cheval malgré un handicap physique

Depuis quelques années, les disciplines **paraéquestres** se développent de plus en plus. Qu'il s'agisse de personnes handicapées n'ayant jamais pratiqué l'équitation, ou de cavaliers devenus invalides après une maladie ou un accident, il existe de nombreuses possibilités en fonction de l'infirmité. Dans certains cas, un équipement est nécessaire et/ou un cheval dressé pour cela : mieux vaut se renseigner auprès de la Fédération Handisport sur les possibilités qui existent.

< Les disciplines paraéquestres offrent de nombreuses possibilités en fonction de l'infirmité des personnes.

^ Un des objectifs de l'équithérapie est d'apporter un sentiment de bien-être et de confort.

Les compétitions paraéquestres

L'équitation handisport est présente aux Jeux Paraolympiques, avec une compétition de dressage, mais aussi aux **Jeux Équestres Mondiaux** depuis 2010. Tout comme l'équitation pour les valides, c'est la seule discipline où hommes et femmes concourent dans la même catégorie. Il existe aussi des circuits de **compétition amateurs**, au niveau régional, national et même international. En France, la discipline est gérée par la Fédération Française Handisport, avec le soutien de la Fédération Française d'Équitation. Pour l'instant, les concours ne concernent que le dressage et les sauts d'obstacles mais il est très probable que d'autres disciplines soient amenées à se développer.

Un label de la Fédération

Établi selon un cahier des charges précis de la Fédération Française d'Équitation, le label Équi-Handi Club distingue les centres équestres aptes à bien accueillir les personnes en situation de handicap.
Deux mentions précisent leur spécialisation : handicap mental et handicaps moteur et sensoriel.

L'équitation en **France**

Après le football et le tennis, l'équitation a conquis un large public dans notre pays. On y compte plus d'un million de chevaux et presque autant de cavaliers, qui sont à 80 % des femmes !

Une pratique en plein essor

En 2012, la France comptait plus de 700 000 cavaliers titulaires d'une licence officielle, soit 60 % de plus qu'en 2000. On peut les distinguer selon la fréquence de leur pratique (occasionnelle ou régulière), le lieu (établissement équestre agréé ou non) et l'intensité (participant à des compétitions ou non). Comme l'adhésion à la Fédération française d'équitation (FFE) n'est pas systématique, tous les cavaliers ne sont pas forcément connus de la Fédération.

D'après des récents sondages, 3 % des Français déclarent pratiquer régulièrement l'équitation. Ils seraient trois fois plus nombreux à pratiquer de façon occasionnelle.

L'élevage

La France a toujours été un grand pays d'élevage de chevaux. En 2013, on comptait environ 34 000 éleveurs, même si plus de 60 % d'entre eux sont considérés comme des amateurs car ils ne possèdent qu'une seule jument mise à la reproduction. En quinze ans, ce chiffre a diminué de plus de 20 %, mais il reste stable depuis quelques années. Si l'on compte moins d'éleveurs de chevaux de trait et de poneys, l'élevage des chevaux d'origine étrangère est en pleine explosion. Cela reflète certainement un changement lié à des effets de modes quant aux races achetées par les cavaliers.

Les équidés en France

Depuis 2003, tous les équidés présents sur le territoire ont l'obligation d'être porteurs d'une puce d'identification. Plus d'un million d'animaux ont été recensés et l'on considère globalement que la France comptabilise environ 900 000 équidés – dont une minorité n'est pas réellement recensée.

RÉPARTITION DES ÉQUIDÉS PAR RACES (2008)

- Chevaux de selle : 373 000
- Poneys : 200 000
- Chevaux de course : 175 000
- Chevaux de trait : 90 000
- Ânes : 62 000

RÉPARTITION DES ÉQUIDÉS PAR STRUCTURES (2008)

- Élevage : 459 500
- Particuliers : 200 000
- Centres équestres : 190 000
- Entraînement : 27 500
- Cavaliers et/ou marchands : 10 000

< Le cheval castillonnais est réputé pour son pied sûr, justifiant son utilisation en extérieur, mais aussi pour l'attelage.

v Promenade dans les paysages de Camargue.

< Page ci-contre, de haut en bas :

- Le mérens est aujourd'hui très apprécié pour l'équitation de loisir et la randonnée. Il est surtout élevé dans la région Midi-Pyrénées.
- Le percheron est la race de trait la plus connue en France.

> Le selle français donne régulièrement des champions en saut d'obstacles, mais aussi en dressage et en concours complet.

De nombreuses disciplines

En plus des trois disciplines olympiques (saut d'obstacles, concours complet, dressage), la Fédération équestre internationale reconnaît l'attelage, le reining, l'endurance, la voltige et le horse-ball. En France, la FFE promeut le développement de nombreuses autres pratiques : le polo, la randonnée équestre et le TREC, le hunter, la monte en amazone, les courses pour amateurs, les équitations de travail, les pony games…

Le Comité national de tourisme équestre, qui émane de la FFE, représente quant à lui plus de 75 000 licenciés estampillés « tourisme ». Il recense par ailleurs 100 000 km de chemins équestres en France, ainsi que 2 500 fermes, gîtes et hébergements ruraux permettant de pratiquer le tourisme à cheval.

Enfin, la Société de Vénerie, qui représente la chasse à courre, recense plus de 100 000 veneurs et suiveurs au sein de quelque 400 équipages, soit environ 7 000 chevaux.

Le saut d'**obstacles**

C'est la discipline la plus médiatisée et probablement la plus pratiquée en compétition ; on l'appelle aussi « jumping » ou « concours hippique ». Alliant force et précision, elle propose parfois un spectacle à couper le souffle.

Principe du CSO

Le concours de saut d'obstacles, ou CSO, est né à la fin du XIXe siècle en Europe. Il s'agit pour un cheval et son cavalier de franchir dans un ordre précis un certain nombre d'obstacles sans fautes (chutes de barres, refus, erreurs de parcours…) et dans un temps imparti.
La complicité du couple cheval-cavalier est indispensable : si aujourd'hui, à haut niveau, on ne cherche pas à sauter les barres les plus hautes possible, les parcours multiplient les difficultés en termes de trajectoire et de combinaisons d'obstacles.

Repérer le parcours

Avant d'effectuer un parcours de CSO avec son cheval, le cavalier effectue ce que l'on appelle une **reconnaissance à pied**. Il suit le déroulé du tracé et détermine le nombre de foulées prévues entre chaque obstacle constituant une combinaison. Cela lui permettra une fois en selle de diriger son cheval au mieux et de régler la cadence pour respecter ce contrat de foulées. Selon les configurations et les aptitudes de son cheval, il pourra opter pour quatre longues foulées ou cinq courtes entre deux obstacles, par exemple. Selon le niveau de la compétition, les obstacles atteignent entre 1 m et 1,70 m de haut pour 0,80 à 2 m de large.

^ De gauche à droite :
- La cavalière américaine Gina Miles, médaille d'argent en concours complet individuel aux Jeux olympiques de Pékin en 2008, avec Mc Kinlaigh. On la voit ici sur le parcours de saut d'obstacles.
- Le cavalier mexicain Federico Fernandez et son cheval Zorro au saut d'obstacles individuel à Pékin.

< Le parcours de l'épreuve de saut d'obstacles à Pékin.

Pénalités

La comptabilisation des points peut être très différente d'une compétition à l'autre. Les barèmes les plus utilisés sont :

• **Barème A.** Des pénalités sont accordées selon les fautes effectuées. Une désobéissance (refus, volte…), la chute d'une barre au sol ou la pose d'un sabot dans la rivière coûte quatre points. À la troisième désobéissance ou si le cheval et/ou son cavalier chute, le couple est éliminé. Il y a un temps accordé pour effectuer le parcours et chaque seconde de dépassement coûte un quart de point de pénalité.

• **Barème C.** Il n'y a pas de temps accordé, mais un temps limite à ne pas dépasser. Chaque faute est comptabilisée en secondes qui viennent s'ajouter au temps de parcours réellement chronométré. Ce peut être par exemple 4 secondes pour une faute à la rivière ou une barre tombée.

• **Acteurs**

L'organisateur : il est à l'initiative du concours, il en est le coordinateur.

Le chef de piste : il met en place le tracé et organise le parcours dont le plan doit être affiché.

Le jury : comporte un président et ses assesseurs. Il contrôle le bon déroulement des épreuves et établit le classement.

Le chef de paddock : il organise la détente des cavaliers et leurs chevaux au paddock.

˅ De gauche à droite :
• Le cavalier belge Philippe Lejeune et son cheval Ulysse à Aix-la-Chapelle en 2008.
• Rodrigo Pessoa, dont le cheval Rufus fut disqualifié pour dopage aux JO de Pékin en 2008, alors qu'il était à la cinquième place.

Quand les meilleurs s'affrontent

Selon les barèmes utilisés, il arrive parfois que plusieurs cavaliers se retrouvent à égalité après deux manches de CSO. Différentes épreuves peuvent les départager. Le plus souvent, il s'agit d'un barrage. C'est un nouveau parcours, avec en général des obstacles un peu plus hauts et/ou un peu plus larges. Il peut aussi y avoir une épreuve de puissance : cavaliers et chevaux doivent chacun à leur tour franchir quelques obstacles dont on augmente progressivement la hauteur. À la première barre tombée au sol, ils sont éliminés. Enfin, il arrive qu'on organise des finales tournantes : les meilleurs cavaliers échangent leurs chevaux pour s'affronter sur un même parcours. C'est une expérience inoubliable pour les cavaliers qui ont alors l'occasion de monter les meilleurs chevaux dans leur discipline !

Âge & sexe : pas de discrimination !

L'équitation est le seul sport olympique où femmes et hommes disputent les mêmes épreuves. Si à très haut niveau, les femmes sont peu nombreuses, elles arrivent cependant très souvent à se hisser aux plus hautes marches des podiums !

Par ailleurs, l'équitation est un sport qui demande de la technique, donc de l'expérience et de l'entraînement. Cela signifie que les cavaliers peuvent pratiquer même à haut niveau jusqu'à un âge respectable. De même pour les chevaux : jusqu'à 6 ans, ils sont encore considérés comme des jeunes chevaux. En CSO comme en dressage, un cheval n'est vraiment considéré comme mûr qu'autour de 10-15 ans. Il n'est alors pas rare de voir des étalons concilier compétition et reproduction.

Le **dressage**

C'est une discipline qui célèbre l'harmonie et la parfaite complicité entre un cheval et son cavalier. Moins impressionnant que le CSO, le dressage reste un spectacle à part entière, qui célèbre l'équitation classique.

Notation

Lors d'une reprise de dressage, chaque figure est notée sur 10 et pondérée par un coefficient. Il y a aussi des notes d'ensemble, par exemple sur les allures du cheval, son impulsion, la position du cavalier et la discrétion de ses aides. On additionne toutes les notes, puis on ramène le résultat à 100. Le total est exprimé en pourcentage. Dans les plus hautes compétitions, le résultat final avoisine les 80 %. En décembre 2009, à Londres, Moorlands Totilas et son cavalier Edward Gal ont établi un nouveau record du monde, obtenant la note de 92,3 % lors d'une reprise libre en musique de la Coupe du monde.

Un spectacle codifié

Un concours de dressage consiste à dérouler une reprise qui est la même pour tous les cavaliers selon le niveau de la compétition. Il faut enchaîner divers mouvements, appelés **figures**, en des endroits précis : des exercices d'assouplissement (volte, cercle, changement de main…), du travail sur deux pistes (épaule en dedans, appuyer, hanche en dedans…), des variations et transitions d'allures (piaffer, trot allongé…), des changements de pied au galop, etc. Au plus haut niveau, la Fédération équestre internationale reconnaît aujourd'hui une vingtaine de reprises, allant du Grand Prix spécial à la reprise libre en musique (ou *kür*) en passant par la reprise Saint-Georges.

Le cheval doit donner une impression de légèreté et les ordres donnés par son cavalier, via les aides, doivent être le plus discrets possible.

Équipement minimal

Pour le cavalier, la sobriété est de rigueur. À haut niveau, pantalon blanc, chemise blanche, veste noire ou bleu marine, appelée frac (sorte de queue-de-pie), bottes noires, gants blancs et chapeau haut-de-forme sont de rigueur. Seuls les militaires, policiers ou représentants de Haras nationaux ont le droit de monter en uniforme, ce qui apporte parfois un peu de couleur sur le carré de dressage ! Si de petits éperons sont autorisés, la cravache est interdite et seulement tolérée dans la carrière d'échauffement.

v De gauche à droite :
- Le cavalier mexicain Juan Manuel Munoz et Fuego X11, au piaffer (1), puis cession à la jambe (2), au cours du Grand Prix Spécial de dressage aux JO de Pékin.
- L'Américain Steffen Peters et l'étalon Ravel lors de la reprise libre en musique du concours de dressage aux JO de Pékin.

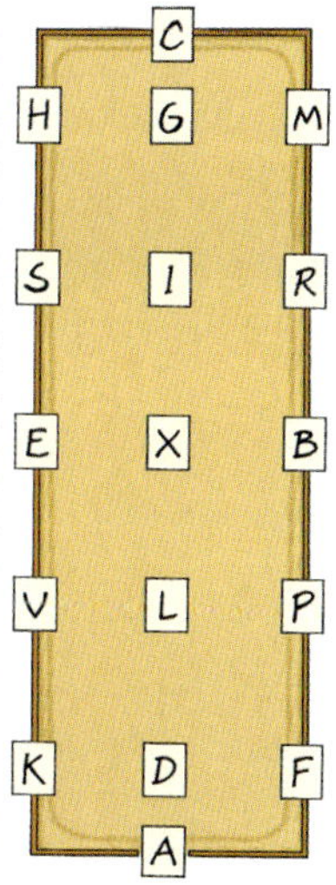

^ Les repères de la carrière de dressage. Quels que soient le pays ou la compétition, les repères sont toujours identiques.

Une bride aux actions multiples

Le harnachement du cheval se compose d'une selle anglaise ou d'une selle de dressage (avec les quartiers rallongés) et d'une bride comportant un mors de filet et un mors de bride, donc deux paires de rênes. Le **mors de filet** a une action plutôt releveuse : en sollicitant les muscles releveurs à la base de l'encolure, il engage l'avant-main du cheval et pousse donc à un meilleur équilibre. Le **mors de bride** est porté plus bas sur la langue du cheval et maintenu par la gourmette. Par son effet de levier, il a un effet abaisseur qui incite le cheval à fléchir sa nuque. La combinaison de ces deux mors, coordonnée aux autres aides, permet de placer le cheval dans une attitude appelée le **rassembler** : tête haute et nuque fléchie, membres postérieurs bien engagés sous le corps, avant-main légère et dynamique. Il faut cependant veiller à ne pas trop bloquer l'encolure du cheval dans une position inconfortable.

La carrière de dressage

Les cavaliers l'appellent **carré** ; il s'agit pourtant bien d'un rectangle de 20 m de large sur 60 m de long (parfois 40 m de long dans certaines compétitions). Des lettres servent de repères fixes : 12 sur les côtés et 5 au milieu de la carrière. Si leur origine reste incertaine, ces lettres sont identiques, quels que soient le pays et la compétition. On pénètre toujours sur le carré de dressage par la lettre A et le jury est toujours situé au niveau de la lettre C. Le début et la fin de la reprise sont toujours au niveau de la lettre X, au centre du carré.

v L'étalon Moorlands Totilas et son cavalier, le Néerlandais Edward Gal, pendant la coupe du monde, à Londres, en 2009. De gauche à droite : changement de pied au galop ; passage ; piaffer.

Le concours **complet**

C'est en quelque sorte le must de l'équitation classique, qui demande au cheval et à son cavalier d'être polyvalents et endurants. Le concours complet rassemble trois épreuves qui permettent de juger les différentes aptitudes du cheval.

∨ De gauche à droite :

- L'Autrichien Brook Staples montant Daws Willowherb, pendant l'épreuve de cross du concours complet de Badminton, en 2005.
- Mike Winter et son cheval King Pin aux JO de Pékin en 2008.
- Le Français Didier Dhennin et Ismène du Temple, arrivés sixièmes au concours complet en individuel aux JO de Pékin.

Trois épreuves en une

Le concours complet, appelé *eventing* en anglais, est une sorte de triathlon équestre. Il demande beaucoup de capacités physiques et mentales au cheval. Un même couple cavalier-cheval participe en effet à plusieurs épreuves. Le premier jour est en général réservé à l'examen vétérinaire du cheval. La compétition ne commence réellement que le lendemain avec une épreuve de dressage de niveau moyen, qui permet de juger l'harmonie et la soumission du cheval. Le lendemain se déroule le cross, sans aucun doute la phase la plus spectaculaire, qui met l'accent sur la puissance et l'endurance du cheval. En général, un deuxième examen vétérinaire est pratiqué à l'issue du cross. Le troisième jour, la compétition se termine par un parcours de saut d'obstacles qui permet de juger l'état de fraîcheur du cheval.

Le cross, à couper le souffle !

C'est une discipline qui ne se pratique pas seule, mais seulement intégrée à un concours complet. Elle nécessite une infrastructure importante sur un terrain naturel (plaine, bois, rivière...). Le parcours est constitué de 15 à 30 obstacles qui ont la particularité d'être fixes et sont répartis sur 5, 6 voire

Une école exigeante

Chaque épreuve requiert une préparation spécifique et un cheval est rarement prêt avant l'âge de 8 ou 9 ans à participer aux plus grandes compétitions. Les plus célèbres sont Badminton en Angleterre, Fontainebleau en France, Luhmühlen en Allemagne ou le Kentucky Horse Trial aux États-Unis. Il existe aussi une compétition mondiale réservée aux jeunes chevaux, âgés de 7 ans, qui se déroule chaque année à Angers, en France.

Nicolas Touzaint, avec Hidalgo de L'île, est en 2009 le premier cavalier français à remporter le célèbre concours complet de Badminton.

Une condition physique irréprochable

Lors d'un concours complet, un cheval doit passer deux ou trois fois un contrôle vétérinaire. Selon son état physique, les vétérinaires peuvent lui interdire de terminer la compétition. Cela peut paraître assez cruel pour le cavalier, mais c'est la garantie du respect du bien-être des chevaux. Participer à un concours complet représente un effort important. C'est pourquoi le nombre de compétitions dans l'année ne peut être multiplié autant qu'en CSO par exemple. En général, un cavalier de complet dispose donc de plusieurs montures qu'il sort en fonction de l'importance des compétitions auxquelles il participe.

8 km. Ils s'inspirent des difficultés naturelles qu'un cheval et son cavalier pourraient rencontrer en pleine nature : haies, gués, contre-haut, contrebas, murs… Le cross se déroule à vive allure, à un galop plus soutenu que sur un parcours d'obstacles : de 500 à 570 m/min (environ 30 à 34 km/h) contre 400 m/min (environ 24 km/h) en moyenne pour un CSO. Cette alliance entre obstacles fixes et vitesse soutenue garantit une épreuve spectaculaire, mais présente aussi certains dangers. Chaque année, on déplore plusieurs décès et/ou euthanasies de chevaux lors d'épreuves de cross, malgré les protections portées par le cavalier et le cheval.

^ Nicolas Touzaint sur Joker d'Helby pendant l'épreuve de cross d'Aix-la-Chapelle en 2008.

La cavalière danoise Inger Pitter Bertelsen aux championnats du monde d'endurance à Aix-la-Chapelle en 2006. Le cheval Punadito est un hongre demi-sang arabe.

Le bon cheval

À en juger les résultats des plus grandes compétitions, mieux vaut choisir un hongre. Il semble en effet que les étalons et les juments se préservent, gardant leurs forces pour se reproduire ! Un cheval d'endurance demande un entraînement important et un suivi vétérinaire très attentif. En général, il commence à être performant vers l'âge de 8 à 10 ans. Bien sûr le mental joue beaucoup. On préfère en général un cheval indépendant, qui ne se souciera pas de ses concurrents. Il faut aussi qu'il soit volontaire et courageux, prêt à dépasser ses limites si son cavalier le lui demande. Mieux vaut qu'il ne soit pas sujet au stress, et qu'il puisse récupérer vite après une épreuve.

En pleine **nature**

TREC et endurance sont des disciplines pratiquées en pleine nature. Elles demandent une maîtrise parfaite des allures du cheval et une bonne condition physique. Ce sont aujourd'hui des disciplines en plein essor.

^ L'équipe belge aux championnats du monde d'endurance en 2006, à Aix-la-Chapelle.

Le TREC : compétition de randonnée

En anglais, *trek* signifie randonnée, en arabe c'est le chemin. Mais en français, TREC signifie Techniques de randonnée équestre en compétition. C'est une discipline née dans les années 1980 sous l'impulsion de cavaliers randonneurs qui avaient envie de mesurer leurs compétences et celles de leurs chevaux lors de compétitions équestres. Aujourd'hui cette compétition se décompose en quatre phases :

1. Épreuve de présentation de l'équipement et du harnachement. La présentation du couple cavalier/cheval contrôle la tenue du premier et l'état du harnachement. Chaque concurrent dispose de quelques minutes pour présenter et justifier ses choix.

2. POR, parcours d'orientation et de régularité, qui demande de solides connaissances en topographie et une bonne gestion de l'effort de son cheval. Le cavalier décou-

L'endurance : un marathon équestre

Si les courses d'endurance sont en plein boom, la discipline est pourtant ancienne. L'histoire militaire ou celles des postes à cheval est là pour en attester ! Aujourd'hui, une compétition d'endurance consiste à couvrir une distance donnée le plus rapidement possible ou à une vitesse imposée et à passer sans encombre des tests vétérinaires qui attestent du bon état général du cheval avant, pendant et après la course. La distance à couvrir peut aller de 20 ou 40 km jusqu'à 160 km pour les courses au plus haut niveau. Principal objectif : gérer les efforts.

La race star

Même si les courses sont ouvertes à toutes les races, le pur-sang arabe est aujourd'hui largement majoritaire en endurance. Sa résistance à l'effort et aux conditions climatiques parfois très difficiles sont des avantages de taille. Les courses de randonnées s'étant surtout développées en France, notamment avec les 160 km de Florac, épreuve de renommée mondiale, il existe de très nombreux élevages de pur-sang arabes dans notre pays. De sorte qu'aujourd'hui, il n'est pas rare de voir des cheiks arabes venir acheter à prix d'or des chevaux nés en France.

v De gauche à droite :
- Certaines épreuves (les Nationales) se déroulent sur deux jours, comme le 2 x 100 km, à parcourir à une moyenne minimale de 11 à 12 km/h.
- Les Émirats Arabes, passionnés par cette discipline, organisent à Dubaï de nombreuses épreuves d'endurance.

vre l'itinéraire de 15 à 20 km vingt minutes environ avant le départ. Des points de contrôle sont dispersés le long du parcours sans que le cavalier soit informé de leur position. Une vitesse moyenne doit être respectée sur les différents tronçons du parcours.
3. Épreuve de maîtrise des allures : dans un couloir de 1,50 m de large environ, sur 100 à 150 m de long, il s'agit d'aller au galop le plus lentement possible et de revenir au pas le plus rapidement, sans rupture d'allure. Cela permet de juger la technique du cavalier et le niveau de dressage du cheval.
4. PTV, parcours en terrain varié, composé d'une quinzaine de difficultés naturelles ou simulées qui s'inspirent de ce que l'on rencontre lors d'une randonnée. Elles doivent être franchies dans le calme et avec efficacité, certaines le sont même à pied.

Il existe aussi des compétitions de TREC réservées aux attelages.

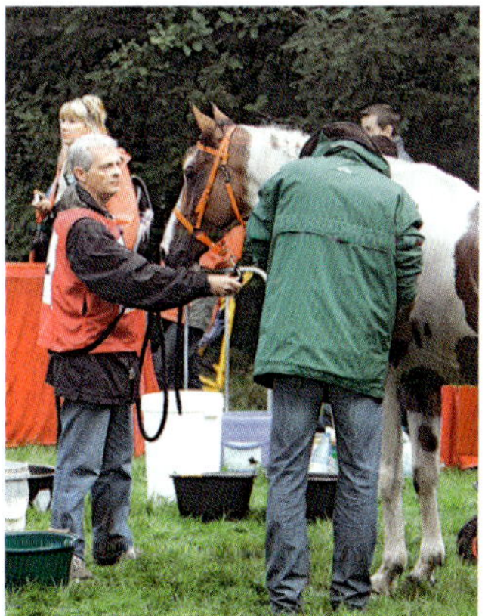

Tests vétérinaires

Des tests vétérinaires sont effectués avant, pendant et après la course. Sont mesurés la fréquence cardiaque, la fréquence respiratoire, mais aussi une éventuelle boiterie, déshydratation ou autres troubles. Les chevaux jugés inaptes sont éliminés de la course afin de les préserver d'atteintes plus graves.

Au plus **haut niveau**

L'équitation n'est pas seulement un loisir, c'est aussi un sport de haut niveau, qui rassemble régulièrement les meilleurs cavaliers et cavalières avec leurs chevaux. Différents circuits de compétition existent, dotés de récompenses qui attirent les cavaliers professionnels.

Les Jeux équestres mondiaux

En alternance avec les JO, la Fédération équestre internationale organise tous les quatre ans une compétition internationale sur le même modèle. En plus des trois disciplines olympiques, toutes les disciplines reconnues officiellement par la FEI y participent, c'est-à-dire l'attelage, l'endurance, la voltige et le reining, qui est l'une des disciplines de l'équitation western. Le horse-ball y est parfois reconnu comme discipline régionale. En 2010, les Jeux équestres mondiaux ont eu lieu pour la première fois sur le continent américain, à Lexington dans le Kentucky, et en 2014 ce sera au tour de la Normandie, en France.

^ De gauche à droite :
- L'Allemand M. Ehning sur Plot Blue (coupe des nations, Calgary, 2008).
- L'Allemand L. Beerbaum et Coupe de Cœur (CSO, Aix-la-Chapelle, 2008).
- Le Canadien E. Lamaze sur Hickstead au CSO des JO en 2008.

Coupe des nations

Appelée aussi *Super League*, cette coupe change régulièrement de nom en fonction du sponsor principal. Organisée par la FEI chaque année, cette compétition de saut d'obstacles est disputée par les meilleures équipes nationales. Chaque année, deux nouvelles équipes nationales rejoignent la *Super League* et les deux moins bonnes la quittent pour rejoindre la *Promotional League*.

Une équipe nationale se compose de quatre cavaliers et leurs chevaux ; les uns et les autres peuvent changer d'une épreuve à l'autre (huit en tout durant l'année). Seuls les résultats des trois meilleurs couples sont conservés pour calculer le résultat final. Entre le printemps et l'automne, les équipes se retrouvent sur neuf étapes à travers l'Europe. En France, la Coupe des nations se tient à La Baule, en général début mai.

> Le Néerlandais Edward Gal et son cheval Interfloor Next One, lors du Grand Prix de dressage des Jeux équestres mondiaux en 2009.

v Le Néo-Zélandais Mark Todd et son cheval Gandalf pendant le cross du concours complet, aux JO de Pékin.

L'Australienne Edwina Alexander, gagnante de la coupe du monde 2008, avec Isovlas Itot du Chateau.

Coupe du monde

C'est l'équivalent de la Coupe des nations, mais elle se dispute en individuel, dans plusieurs disciplines : le saut d'obstacles, le dressage et le concours complet, bien sûr, mais aussi l'attelage, depuis 2003. Il existe d'abord des ligues continentales qui voient s'affronter les meilleurs cavaliers lors de concours ouverts à tous les professionnels. Un classement est ensuite établi pour chaque ligue continentale et seuls les meilleurs prennent part à une finale annuelle riche en spectacle.

Des obstacles à une, deux, trois... étoiles

Qu'il s'agisse de concours complet, de dressage, de concours internationaux d'obstacles (CIO) ou de concours de saut internationaux officiels (CSIO), on attribue un nombre d'étoiles différent selon la difficulté et la dotation en gains d'une épreuve. Les plus prestigieuses sont les CSIO***** qui ont lieu lors de la Coupe du monde et de la Coupe des nations.

Les Jeux olympiques

Aux JO, trois disciplines équestres sont représentées : le saut d'obstacles, le dressage et le concours complet. Jusqu'en 1900 figuraient aussi une épreuve de saut en longueur et une de saut en hauteur. Au fur et à mesure des JO, la composition des épreuves a quelque peu évolué pour s'adapter aux pratiques modernes de l'équitation, c'est notamment le cas du concours complet.

Comme pour toutes les autres disciplines olympiques, il existe des épreuves individuelles et d'autres par équipes. C'est la seule discipline où femmes et hommes peuvent s'affronter.

D'autres passions équestres

Il existe de très nombreuses façons de se faire plaisir avec des chevaux, même à un haut niveau. La monte en amazone et la voltige, en font partie et entretiennent à leur manière les traditions.

Monte en amazone : héritière d'un autre temps

À l'époque où les femmes n'avaient pas le droit de porter de pantalons, elles ne pouvaient pas non plus monter à califourchon sur un cheval. Contraintes à monter avec les deux jambes sur le flanc gauche du cheval, elles ont dû attendre le Moyen Âge – autour du XIIIe siècle – pour qu'une selle particulière soit inventée. Dès le XVe siècle, de nombreuses élégantes pratiquent une équitation sportive, notamment en participant à la chasse. Plus tard, l'impératrice Sissi ou la reine Victoria seront d'éminentes cavalières en amazone !

Si les amazones s'illustrent le plus souvent en dressage, elles peuvent aussi bien pratiquer le saut d'obstacles, l'équitation western ou la monte de travail comme la *Doma vaquera*. Elles sont aussi très présentes lors des chasses à courre. Et on voit parfois des hommes s'y essayer !

∨ Amazone lors d'une chasse à courre.

De la sambue à la selle

La sambue est une selle inventée au XIIIe siècle, qui ressemble davantage à un petit fauteuil désaxé et ne permet aucun contrôle de la monture avec les jambes.

Vers le XVe siècle, la sambue s'est dotée de ce qui va devenir ensuite la fourche. La cavalière est mieux maintenue en selle, ses épaules se tournent dans l'axe du cheval, la cuisse droite se trouve dans l'alignement de l'encolure.

En ligne aussi

Pratiquée de façon quasi ancestrale par de nombreux peuples cavaliers, la voltige en ligne est une héritière de l'agilité des soldats à cheval, capables de se protéger derrière leur monture, de viser un ennemi dans une autre direction, ou même de ramasser une arme tombée au sol. Aujourd'hui, c'est la voltige casaque, ou *djiguitovka*, qui est encore pratiquée et que l'on retrouve souvent dans des spectacles équestres. Dissimulé, traînade, passage sous le ventre sont autant de figures impressionnantes qu'effectue le cavalier sur son cheval lancé au grand galop.

< Le Français Nicolas Andréani et son cheval Idéfix de Braize lors des Jeux équestres mondiaux, à Aix-la-Chapelle, en 2006.

La voltige : une gymnastique en mouvement

Traditionnellement, la voltige en cercle met en scène un ou plusieurs voltigeurs qui évoluent sur un cheval ou un poney tenu en longe et qui marche au pas ou galope. Le cheval est équipé d'un large tapis rembourré tenu par un surfaix, d'un filet parfois complété par un enrênement particulier. Il s'agit pour chaque voltigeur d'enchaîner une série de figures mettant en évidence son équilibre, sa souplesse et sa fixité.

Il doit pour cela savoir utiliser l'énergie développée par le cheval et l'impulsion qu'il peut donner à chaque foulée de galop, par exemple. L'expertise du longeur ne doit pas être négligée : c'est grâce à lui que le cheval conserve une allure régulière et ample, indispensable pour que le voltigeur puisse évoluer en toute sécurité. Pour des cavaliers, la pratique de la voltige est un excellent moyen d'aborder différemment le ressenti des allures d'un cheval et aussi d'apprendre à tomber ! Pour s'entraîner, les voltigeurs utilisent un tonneau de voltige.

∨ De gauche à droite :
- Le spectacle équestre de Lorenzo.
- Voltige en cercle à plusieurs.

La **haute** école

Héritière de l'équitation militaire, la haute école rassemble des allures stylisées, des figures classiques et des sauts, appelés airs relevés. Elle remonte à la Renaissance italienne.

> Page ci-contre, de gauche à droite :
• La courbette. On reconnaît l'écuyer du Cadre noir à son habit noir et à son bicorne.
• La levade est un air de haute école dans lequel le cheval lève les antérieurs comme s'il allait sauter, mais sans avancer, les postérieurs ne bougeant pas du tout. L'air est ici exécuté par un cheval de l'École d'art équestre de Lisbonne.

Défilé des officiers du Cadre noir de Saumur devant les Invalides.

Naissance d'une équitation

Au Moyen-Âge, l'équitation pratiquée par les chevaliers était plus que rudimentaire. Ce n'est qu'en Italie, au moment de la Renaissance, que l'on a eu l'idée de dresser des chevaux pour en faire des montures performantes au combat. Nombreux sont les écuyers qui ont publié des ouvrages sur l'art équestre, des traités sur le harnachement, l'hippologie ou les soins des chevaux, faisant des émules dans toute l'Europe. À la fin du XVIIe siècle, de nombreuses académies équestres sont ouvertes sur le continent. On y apprend à monter à cheval, certes, mais aussi à réaliser des exercices destinés à assouplir les chevaux et à améliorer leur maniabilité. Légèreté, élégance et précision sont les maîtres mots.

^ La cabriole est l'un des airs de haute école les plus spectaculaires. Il est exécuté ici par un cheval de pure race espagnole de l'École royale andalouse de Jerez.

Airs relevés et allures stylisées

On dit souvent que les airs relevés, ces sauts effectués sur place par des chevaux montés ou conduits en main, et les allures enseignées en équitation classique sont le reflet de manœuvres effectuées sur les champs de bataille par des cavaliers souhaitant échapper à leurs assaillants. Encore fallait-il posséder le bon cheval et le talent pour le faire. Plus certainement, cet art s'inspire de l'équitation militaire sans en faire partie réellement.

- **Passage :** trot stylisé à la cadence très lente, très diagonalisé, avec un temps de suspension important.
- **Piaffer :** sorte de trot sur place où le cheval soulève alternativement les deux diagonaux en rythme, sans avancer.
- **Changement de pied au temps :** il s'agit de changer de pied à chaque foulée de galop et sur plusieurs foulées successives.

Quatre écoles héritières de la tradition

• **En France, le Cadre noir de Saumur**, créé en 1825 pour éduquer les troupes de cavalerie, a conservé la tradition de l'École française. Ses écuyers se reconnaissent à leur habit noir et à leur célèbre bicorne.

• **En Autriche, l'École Espagnole de Vienne** est la plus ancienne, fondée au XVIe siècle. Ses écuyers ne montent que des étalons lipizzans blancs, descendant des chevaux andalous importés dans le pays depuis le XVIe siècle.

• **En Espagne, l'École royale andalouse de Jerez** a ouvert ses portes en 1970 grâce à l'illustre écuyer espagnol Don Alvaro Domecq Romero. Dans la plus pure tradition de la haute école, elle célèbre avant tout des chevaux pure race espagnole.

• **Au Portugal, l'École d'art équestre de Lisbonne**, a été fondée en 1979 sur les ruines de ce qui était autrefois l'École royale d'équitation, ou Manège royal. Ici, ce sont les chevaux lusitaniens, de souche Alter Real, à la robe baie, qui se distinguent sous la selle des écuyers.

< De gauche à droite :
• Air du piaffer, exécuté par un cavalier de l'École royale andalouse de Jerez.
• Un lipizzan de l'École espagnole de Vienne au passage.

• **Pirouette :** avec ses épaules, le cheval effectue un tour complet de ses hanches, les postérieurs n'effectuant qu'un très léger déplacement. Peut se faire au pas, au trot et même au galop.

• **Pas espagnol :** à chaque foulée de pas, le cheval lève alternativement ses antérieurs et les tend devant lui.

• **Levade (ou pesade) :** le cheval se cabre et plie ses postérieurs de sorte que son corps se trouve à 45 degrés par rapport au sol. Il peut ensuite déployer ses postérieurs pour s'élever.

• **Cabriole :** le cheval se cabre d'abord pour sauter, puis décocher une ruade lorsqu'il est en l'air.

• **Courbette :** les postérieurs restent au sol, le cheval se cabre et peut éventuellement effectuer des petits bonds en avant sans poser les antérieurs.

• **Croupade :** selon les écoles, il peut s'agir d'un saut où le cheval soulève ses quatre membres du sol et les replie sous son corps, ou bien d'une ruade effectuée en tendant au maximum les postérieurs.

v Les écuyers de l'École d'art équestre de Lisbonne.

Un matériel particulier

La selle américaine est très confortable – le cow-boy devait en effet pouvoir passer ses journées à cheval sans souffrir! Quant au filet, il est le reflet de la liberté surveillée dans laquelle évolue le cheval : pas de muserolle, ce qui permet à la monture d'ouvrir la bouche comme elle le veut, voire de brouter, mais un mors à balancier dans la bouche ou en dehors (on l'appelle « hackamore »), qui impose d'avoir les rênes plutôt lâches mais peut se révéler très sévère si le cavalier s'en sert avec fermeté pour rappeler son cheval à l'ordre.

Des partenaires plus que des montures

Il ne s'agit pas de contraindre sa monture à effectuer ce qu'on lui ordonne, mais plutôt à rechercher sa coopération. On dit d'ailleurs des meilleurs chevaux qu'ils ont le *cow sense* : à la manière d'un chien de berger, ils sont quasiment capables de rassembler un troupeau sans aucune intervention de leur cavalier. Quarter horse, paint et appaloosa sont les races les plus recherchées en équitation western. Ce sont des chevaux musclés, pas très grands et plutôt froids.

Western et cow-boys

Née aux États-Unis, l'équitation western fait désormais des adeptes dans le monde entier. Elle s'inspire du travail du bétail effectué par les cow-boys et leurs montures.

^ Aujourd'hui encore, dans les grandes étendues de l'ouest des États-Unis, le bétail est rassemblé par des cow-boys à cheval.

Travail du bétail

C'est au milieu du XIXe siècle, dans les grandes plaines de l'Ouest, aux États-Unis, que l'élevage extensif des bovins est né. Pour trier le bétail, rassembler les bêtes dans ces vastes espaces dépourvus de clôtures ou de haies, il était nécessaire d'être à cheval. Les cow-boys se sont inspirés de ce que faisaient avant eux les *vaqueros* mexicains, qui eux-mêmes ont appris leur travail et copié leur matériel sur celui des cavaliers espagnols habitués à gérer le bétail à cheval. Pour tuer le temps en dehors de la saison de travail, les cow-boys avaient pour habitude de s'affronter lors de petites compétitions. Au menu : capture de veau au lasso, épreuve de maniabilité, débourrage de jeunes chevaux, rodéo, etc.

< De gauche à droite :
- Le sliding-stop est une des figures du reining.
- Le campdrafting est la version australienne de l'équitation western.

À CHACUN SA DISCIPLINE

Chacune s'inspire d'une tâche précise que devaient effectuer les cow-boys. Les plus connues sont :

- **Le reining** est la seule reconnue par la Fédération équestre internationale – elle est même représentée aux Jeux équestres mondiaux. Cela consiste à exécuter des enchaînements de figures visant à mettre en valeur la finesse du dressage, la maniabilité et l'attitude du cheval guidé par des rênes souples, sans résistance apparente. Le **sliding-stop** est une figure impressionnante du reining, consistant pour le cheval qui est lancé au galop à stopper net son allure et à glisser sur quelques mètres, les postérieurs très fléchis et les antérieurs tendus en avant.
- **Le barrel-racing** est une course de vitesse entre trois tonneaux disposés en triangle. Certains tournent tellement vite, leur monture se couchant quasiment, que leur étrier touche le sol au passage du tonneau.
- **Le cutting** est une épreuve de tri du bétail. Le cavalier et son cheval doivent isoler un animal d'un troupeau et le maintenir à l'écart. Il s'agit de mettre en valeur les différentes qualités de son cheval durant 2 min 30.
- **Le pole-bending** est une course entre deux piquets avec des cônes posés au sol. La maniabilité du cheval et sa puissance au galop sont mises à l'épreuve.

v De gauche à droite : Épreuve de cutting, tri du bétail, et de barrel-racing, course de vitesse entre des tonneaux.

Jouer en **équipe**

Polo et horse-ball ont des origines très différentes, mais ils illustrent tous les deux la possibilité de participer à des jeux collectifs à cheval. Maniabilité et explosivité sont nécessaires pour les montures qui y participent. Elles doivent aussi avoir un certain sens du jeu.

Le horse-ball

C'est un sport collectif qui peut se pratiquer à cheval ou à poney et qui met en présence deux équipes de six cavaliers : quatre sur le terrain et deux remplaçants. Les joueurs doivent ramasser à terre, sans jamais descendre de leur monture, un ballon pourvu de six anses en cuir et, par un jeu de passes (trois au moins), d'attaques et de défenses, l'envoyer dans des buts fixés en hauteur aux extrémités du terrain.

Parce que les cavaliers ont très souvent les mains occupées par la balle, le cheval dispose d'une assez grande autonomie. Une partie de son dressage consiste donc à lui faire intégrer des automatismes quant à ses déplacements sur le terrain et au marquage des autres joueurs.

Ce jeu s'inspire du *pato* joué en Argentine par les gauchos, où il faut ramasser à terre une balle munie d'anses en cuir, ou même du *bouzkachi* afghan où les cavaliers se disputent une carcasse de chèvre.

La Fédération équestre internationale reconnaît qu'il s'agit d'une discipline régionale en Europe. Au niveau mondial, elle est gérée par la Fédération internationale de horse-ball. En France, c'est une discipline très dynamique.

^ Une courroie relie les étriers sous le cheval pour permettre au cavalier d'attraper le ballon dans toutes les positions.

v De gauche à droite :
- Au horse-ball, le harnachement est spécifique, avec une martingale et une bricole ou un collier de chasse.
- Les cavaliers portent un casque et des genouillères, car les chocs sont fréquents !

∧ Les joueurs sont équipés d'un casque, de gants, de bottes et de genouillères. Le pantalon blanc et le polo aux couleurs de l'équipe constituent la tenue classique des joueurs.

Le polo

C'est un jeu très ancien qui trouve ses racines en Asie Mineure quelques siècles avant J.-C. On l'appelle « le sport des rois… et le roi des sports » tant il est ancien et noble. Quant à sa version moderne, c'est en Inde, puis en Amérique du Sud, plus particulièrement en Argentine, qu'elle a vu le jour au XIXe siècle. Exporté par la suite dans toutes ses colonies par l'Angleterre, le polo se pratique avant tout sur des poneys argentins, appelés ainsi bien qu'ils atteignent parfois plus de 1,50 m au garrot. Ils se caractérisent par leur souplesse, leur explosivité et aussi un certain sens du jeu.

Le polo se pratique sur un terrain de 275 x 145 m. Deux équipes de six ou sept cavaliers, dont seulement quatre sur le terrain, s'affrontent en face à face et doivent marquer des buts en frappant avec un maillet une balle de la taille d'une balle de tennis.

Un match de polo se déroule en plusieurs manches, appelées *chukkas*, d'environ 7 minutes chacune. Il est d'usage de changer de monture entre chaque manche tant le rythme de jeu est rapide et épuisant pour les chevaux.

Aujourd'hui, c'est l'Argentine qui est le pays roi de ce jeu : on y compte quelque 5 000 joueurs dont plus de la moitié des meilleurs joueurs mondiaux. En Europe, on joue parfois au paddock-polo, sur un terrain plus petit (115 x 55 m), avec seulement trois joueurs et une balle un peu plus grosse. En Australie, on pratique plutôt le polo-cross, qui se joue avec des raquettes à long manche.

Le horse-ball : Équipement et terrain

LE TERRAIN est une étendue plane, le plus souvent en sable, de 60 à 75 m de long sur 20 à 30 m de large. À l'extrémité du terrain se trouvent les buts, constitués d'un arceau métallique d'un mètre de diamètre placé perpendiculairement par rapport au terrain et à 3,50 m de haut.

L'ÉQUIPEMENT des cavaliers et de leur monture est assez classique, en dehors d'une sangle de ramassage qui relie les deux étriers et qui permet aux cavaliers de toucher le sol pour ramasser la balle en étant littéralement pendus à leurs étriers !

∨ À Saint-Moritz est organisé un tournoi de polo sur neige.

Le travail **à pied**

Travailler avec un cheval en étant à pied est aussi un moyen de nouer des relations différentes. Plusieurs approches existent, certaines sont de véritables alternatives à l'équitation « en selle ».

^ Bien longer un cheval demande beaucoup de savoir-faire.

L'équitation éthologique

En équitation éthologique, il n'est pas question de monter sur le dos de son cheval tant qu'un travail à pied n'a pas été effectué avant. Il s'effectue sous forme de jeux ou d'exercices ludiques, le cheval étant tenu en main ou même en liberté. Apprendre à déplacer son cheval avec des gestes simples et légers en prenant en compte son comportement et sa compréhension de l'exercice est un moyen très intéressant de s'intéresser à sa psychologie. Cela permet de nouer une relation particulière, base d'une confiance indispensable. C'est aussi une approche très utile pour les cavaliers qui se sont fait peur et redoutent de se remettre en selle. Elle peut être utilisée seule ou comme approche complémentaire d'une équitation « plus classique » en selle.

Les longues rênes

Le travail à pied avec des longues rênes favorise **la communication directe** entre les mains et la bouche du cheval, en s'appuyant beaucoup sur la voix, et sans que le cheval ne soit perturbé par d'autres aides comme le poids du corps ou les jambes de son cavalier. C'est une approche intéressante pour des cavaliers qui ne peuvent pas ou ne veulent pas se mettre en selle, et/ou un cheval dont le dos ne peut être sollicité par le poids d'un homme. C'est aussi une technique pour préparer des chevaux à être attelés ou pour faire **travailler différemment** des chevaux de selle. Les exercices sont très divers et croissants en difficulté. Elle est particulièrement utilisée dans le travail de **haute école**.

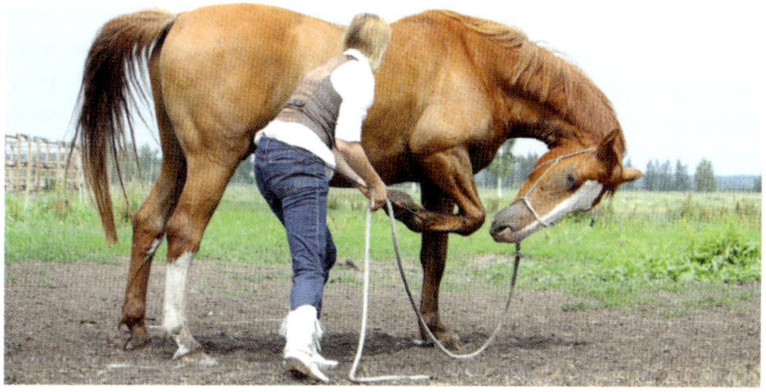

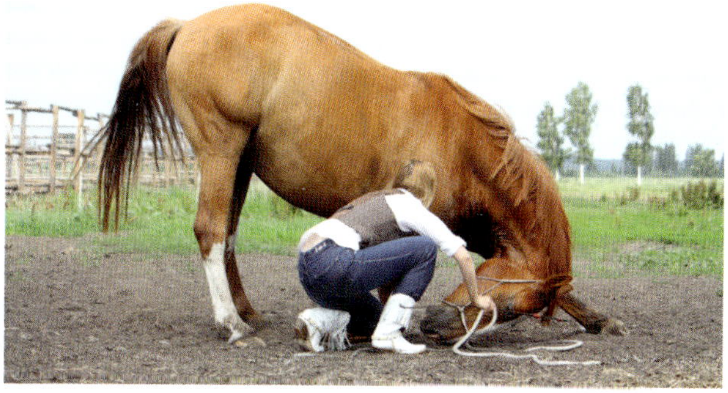

Le travail à la longe

Longer un cheval est souvent considéré comme un simple exercice de **détente** ou de **renforcement musculaire**. Pourtant c'est un travail qui peut être bien plus complexe qu'il n'y paraît. Le cheval est libre de toute contrainte de poids, une attention particulière est donc portée sur sa **locomotion** et l'engagement de ses membres. La voix tient une place très importante dans la communication des ordres. Bien longer un cheval demande beaucoup de savoir faire. Ainsi, dans la pratique de la **voltige équestre**, les compétences du longeur sont essentielles pour que les voltigeurs puissent effectuer correctement leurs mouvements sur le dos du cheval.

S'amuser tout en apprenant

De plus en plus de cavaliers sont persuadés que le temps passé à travailler à pied avec son cheval ne peut être que **bénéfique** pour le travail en selle. Certains se prennent même au jeu, et développent une véritable **complicité** avec leur cheval, lui apprenant des tours et des numéros de cirque ! Mettre un genou à terre, s'asseoir sur leur croupe voire s'allonger complètement, poser les antérieurs sur un tabouret, saisir un objet avec la bouche… les exercices peuvent être multipliés à l'infini ! Ce travail oblige à se pencher sur la psychologie du cheval et ses diverses façons d'apprendre. Le renforcement positif est ainsi à la base d'une méthode appelée ***clicker training*** : très utilisée chez les dauphins par exemple, elle repose sur l'utilisation d'un petit dispositif métallique qui émet un « clic » et que l'on associe à une récompense (alimentaire notamment) pour apprendre différents exercices au cheval.

< Le travail à pied permet parfois d'apprendre des tours à son cheval.

Le monde de l'**attelage**

Avec la mécanisation des transports, l'attelage a bien failli disparaître. Grâce aux passionnés, il est devenu un loisir, mais aussi un sport de haut niveau reconnu par les instances internationales.

∧ Harnais à collier traditionnel en bois.

∨ De gauche à droite :
- La bricole est un harnachement léger, en cuir.
- Le collier, ici en cuir rembourré, est complété par un enrênement classique.

Divers harnachements

Entre le cheval et la voiture d'attelage, le harnachement est le relais indispensable : il transmet la force de traction du cheval et, dans l'autre sens, une partie des ordres donnés par le meneur. Il se doit d'être efficace sans pour autant gêner le cheval. On distingue :

- **Le collier.** C'est une pièce qui entoure l'encolure du cheval et repose sur ses épaules. Composée de pièces de bois et largement rembourrée, elle doit cependant être parfaitement adaptée à la morphologie du cheval qui la porte. Elle permet de tirer de lourdes charges et est donc surtout utilisée pour les chevaux de trait qui travaillent aux champs, par exemple, ou pour le débardage des forêts.
- **La bricole.** Plus légère et élégante, elle est constituée de pièces en cuir qui peuvent facilement s'adapter d'un cheval à l'autre par différents réglages. La traction exercée par le cheval repose avant tout sur son poitrail, juste au-dessus de la pointe de l'épaule.
- **Le cheval d'attelage est bridé** le plus souvent comme un cheval de selle, tous les mors étant possibles. La main du meneur doit être ferme, mais sans brutalité. Il existe plusieurs façons de tenir les rênes, selon le nombre de chevaux et la tenue du fouet : on parle de menage classique ou à l'anglaise (à une seule main), à la vigogne, ou encore de menage au carré.
- **Le fouet,** qui n'est pas là pour punir mais bien pour transmettre des informations et, surtout, **la voix** sont des aides primordiales. La plupart du temps, les chevaux portent des œillères qui les empêchent de voir latéralement et d'être distraits.

L'ajustage du harnachement sur le cheval est capital, tant pour son confort que pour l'efficacité de son effort de traction.

En compétition

Les concours officiels d'attelage comportent jusqu'à trois tests : dressage, marathon et maniabilité. Ces épreuves valident la compétence et l'habileté du meneur et permettent de tester la bonne condition physique, la franchise, la soumission et la souplesse des chevaux ou des poneys. Des compétitions de TREC en attelage sont aussi organisées.

Il existe aussi de très nombreuses épreuves organisées par des clubs ou des associations. Des épreuves traditionnelles sont parfois disputées, qui jugent l'élégance des attelages.

Un, deux… quatre…

En compétition, les attelages que l'on rencontre se composent d'un seul, de deux ou quatre chevaux.

Le tandem est présent aussi, bien que plus rare. On l'appelle aussi « **attelage de chasse** ». Il s'agit de deux chevaux placés l'un derrière l'autre où seul le cheval de derrière (le *wheeler*) exerce une traction sur la voiture. De cette manière, on épargne le cheval de tête (le *leader*), qui reste frais pour participer à la chasse. Cette manière d'atteler demande une bonne expertise au meneur, mais aussi aux chevaux.

On trouve aussi des attelages à trois chevaux de front, appelés « **attelages d'évêque** » chez nous, ou troïka en Russie, où ils sont très célèbres. Si les chevaux sont disposés en triangle, deux derrière et un devant qui ne tire pas de charge, on parle d'« **attelage en arbalète** », ou *unicorn* en Angleterre.

Les paires de chevaux, de part et d'autre du timon, peuvent se multiplier pour obtenir des attelages à 6, 8 voire plus de chevaux ! Enfin, lorsqu'il n'y a pas de meneur mais un ou deux cavaliers en selle, les postillons, on parle d'« **attelage à la d'Aumont** ».

Le choix du cheval

Le principal critère de choix est la force, qui doit être suffisante pour que le cheval puisse tirer la voiture et son ou ses occupant(s). Tout dépend donc de la voiture choisie. Ensuite, le calme et le dressage de l'animal sont des éléments importants à prendre en compte. Après, tout est possible, du shetland au cheval de trait en passant par le pur-sang ou le cheval de selle.

Le trait breton fait un excellent cheval d'attelage.

∨ De gauche à droite : Aux Jeux équestres mondiaux de 2006, le Suédois Thomas Eriksson et le Néerlandais Koos De Ronde.

Les équipages à travers le monde

La France est sans aucun doute le pays le plus actif dans ce domaine. Surtout depuis l'interdiction de la chasse à courre en Grande-Bretagne. D'après la Société française de vénerie, l'Hexagone compte 450 équipages, dont plus de la moitié se concentrent sur les lapins et lièvres, ce qui représente 17 000 chiens et 7 000 chevaux, et environ 4 500 animaux prélevés chaque année dans la nature, toutes espèces confondues. Chaque équipage possède une identité particulière définie par son appellation, sa tenue, ses couleurs et sa fanfare. Les membres de l'équipage sont appelés « boutons », « gilets » ou « épingles » selon leur expérience et l'ancienneté de leur présence dans l'équipage. La chasse à courre est aussi pratiquée en Irlande, aux États-Unis, au Canada et en Australie. Depuis son interdiction en Grande-Bretagne en 2005, de nombreux équipages britanniques viennent désormais chasser sur le territoire français.

Héritières des **traditions**

Des disciplines ancestrales persistent aujourd'hui, même si elles ne présentent plus d'intérêt pratique. Les équitations de travail, espagnole, camarguaise… et la vénerie en sont les exemples les plus vivants.

La chasse à courre

C'est une chasse très ancienne qui se pratique sans armes à feu, avec un « équipage » composé d'une meute de chiens dits « courants », des hommes à pied et à cheval. On chasse des gros mammifères sauvages – cerf, sanglier, chevreuil, daim, renard –, mais aussi le lièvre ou le lapin, jusqu'à leur prise éventuelle. Par leur rapidité et leur ruse, certains gibiers en réchappent souvent. Ce sont avant tout les chiens qui chassent, les chevaux permettant à leurs cavaliers de les suivre à bonne vitesse.

La vénerie – c'est l'autre nom de la chasse à courre – ne s'exerce qu'avec les moyens hérités de la tradition. Le veneur chasse ainsi « à cor et à cri », c'est-à-dire qu'il n'utilise que sa trompe (ou corne de chasse) et sa voix pour communiquer et effrayer l'animal.

Le cheval, l'homme et le bétail

Dans tous les pays et les civilisations où l'élevage extensif du bétail s'est développé, il existe une forme d'équitation de travail où le cheval joue un rôle essentiel. C'est le cas par exemple en Camargue (on parle depuis quelques années seulement d'équitation camarguaise) et en Espagne (la *Doma vaquera*) où l'on est en plus spécialisé dans le travail des taureaux de combat, et bien sûr aux États-Unis où cela a donné naissance à l'équitation western, de plus en plus pratiquée à travers le monde. Dans toute l'Amérique du Sud, on retrouve ces cavaliers : les *gauchos* en Argentine sont les plus connus, mais il y a aussi les *baqueanos* du Chili, les *chagras* d'Équateur ou les *peoes* dans les fazendas au Brésil.

Des techniques différentes

Chaque pays, chaque civilisation a développé des techniques équestres différentes, des harnachements particuliers, et même des races de chevaux spécifiques, adaptées au travail demandé et à l'environnement. Toutes ces spécificités, issues d'une histoire parfois longue de plusieurs millénaires, ont formé de véritables traditions et cultures équestres qui perdurent encore aujourd'hui.

Il existe des championnats nationaux et internationaux particuliers pour ces équitations de tradition. Trait commun entre elles : un respect du cheval et un travail en entière collaboration avec lui. Il ne s'agit pas de le soumettre, mais bien de travailler avec lui. Il n'est d'ailleurs pas rare de voir les chevaux se prendre au jeu !

v De gauche à droite et de haut en bas :
- Les *rejoneadores* portugais utilisent une longue lance pour faire tomber le taureau.
- Cheval de pure race espagnole au pas espagnol.
- Cow-boys dans l'Ouest américain.
- Les chevaux de pure race espagnole sont utilisés pour la tauromachie.

Sur les hippodromes

Qu'ils galopent, trottent ou sautent des haies, les chevaux de course brillent par leurs exploits sur de nombreux hippodromes à travers le monde. Ces courses hippiques sur le plat ou d'obstacles font battre le cœur des parieurs.

Les courses d'obstacles

Apparues plus tardivement que les courses sur le plat, elles reposent sur le même principe : il s'agit de couvrir le plus rapidement une distance au galop tout en portant un handicap. Mais le départ se fait lancé derrière un élastique et non à l'arrêt dans des stalles. On distingue les courses de haies où les obstacles ont une taille relativement modeste (buissons de 1,10 m de haut) et qui se courent sur une distance comprise entre 3 000 et 5 000 m, et le steeple-chase où les obstacles sont plus hauts et plus complexes, notamment avec le franchissement de

Les courses de galop

Ce sont les plus anciennes et les plus célèbres. En général disputées sur de courtes distances, entre 1 600 et 2 400 m le plus souvent (4 000 m au maximum), par de jeunes chevaux qui sont en très grande majorité des pur-sang anglais. Ces sprinters prennent le départ dans des sortes de boîtes fermées appelées stalles. Le premier arrivé est déclaré vainqueur, mais pour que la compétition soit équitable, chaque cheval se voit attribuer un handicap. Il correspond à des poids qui sont ajoutés à celui du jockey et du harnachement. Si un cheval gagne une course, il se verra attribuer un poids plus important à la suivante. À l'inverse, à un cheval perdant, on retire du poids pour la prochaine course. De sorte que la course est très disputée ! Les chevaux peuvent atteindre une vitesse de 60 km/h.

La plus célèbre course est sans aucun doute le Prix de l'Arc de Triomphe, qui se court le premier dimanche d'octobre sur l'hippodrome de Longchamp, à Paris, et qui est en quelque sorte considéré comme le championnat du monde des pur-sang anglais de plus de 3 ans. Il y a aussi le derby d'Epsom en Angleterre et la Dubaï World Cup dans les Émirats Arabes.

^ De gauche à droite :
- Sea the Stars au Prix de l'Arc de Triomphe en 2009.
- Mid Dancer, vainqueur en 2007 du Grand Steeple-chase de Paris, l'une des plus célèbres course d'obstacles du monde.

rivières, et la distance plus importante – en moyenne 4 300 m. Ces courses sont très spectaculaires, voire dangereuses, et les chutes sont nombreuses. Les plus célèbres épreuves sont le Grand National de Liverpool en Angleterre, le Grand Steeple-chase de Paris sur l'hippodrome d'Auteuil et le Nakayama Grand Jump au Japon.

> Les courses d'obstacles sont très spectaculaires, car dangereuses. Ici, le cavalier P. A. Carberry tombe de Princesse d'Anjou pendant le Grand steeple-chase de Paris.

v Oyonnax, vainqueur du Prix d'Amérique en 2010.

Les courses de trot

Elles sont nées elles aussi en Angleterre, vers le milieu du XVIIIe siècle, d'abord sous forme de courses attelées où les chevaux tirent des sulkys sous les ordres d'un driver. Cependant, c'est en France qu'elles sont les plus populaires. Elles ont même donné naissance à une race à part entière, le trotteur français. Le départ est pris derrière l'autostart (voiture équipée d'une grande barrière qui donne un départ lancé) ou simplement en faisant une volte. Les chevaux parcourent une distance moyenne de 2 100 à 2 800 m et sont disqualifiés s'ils passent au galop. Les plus célèbres épreuves sont le Prix d'Amérique sur l'hippodrome de Vincennes, à Paris, considéré comme le championnat du monde des trotteurs, l'Hambletonian aux États-Unis et l'Elitloppet en Suède. La France et la Belgique ont pour particularité d'organiser aussi des courses de trot monté.

Une pratique très ancienne

Pour le plaisir ou pour la gloire, on peut facilement imaginer que depuis que l'homme a domestiqué le cheval, il a aussi organisé des courses pour s'affronter sur des épreuves de vitesse. Celle-ci est en effet un atout indéniable, que ce soit à la guerre, lors de la chasse ou dans la transmission de messages. Dès l'Antiquité, les Grecs et les Romains ont organisé des courses de chars, plus spectaculaires que les courses montées. Mais ce n'est qu'au XVIIe siècle, alors que les rois anglais favorisent l'élevage de montures rapides et résistantes en important des chevaux orientaux et espagnols, que les courses, telles que nous les connaissons actuellement, sont créées. L'objectif était de promouvoir les meilleurs individus. C'est ainsi qu'est né le pur-sang anglais, véritable star des hippodromes, aujourd'hui encore.

Questions/ réponses

On dit que les chevaux sont grégaires, comment cela se manifeste-t-il ?
À l'état sauvage, le cheval vit toujours en groupe. Ce groupe est organisé selon une hiérarchie, établie et maintenue grâce à des liens sociaux très développés. C'est cela qu'on appelle l'instinct grégaire. Le plus souvent, la vie domestique s'oppose à cet instinct grégaire en obligeant les chevaux à vivre seuls le plus souvent. Cela peut entraîner un certain sentiment d'insécurité et donc de stress.

Qu'est ce qu'on appelle les vices rédhibitoires ?
Il s'agit de maladies chroniques ou de défauts présents chez un cheval qui peut conduire à annuler sa vente. Leur présence est examinée par le vétérinaire au moment de la visite d'achat (ou dans les 30 jours qui suivent). Ils sont au nombre de 7 : boiteries anciennes intermittentes, immobilité, fluxion ophtalmique périodique, tic à l'appui, emphysème pulmonaire, cornage chronique et anémie infectieuse.

Si je me perds en forêt, mon cheval est capable de me ramener à l'écurie. A-t-il un sixième sens ?
Le cheval a une très bonne mémoire visuelle qui lui permet de retenir la topographie de l'environnement dans lequel il vit. Pour s'orienter, il utilise aussi les sons et les odeurs. Et probablement d'autres informations que nous, humains, n'arrivons pas à percevoir ou qui nous semblent sans intérêt. Mais de là à affirmer qu'il a un sixième sens…

Pourquoi, après un effort, mon cheval se met à respirer fort en faisant beaucoup de bruit ?
C'est un trouble respiratoire appelé cornage. Lorsque le cheval respire fort, on entend un sifflement rauque. Cela est dû le plus souvent à un obstacle qui gêne la respiration au niveau du larynx ou de la trachée. Il peut aussi s'agir d'une déformation des cordes vocales.

Quelle est la différence entre un cheval et un poney ?
Officiellement ce n'est qu'une question de taille. D'après le règlement de la Fédération Équestre Internationale, un cheval mesure plus de 1m47 au garrot, en deçà, c'est un poney. Cependant, certaines races préfèrent l'appellation poney même si les équidés sont plus grands (on parle toujours de poneys de polo) et vice-versa (les Camargue sont toujours appelés chevaux même s'ils mesurent moins de 1m47).

À quoi correspond la détente à cheval ?
C'est une sorte d'échauffement du cheval que l'on effectue en début de chaque reprise, ou avant d'entrer sur un terrain de concours, afin de le mettre en condition physique pour qu'il puisse fournir un effort particulier sans risquer une blessure. Mais on préfère le terme de détente car il s'agit aussi de calmer ou décontracter certains chevaux trop nerveux.

Pourquoi certains chevaux courbent l'encolure jusqu'à ramener le bout de leur nez tout contre leur poitrail ?
C'est un geste de défense, une façon pour le cheval d'échapper à l'action du mors. Cela survient surtout lorsque la main du cavalier est trop dure et ne rend jamais. Ou lorsque le mors et/ou le système d'enrênement est trop contraignant voire douloureux. On voit surtout cela chez les chevaux de dressage.

À quoi cela sert-il de tondre un cheval en hiver, alors qu'il fait plus froid ?
L'hiver, les chevaux se couvrent d'un poil épais. S'ils transpirent beaucoup en travaillant, il est alors difficile de les faire sécher. Le risque, c'est le coup de froid. C'est pour cette raison que l'on décide bien souvent de tondre. On tond rarement tout le corps : il faut choisir une coupe adaptée au cheval, à sa morphologie et surtout à son mode de vie et ne pas oublier de l'équiper d'une couverture confortable lorsqu'il ne travaille pas.

Qu'est ce qu'un cheval près du sang ?
Plus un cheval, ou une race, a des ancêtres pur sang et plus on dit qu'il a du sang ou bien qu'il est proche du sang. À l'inverse, d'un cheval qui est un peu lourd ou manque de vitalité, on dit qu'il manque de sang. Seuls les anglais, arabes et anglo-arabes peuvent être appelés pur-sang. Ces chevaux possèdent une vivacité et une nervosité plus importante que les autres.

Mon cheval se balance de droite à gauche dans son box, pourquoi ?
Il souffre probablement d'ennui, ou de stress, et du coup il a un trouble obsessionnel compulsif : il ne peut s'empêcher de répéter des gestes absurdes et sans aucune utilité. On parle de tic de l'ours, tic à l'appui, tic à l'air… Ils sont très difficiles à éliminer. Il existe divers moyens de les contrecarrer mais la meilleure solution reste encore d'éviter qu'ils n'apparaissent.

Pourquoi lorsque je mets le mors dans la bouche de mon cheval, un peu de grains tombe par terre ?
Lorsqu'un cheval conserve un peu d'aliments type granulés ou céréales dans sa bouche, à la manière d'un rongeur, on dit qu'il fait magasin. Le plus souvent, c'est dû à un problème de dents : peut-être une surdent le gêne-t-il lorsqu'il mastique, ou bien a-t-il un défaut d'occlusion ? Le mieux est d'en parler au vétérinaire qui vous conseillera certainement la visite d'un dentiste !

Pourquoi est-ce qu'après un obstacle, j'ai l'impression que mon cheval ne galope plus normalement ?
Cela arrive probablement parce qu'il ne s'est pas réceptionné de façon longiligne, et que du coup, il n'enchaîne plus les foulées correctement, par exemple les antérieurs galopent à droite alors que les postérieurs galopent à gauche. On dit alors que le cheval est désuni. Cela peut aussi arriver au trot : lorsque les battues des diagonales sont dissociées, on parle de trot traquenard.

Qu'est-ce qu'on appelle les chaleurs chez la jument ?
Il s'agit des périodes où elle est fertile, c'est-à-dire qu'elle est disposée à être saillie par un étalon et qu'il y a de fortes chances pour qu'il y ait fécondation et donc un futur poulain. Les chaleurs sur-

viennent tous les 20 à 25 jours, et durent 5 à 7 jours, mais elles sont surtout importantes au printemps, la période naturelle de reproduction chez les équidés. Lors des chaleurs, la jument peut se montrer légèrement agitée, perdre en appétit, ou faire preuve d'agressivité envers les autres.

Pourquoi certains chevaux agitent frénétiquement leur queue ?
On dit qu'un cheval fouaille lorsqu'il agite nerveusement sa queue. Cela peut survenir lorsqu'on le monte, à l'occasion de certains exercices qu'on lui demande, mais aussi au moment du pansage, lorsqu'on passe par exemple la brosse sur des zones sensibles. C'est un signe de nervosité, d'inconfort, une façon pour le cheval de manifester qu'il n'apprécie guère ce qui se passe.

Récompenser un cheval, est-ce une bonne manière pour qu'il apprenne mieux ?
Oui, on appelle ça du renforcement positif. En pratique, c'est quelque chose d'agréable pour l'animal : de la nourriture, un contact avec ses congénères, une caresse, une parole apaisante... Cette récompense doit être donnée de façon très rapprochée dans le temps par rapport au comportement encouragé, pour que l'animal puisse faire facilement le lien.

Le lundi, mon cheval a souvent du mal à se remettre au travail et semble tout d'un coup paralysé. Est ce parce qu'il ne s'est pas assez reposé ce dimanche ?
Au contraire, le problème est sûrement inverse ! Le coup de sang, appelé aussi maladie du lundi survient lorsqu'un cheval a été mis au repos un ou deux jours, sans que l'on n'ait diminué sa ration alimentaire. Lorsqu'on le remet au travail subitement, on observe une respiration saccadée, une urine foncée, une transpiration abondante, et cela peut aller jusqu'à la paralysie de l'arrière-main. Dans ce cas, il faut appeler le vétérinaire très rapidement ! Pour prévenir le coup de sang, n'oubliez jamais d'adapter les rations alimentaires en fonction du travail demandé.

Pourquoi, au pré, observe-t-on souvent deux chevaux en train de se gratter l'encolure ?
Ce toilettage mutuel, appelé aussi grooming, est l'un des fondements des relations sociales entre équidés, un peu comme les singes qui s'épouillent. Si ce geste a un aspect pratique indéniable, il est surtout réalisé entre chevaux qui s'apprécient ou qui entretiennent des relations harmonieuses. C'est une méthode de choix pour établir un lien hiérarchique. Il a aussi une fonction apaisante essentielle, car il permet de réduire les tensions qui peuvent exister au sein d'un groupe.

À quoi correspondent les zones que les chevaux ne broutent pas dans un pré ?
Il peut y avoir différentes raisons à cet évitement : une concentration importante de plantes dont le cheval sait qu'elles sont toxiques pour lui, ou bien il peut s'agir de zones de refus, c'est-à-dire d'endroits où les chevaux préfèrent ne pas brouter car il y a beaucoup de crottins. Une façon pour eux de ne pas se contaminer avec leurs propres parasites.

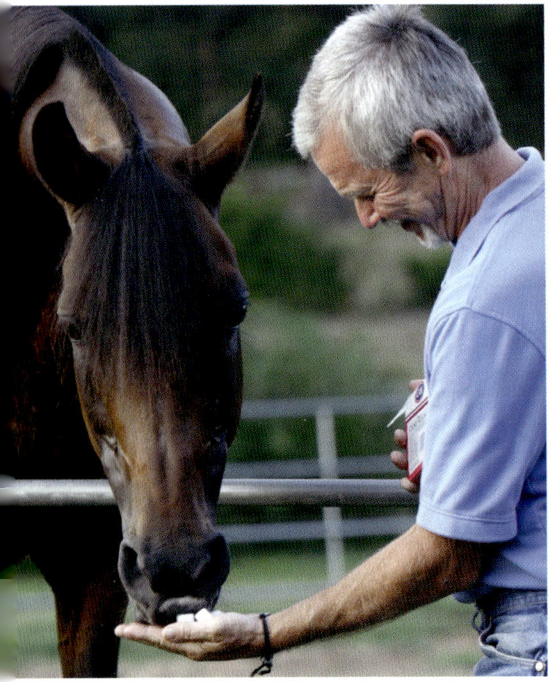

Pourquoi travaille-t-on un cheval en lui faisant faire des courbes à différentes allures ?
Voltes, cercles, serpentine, épaule en dedans, croupe au mur... La palette d'exercices de flexion est importante pour le cheval. Le but est d'assouplir tout son système musculaire pour parvenir à mobiliser de façon totalement indépendante la tête, les épaules et les hanches.

La routine convient-elle au tempérament du cheval ?
Le cheval est un animal qui aime la répétition et au contraire a tendance à s'inquiéter face aux changements. Pour le rassurer, rien de mieux donc que les habitudes : dans son environnement, son alimentation, les personnes qui gravitent autour de lui et surtout ses congénères.

Qu'est ce qu'un boute-en-train ?
Appelé aussi souffleur, c'est un étalon présent dans un élevage ou haras mais qui ne va jamais se reproduire avec les juments. Il est simplement utilisé pour vérifier qu'une jument est bien en chaleur, et donc prête à être présentée à l'étalon reproducteur. En général, on choisit un boute-en-train calme et docile, qui ne va pas effrayer ou bousculer les juments.

À quoi cela sert-il de donner une pierre à sel aux chevaux ?
Pour être en bonne santé, un cheval a besoin d'un certain apport en sels minéraux et en oligoéléments. Pour les chevaux qui vivent au pré, ou qui ne se nourrissent que de fourrage, cet apport est parfois insuffisant, on complète donc leur alimentation avec un bloc de sel enrichi.

Pourquoi voit-on parfois un cheval encolure et tête tendues vers le haut, avec la lèvre supérieure retroussée ?
Cette attitude est celle du flehmen, surtout pratiquée par les étalons. Chez le cheval, les odeurs transmettent des messages, notamment par le biais des phéromones. Dans cette position, l'étalon fait pénétrer l'air dans son organe voméronasal, situé en arrière des fausses nasales, qui est spécialisé dans la détection des phéromones. Cela lui permet notamment de mieux repérer les juments en chaleur.

Est-il indispensable de parer un cheval, même s'il ne porte pas de fers ?
Le parage consiste à limer et rogner l'excès de corne sur les sabots pour leur redonner une forme adaptée. C'est indispensable lorsqu'on change les fers d'un cheval puisque ceux-ci empêchent toute usure des sabots. Mais c'est aussi très utile aux chevaux aux pieds nus, dont la corne ne s'use pas toujours de façon régulière.

Pourquoi les chevaux ont-ils tendance à faire leur crottin ou à uriner au même endroit que les autres ?
Lorsqu'il croise un tas de crottin dans son espace vital, en général l'étalon le renifle et se renseigne ainsi sur son origine, puis il le recouvre de son propre crottin. C'est une sorte de marquage, une façon de signifier sa supériorité ou simplement son identité. Il n'est pas rare de retrouver ce comportement chez les chevaux domestiques qui vivent au pré à plusieurs. Cela peut même survenir en balade lorsqu'on croise le crottin d'un autre cheval.

Glossaire

Aides. Moyens dont dispose le cavalier pour communiquer avec le cheval. On distingue les aides naturelles (mains, jambes, assiette, poids du corps, voix) et les aides artificielles (cravache, éperons, chambrière, enrênements).

Allures. Ce sont les différentes façons de se déplacer d'un cheval. Les allures naturelles sont le pas, le trot et le galop. Certaines allures sont dites défectueuses : le traquenard, l'aubin… ou acquises : l'amble, le piaffer… On distingue les allures marchées, comme le pas, et sautées, comme le trot et le galop.

Amble. Allure à deux temps où l'antérieur et le postérieur du même côté se déplacent en même temps. Certains chevaux adoptent cette allure pour préserver leur équilibre sur les terrains meubles.

Aplombs. Direction des membres du cheval pour que son corps soit porté le plus solidement possible et de la manière la plus favorable aux mouvements. Des aplombs défectueux peuvent avoir des conséquences sur l'équilibre et la locomotion du cheval.

Arrière-main. Partie postérieure du cheval, située en arrière du cavalier en selle.

Assiette. Manière dont le cavalier est assis sur sa selle ou se maintient en équilibre pendant que le cheval se déplace.

Aubin. Allure où le cheval trotte des antérieurs et galope des postérieurs, ou vice versa. Cela dénote un manque d'engagement de l'avant-main ou de l'arrière-main.

Avant-main. Partie du cheval située en avant du cavalier en selle.

Balzane. Marque blanche au niveau des extrémités des membres.

Boulet. Articulation située à la jointure du canon et du paturon.

Bride. Double filet équipé de deux mors, un mors de filet et un mors de bride, donc de deux paires de rênes. Réservée aux cavaliers confirmés, elle s'utilise généralement en dressage. Elle permet un contact très subtil avec la bouche du cheval.

Bridon. VOIR filet.

Cabriole. Figure de haute école où le cheval se cabre d'abord pour sauter en l'air puis décocher une ruade.

Cadence. Succession régulière des mouvements du cheval. Elle est propre à chaque cheval, à chaque allure.

Carrière. Terrain en plein air où les cavaliers s'entraînent ; des cours y ont parfois lieu, ou des compétitions.

Cercle. Figure de manège correspondant à une grande volte sur toute la largeur du manège.

Chambrière. Longue cravache prolongée par une cordelette, utilisée en attelage ou lorsqu'on longe un cheval.

Chanfrein. Partie plane de la tête du cheval s'étendant de la ligne des yeux au bout du nez.

Changement de main. Inversion du sens de giration lors d'une reprise.

Changement de pied. Passage du galop à droite au galop à gauche, ou inversement. On parle aussi de changement de pied lorsque le cavalier change de diagonal au trot.

CIO. Concours international d'obstacles.

Concours complet. Compétition comportant trois épreuves (saut d'obstacles, cross, dressage) se déroulant sur trois jours avec le même cheval.

Courbette. Figure de haute école où le cheval se cabre et peut éventuellement effectuer des petits bonds en avant sans poser les antérieurs.

Cross. Long parcours en extérieur jalonné d'obstacles. C'est une épreuve spécifique du concours complet.

Croupade. Selon les écoles, il peut s'agir d'un saut où le cheval soulève ses quatre membres du sol et les replie sous son corps, ou d'une ruade effectuée en tendant au maximum les postérieurs.

Cru (monter à). Monter sans selle.

CSIO. Concours de saut international officiel.

CSO. Concours de saut d'obstacles.

Débourrage. Période pendant laquelle on apprend au poulain à accepter un mors, une selle et un cavalier.

Demi-sang. Cheval dont l'un des parents est un pur-sang.

Désuni, galop. Allure où le cheval galope à droite avec ses antérieurs et à gauche avec ses postérieurs, et inversement. Cela peut être sanctionné lors d'une compétition de dressage.

Détente. Échauffement du cheval.

Diagonal. Bipède diagonal (antérieur gauche et postérieur droit ou antérieur droit et postérieur gauche).

Doubler. Figure de manège dans laquelle le cavalier quitte la piste à angle droit pour la rejoindre en face, sans changer de main (sauf indication contraire).

Endurance. Discipline équestre où se disputent des courses sur de longues distances (de 20 à 160 km), sur le même cheval, qui doit rester en bonne condition physique.

En-tête. Zone de poils blancs sur une peau claire, située sur le front.

Éparvin. Tare osseuse au sommet interne du canon.

Éponge. Tare molle au coude (appelée aussi hygroma).

Étrier. Pièce de métal dans laquelle le cavalier glisse le pied.

Étrille. Grosse brosse ou raclette en fer ou en plastique pour le pansage. Elle sert à enlever le plus gros de la poussière.

Étrivière. Courroie fixée à la selle et supportant l'étrier.

Filet. Harnachement le plus simple, comportant un mors de filet qui se place dans la bouche et des montants en cuir ou en plastique qui le maintiennent sur la tête. syn. Bridon.

Flehmen. Mimique du cheval consistant à retrousser la lèvre supérieure en tendant l'encolure. Il analyse ainsi les odeurs perçues, en particulier celle d'une jument en chaleur.

Foal. Poulain pur-sang de moins d'un an.

Fourbure. Congestion et inflammation du pied du cheval, due en général à une alimentation excessive, et provoquant une boiterie.

Gale de boue. Sorte d'eczéma provoquant des suppurations et des croûtes en bas des membres.

Galop. Allure sautée à trois temps, la plus rapide des allures naturelles du cheval.

Garrot. Région du corps surmontant les épaules et délimitée par l'encolure, le dos et le plat des épaules. Pour mesurer les chevaux, on mesure leur hauteur au garrot.

Gourmette. Chaînette passant sous la barbe du cheval et reliant entre eux les

anneaux du mors de bride pour en renforcer l'action.
Guêtre. Protection, surtout pour les membres antérieurs, couvrant le boulet et le canon et protégeant aussi bien l'os que les tendons.
Hackamore. Filet sans mors, qui agit par pression. Il peut être très sévère pour le cheval et doit s'utiliser avec beaucoup de délicatesse.
Haras nationaux. Dépendant du ministère de l'Agriculture, les Haras nationaux, outre leur mission d'élevage, ont pour vocation d'orienter la production et d'améliorer le cheptel, ainsi que de contrôler les organismes concourant à l'amélioration des races.
Harnachement. Ensemble des pièces dont on équipe un cheval de selle ou de trait (selle, rênes, etc.)
Hongre. Cheval mâle castré.
Hunter. Compétition proche du CSO, mais où le classement prend en compte le style et non la vitesse.
Hygroma. VOIR Éponge.
Impulsion. Mouvement en avant du cheval. L'impulsion peut être spontanée ou provoquée par le cavalier.
Jarde. Tumeur dure à l'arrière du jarret.
Ladre. Zone de peau sans pigments et sans poils, en général autour du nez et de la bouche.
Levade. Figure de haute école où le cheval se cabre et plie ses postérieurs de sorte que son corps se trouve à 45 degrés par rapport au sol. Il déploie ensuite ses postérieurs pour s'élever.
Licol. Harnachement utilisé pour mener le cheval en main ou l'attacher ; on peut y attacher aussi la longe.
Longe. Corde ou sangle de 6 m de long au moins, destinée à faire tourner le cheval en longe (pour le débourrage ou un travail spécifique) ; corde fixée au licol et destinée à attacher le cheval ou à le tenir en main.
Manège. Lieu couvert aménagé pour y pratiquer l'équitation.
Molette. Tare molle d'origine articulaire ou tendineuse située au boulet et en dessous.
Mors. Pièce du harnachement placée dans la bouche du cheval.
Muserolle. Élément du harnais qui entoure le bout du nez ou le chanfrein pour empêcher le cheval d'ouvrir la bouche.
Paddock. Petite carrière qui permet de s'échauffer avant les concours ou de lâcher un cheval en liberté pour qu'il fasse un peu d'exercice.
Pare-botte. Paroi de bois inclinée recouvrant les murs du manège jusqu'à une hauteur de 1,50 m environ, destinée à empêcher que la jambe du cavalier se retrouve coincée entre le mur et le cheval.
Parer. Couper la corne en excès des sabots.
Paroi. Partie visible du sabot.
Pas espagnol. À chaque foulée de pas, le cheval lève alternativement ses antérieurs et les tend devant lui.
Passage. Trot stylisé à la cadence très lente, avec un temps de suspension important.
Piaffer. Sorte de trot sur place où le cheval soulève alternativement les deux diagonaux en rythme, sans avancer.
Pince. Partie avant du sabot.
Pions. Petites boules obtenues par tressage de la crinière : les tresses enroulées sur elles-mêmes forment les pions.
Pirouette. Tour complet effectué par le cheval autour de ses hanches, les postérieurs n'effectuant qu'un très léger déplacement. Peut se faire au pas, au trot ou au galop.
Piste. Chemin suivant intérieurement les bords du manège ou de la carrière.
Pommeau. Partie avant, légèrement bombée, de la selle.
Rassembler. Attitude du cheval, tête haute et nuque fléchie, membres postérieurs bien engagés sous le corps, avant-main légère et dynamique.
Rênes. Pièce de harnachement qui met en contact la main du cavalier avec la bouche du cheval par l'intermédiaire du mors.
Reprise. Cours collectif où les cavaliers sont de niveau proche.
Robe. Couleur d'un cheval, définie par celle de ses poils et crins.
Sangle. Bande plate, le plus souvent en cuir, passant sous la poitrine du cheval pour fixer la selle.
Seime. Fente de la paroi d'un sabot.
Sole. Plaque de corne formant le dessous du sabot.
Stabulation. Sorte de grand box où vivent ensemble plusieurs poneys.
Stud-book. Registre où sont enregistrées les naissances des sujets appartenant à une race donnée.
Surdent. Irrégularité d'usure des molaires, provoquant des aspérités vers l'extérieur des dents, qui peuvent blesser l'intérieur des joues.
Surfaix. Sorte de sangle qui se fixe derrière le garrot et sert pour longer un cheval, ou en voltige.
Suros. Tare dure du canon, ne provoquant en général pas de boiterie.
Suspension. Manière de monter, non pas assis dans la selle, mais en équilibre sur les étriers.
Tapis de selle. Il protège le dos du cheval contre les frottements dus à la selle.
Têtière. Élément du harnais placé sur la nuque, derrière les oreilles du cheval.
Tirer au renard. Se dit d'un cheval qui recule lorsqu'il est attaché et tire sur son licol.
Tölt. Allure marchée à quatre temps, très confortable, spécifique au cheval islandais.
Traquenard. Trot désuni où les battues des diagonales sont dissociées, ce qui peut être provoqué par une vitesse trop importante ou un mauvais dressage du cheval.
Trec (Techniques de randonnée équestre en compétition). Discipline comportant quatre épreuves : épreuve de présentation (POR), parcours d'orientation et de régularité, épreuve de maîtrise des allures, parcours en terrain varié (PTV).
Trot. Allure sautée à deux temps où le cheval avance un diagonal après l'autre.
Trotting. Séance de travail à l'extérieur pour améliorer l'endurance. De longues phases de trot alternent avec du pas pour la récupération.
Van. Camion permettant de transporter un ou plusieurs chevaux.
Vessigon. Tare molle chronique, sur le jarret.
Vibrisses. Poils tactiles situés sur les lèvres, le menton, les paupières.
Vices. Défaut grave d'un cheval, physique ou non. Les vices dits rédhibitoires peuvent être des facteurs d'annulation de vente.
Volte. Figure de manège où le cheval décrit un cercle.
Yearling. Poulain âgé d'un à deux ans.

Index

Les chiffres en caractères **gras** désignent des pages où les termes sont plus particulièrement développés et les *italiques* renvoient à des illustrations.

Aborder un cheval 184, *220-221*
Abreuvoir 150
  automatique *157*
Abri 146
Accoutumance 132
Acheter un cheval **196-197**
Activités du cheval **116-117**
Agaceur 126
Âge 86-87, 93, 182-183
Agression *112*, 123, 126
Agriculture 15, 46
  voir aussi Travaux agricoles
Aides **228-231**, 255, 272
  accord 230
  artificielles 230
Air de haute école 145, **264-265**
Aix-la-Chapelle *43, 47, 257, 258, 260*, 263
Akhal-téké **58**
Alerte *124*
Alexander, Edwina *261*
Alezan *24, 26*
  brûlé 24
  café au lait 25
Alimentation 94, 95, 114-115, *116*, **156-161**
  besoins 156-157
  changement de régime 161
  concentrés 158-159
  excessive 160
  du poney 157
  préférences 115
  ration type 158-159
  rythme 142
Allure **104-109, 232-233**
  latérale 56
Amazone 251, **262**
Amble 56, 108
American paint horse association (APHA) 55
Amortisseur de dos 210
Anatomie **86-99**
Ancêtres du cheval 10-11, 13
Andalou **voir** PRE
Andréani, Nicolas *263*
Âne 15, **80-81**, *142*
  de Provence 81
  des Pyrénées 81
  du Cotentin 80
  normand 81
  sauvage 81, 119
Anglo-arabe **38**
Antiparasitaire 172-173
Aplombs **100-101**, 166-167, 232
Appaloosa **52**, 266
Appareil reproducteur **96-97**
Appel de contact 125
Apprentissage **132-133**
APQS (Autre que pur-sang) 38
Ardennais *65*
Armée 14-15, 42, 45, 59, 60, 62
Arrière-main 98
Art pariétal *12*, 19
Arthrose *183*, 188
Assiette 228, 233, 234
Association de gestion de race 203
Attacher un cheval 185
Attelage *14*, 41, 42, 44, *45, 47*, 48, 49, 50, *51*, 53, 60, 64, 65, 66, 67, 70, 72, 74, 75, 78, 145, 228, 251, 260, **272-273**
  de chasse 269
  de compétition 273
  d'évêque 273
  en arbalète 273
  à la d'Aumont 51
  TREC 273
Attraper un cheval *184*
Aubère 26
Aubin 108
Audition **112-113**
Auteuil *277*
Automédication 168
Auxois *66*
Badminton 256, *257*
Bai *25*
  cerise 25
Balzane *30*, 86
Bandage *177*
Bande cruciale 27
Bande
  de polo 189
  de queue *154*
  de repos *102*, 154, 188-*189*
  de travail 189
Bande scapulaire 27
Barbe **40**
Bardot 81
Barème des CSO 253
Barrage 253
Barrel-racing *267*
Baudet du Poitou 80, *81*
Beerbaum, Ludger *260*
Belle face *31*
Billarder 101
Biros, cheval de, **voir** Castillonnais
Blanc 25
BLUP (Bilan linéaire universel et prévisionnel) 203
Bombe *212*
Bottes 212
Bouche 93, 94, **208-209**
Boulonnais *66*
Boute-en-train 18, 126
Bouzkachi 268
Box 143, *148-149*, **150-151**, 152-153, 216
  curage 151
  entrer dans 184
  nettoyage quotidien *150-151*
  porte 150
Boyd, Axell *47*
Brassicourt 100
Brevet de cavalier (ou galop 4) 243
Bricole 144, *272*
Bride 26, *208*-209
Bridon **voir** Filet
Bringé *27*
Brosse douce *186*
Brosse dure *186*
Brumbies *138*-139
Bursite 102
Cabriole *264*
Cadence 232, 233, 234
Cadre noir de Saumur 264-265
Cagneux 101
Calgary (2008) *49, 260*
Calme 220, 221
Camargue (région) 251
Camargue, camarguais **39, 69**, *86*, 99, *118*, 137, 146, *251*
Campdrafting *267*
Campé 100
Capé *27*
Capelet *100*
Caractère **136-137**
Carie 93
Carnet de santé *171*
Carré 255
Carrière 216-217
  de dressage *255*
Carrossier 49
Carte d'immatriculation 155
Casaque *213*
Castillonnais **51**, *251*
Castration 143
Cataplasme à l'argile *188*
Cavalerie 38, 145
Caveçon 211
Centaure 18
Cercle (figure) 232
Certificat d'identification *203*
Cession à la jambe *233, 254*
Chaleurs 97
Chambrière 230
Champagne (robe) 27
Championnat d'Europe *46*
Championnat du monde *36*
  d'endurance *258*
Changement de main 230, 232
Changement de pied 107, 264
  au galop *255*
Chaps 213
Char *14*
Chasse 12, 74
Chasse à courre *262*, **274**
Châtaigne *11*
Cheval
  chez soi 151
  de course 34, 37, 45, 89
  de randonnée 39, 50, 51, 53, 54, 57, 66
  de sang 34-63
  de selle 38, 43, 45, 46, 49, 50, 53, 55, 56, 65, 67, 89
  de sport 36, 38, 47, 49, 58
  de trait 64-67, *89*
Cheval de Troie 18
Cheval des bois *(Equus caballus sylvaticus)* 13
Cheval sauvage 62, **116-121, 138-139**
  du désert de Namibie *139*
Chiachia, Daren *43*
Chiffon doux 187
CHIO (concours hippique international officiel) *47*
Chocolat (robe) 25
Chuchoteur 246
CIO (concours international d'obstacles) 261
Cirque 45
Classification
  des robes 24
  du vivant 11
Cloche de protection *211*
Clôture 147
Clou de rue 167
Club-house 216
Cob normand *65*
Colique 95, 157, 163, *178*
Collier d'épaule 144
Colonne vertébrale 91
Combat *126*
Comité national de tourisme équestre *247*
Communication avec le cheval **124-125**, 220-221, **228-231**
Compétition **252-261**, 267, 273
Compresse *177*
Concours complet 38, 42, *43, 46, 78, 251, 252*, **256-257**, 261
Concours hippique **voir** CSO
Conditionnement 132
Conduire en main 184-*185, 221*
Conflit 123
Conformation 99
Connemara **70**
Contre-sanglons 210, 225
Contrôle vétérinaire *257, 259*
Corne 26, 99, 167
Couard 18
Couinement 125
Couleur (perception) 110
Coup de sang 159, 179
Coupe des nations *260*
Coupe du monde 254, *255*, 261
Courbe 103
Courbette *265*
Course hippique *15, 34, 37*, 38, 145
  d'obstacles *213, 276-277*
  de galop *276*
  de trot 31, 39, *277*
  de trot monté *277*
  point to point 77
Court-jointé 100
Couteau de chaleur *190*
Couverture *154, 192*
Cow-boys *53*, 62, *266, 274*
Cravache 230, 254
Crème (race) **61**
Crème (robe) 25
Cremello *25*, 61
Crinière tressée *194, 245*
Crins lavés 25, *27, 74*
Criollo **54**
Croiser (se) 101
Croisillon *235*
Cross *75, 77, 244, 256-257*
Crottin 95
Croupade 265
Cryptorchide 96
CSIO (concours de saut international officiel) 261
CSO (concours de saut d'obstacles) *36, 42, 46, 47, 49, 73, 74, 76*, **252-253**, 256, 260-261, 262
  pénalité 253
Curage du box 151
Cushing, maladie de *183*
Cutting *267*
Dartmoor **71**, *200*
De Ronde, Koos *273*
Débourrage *201*, 211
Déclaration de saillie 203
Défaut d'aplomb **100-101**, 211
Delacroix, Eugène *19*
Demi-volte 232
Dent 93
  d'un cheval âgé 182
  de cochon 93
  évaluation de l'âge 93
  de loup 93
  usure 93
  supplémentaire 93
Dentiste 93, *169*
Derby d'Epsom *15, 276*
Dermite estivale 195
Déshydratation *175*
Destrier 17, 18
Détente 104, 226
Dhennin, Didier *256*
Diagonale 232
Digestion 94, 156, 158, 161, 162-165
Diligencier (percheron) 64
Diplômes officiels **242-245**, 247
Disciplines équestres 247, **252-277**
Document d'accompagnement 155
Doma vaquera 59, 262, 275
Domestication **12-13**, 142-143, 145
Doré, Gustave *19*
Doubler 232
Douche **190-191**, 216
  matériel 190
Dressage 40, 41, *42, 43*, 44, 46, 49, 59, 78, **254-255**, 256, 261, 262, 273
  notation 254
Dubai *259*
Dubai World Cup *276*
Duncan, Patrick *247*
Eau 95, 117, 118, 147, 157, 159
Ébrouement 125

Échauffement *226*
École d'art équestre de Lisbonne 264-*265*
École de Versailles 59
École espagnole de Vienne 44, 265
École royale andalouse de Jerez 264-265
Écurie **148-151** à l'américaine *148, 216*
Ehning, Marcus *260*
Élevage 12-13, 203-205, 250
Elitloppet 277
Embouchure 209
Endurance *35*, 54, 60, 70, 251, 259, 260
Enfant (monture adaptée) 71, 75, 77, 79
Engorgement 188
Ennui 142, **152-153**
En-tête 30
Entretien des sabots *189*
Entretien du box **150-151**
Eohipppus 10
Éparvin *103*
Épaule en dedans *233*
Éperons 230, 254
Épi *31*
Éponge (tare) *102*
Éponge *187*
Équipage (chasse) 274
Équipement 208-213
  équitation western 266
  horse-ball 268
  polo 269
Équitation de tradition 274-275
  camarguaise 275
Équitation de travail 251, 262, 275 **voir** Travail du bétail et Travaux agricoles
Équitation éthologique **246-247**
Équitation western 53, 55, 61, 145, 229, 246, 260, 262, **266-267**, 275
  compétition 267
  matériel 266
Équithérapie 50
Ergot *11*
Eriksson, Thomas *273*
Essai-erreur 132
Estive *50, 51*
Estomac 94, 95, 156
Étalon **96**, 121, 131, 202-203
  marquage 126
  combat *126*
Étalon pif 96
Éthologie 116-139, 246-247
Étrier 16, 225, *227*
  réglage *227*
Étrille *186*
Étrivières, réglage 234
Euthanasie 183
Eventing **voir** Concours complet
Évolution **10-11**, 12-13
Falabella **63**
Faux, galop à 107
Fédération internationale des races de chevaux de sport (WBSFH) 42, 47
FEI (Fédération équestre internationale) 251, 258, 267, 268
Feist, James 247
Fernandez, Federico *252*
Ferrure, fer **166-167**, 169
Feux de boue *195*
FFE (Fédération française d'équitation) 247, 250, 251
Fichier SIRE 203
Figure de dressage 254
Figure de manège 232-233
FIHB (Fédération internationale de horse-ball) 267
Filet *208*, 211, 266
  pose *224*
  ajustage *225*
Filet à foin 150, *154*, 155, *156*
Fjord *68*, 69, **72**
Flehmen *127, 202*
Floconné (robe) 27
Floconnés (aliments) *158*
Florac 35, 259
Flore intestinale 161
Foal 87
Forger 101
Forme coronaire 103
Fouet 272
Fourbure 160, *178*
Fourrage 142, 147, 156, 158-159
  foin 156
  enrubanné 156
  paille 156
Franche-montagne 67
Frison **45**, *202*
Fumé 26
Gal Edward *255, 261*
Gale de boue *195*
Galop (diplômes) 217, 242-245
Galop **106-107**
  allongé 106, *107*
  désuni 108
  moyen 106
  rassemblé 106, *107*
  en suspension 229
  de travail 106
Gants *212*
Gelderland *47*
Géricault, Théodore *13, 15*, 19
Gilet de protection 213
Gogue 209
Gougeon, Jean-René *37*
Gourme 171
Goût **114-115**
Grand National de Liverpool 277
Grand noir du Berry 81
Grand prix de dressage (2008) *228, 232*
Grand prix des Nations *49*
Grand Prix spécial 254
Grand Steeple-chase de Paris *276-277*
Granité 26
Granulés *158*
Grippe équine 170
Gris *25*
  fer 26
  pommelé *27*
  souris 25
Grisonnant 26
Grondement 125
Grooming **voir** Toilettage mutuel
Guerre 13, 14, 15, 40, 41, 72, 145
Guêtre 211
  de transport *154*
Habituation 132
Hackamore *209*, 266
Haflinger **74**, *80*, 92
Hambletonian 277
Hanovrien **42**
Haras de la Cense *246, 247*
Haras nationaux 25, 203, 247, 254
Harem 120-121, 142
Harnachement *15-17*, **208-211, 224-225**, 268-269, 275
  attelage 272
  dressage 255
  trait 144
Harnais à collier *272*
Haute école 41, 44, 59, 145, **264-265**
Hémione 14, 119
Hennissement 125
Henson **57**
Herding *121*
Herminure 26
Hiérarchie 120-121
Highland *69*, **75**
Hippalectryon 18
Hippodrome 34, 37, 38, **276-277**
Hippogriffe 18
Hirsutisme 183
Histoire **10-19**, 277
Holstein, holsteiner **46**
Hongre 96, 143, 258
Horse-ball 41, 251, 260, **268-269**
Hunter 251
Hygroma 102
Hyracotherium 10
Île des sables 139
Imitation *132*
Impulsion 232, 233
Incinération 182
Inflammation *178*
Insectes *177*, 179
Insémination artificielle *205*
Intestin 94, 95
Intoxication alimentaire 162
IRM (Imagerie par résonance magnétique) 169
Irwin, Jaimey *232*
Isabelle *25*, 61
Islandais **56**, 69, *108*, 109
Jambe du cavalier 227, 229, 233
Jambe du cheval 98 **voir aussi** Membres
Jarde 103
Jerez (2002) *36*
Jeu (des poulains) 130
Jeux **268-269**
Jeux équestres mondiaux 260, *261, 263*, 273
Jeux olympiques *43*, 46, 49, 58, *260*-261
  de Pékin (2008) *42, 46, 233, 252, 253, 254, 256*
Jodhpur 212
Jouets pour chevaux *153*
Jument **96**, 121, 123, 126-127, 128-129, 130-131, 200-201
Jumping **voir** CSO
Kentucky Horse Trial 257
Knabstrup **48**, 92
Kür 254
KWPN **47**
La Baule 260
La Guérinière, François Robichon de 17, 40
Ladre *31*
Lait de jument 74, 129
Lamaze, Eric *260*
Lansink, Bob *46*
Lascaux *12*
Lejeune, Philipe *253*
Léopard (robe) 27
Lésion tendineuse 179
Levade *265*
Levallois, Eric *36*
Licence 250
Licol *184*
Ligament 98
Lipizzan **44**, 264-265
Liste *30*-31
Litière 151
  copeaux de bois 151
  paille 151
  tapis de caoutchouc 151
Littérature 19
Livre généalogique 22
Longchamp 276
Longe 143, *201, 211*, 229, 263
Longues rênes 229
Lorenzo *263*
Louvet 26
Luhmühlen 257
Lusitanien, lusitano **41**, 92, *202*, 265
Lyons, John 246
Mâchoire 93
Madden, Beezie *47*
Mains 228, 233
Maladie 170-173, 178-181, 182
  de l'herbe *163*
  du lundi 159, 170
Mamelle 99
Manade 39
Manège 216, *217*
Mangeoire 150
Marathon attelé *47*
Maréchal-ferrant 166-*167, 169*
Marmoré 27
Marque
  d'élevage *31*, 50, 51
  des membres **30-31**
  sur la robe 86
Marronnage 138
Martingale *209*
Marwari *92*
Matériel 148-149
  de pansage 187
Matière azotée digestible cheval (MADc) 159
Médicaments 177
Mélangé (poil) 26-27
Mellinger, Willi 46
Membres **98-103**
  antérieurs *98*
  nettoyage *188*
  protection 211
  soins 188-189
Mémoire auditive 112
Mérens **50**, 69, 137, *250*
Merychippus 10
Mesohippus 10
Microfracture 103
Miles, Gina *252*
Miohippus 10
Molette 102
Moniteur 217
Monorchide 96
Montagnage 50
Montoir **226-227**
Morphologie 76-99
Mors 16, **208-209**, 272
  à aiguilles *209*, 211
  de bride 255
  en caoutchouc *209*
  de filet 255
  à olive 209
Verdun 209
  chantilly 209
Mühlbauer, Thomas *49*
Mule *81*
Mule poitevine 81
Munoz, Juan Manuel *254*
Mur *235*
Muscles 89, 98
Muserolle
  allemande 208
  combinée *208*
  française *208*
Mustang **62**, *138*
Myoglobinurie paroxystique 179
Mythes, mythologie *18-19*
Naissance **128-129**
Nakayama Grand Jump *277*
New-forest **77**
Noir *24*
  pangaré *24*
Notation 254
Obstacles *235*, 252
Odorat **115**
Oldenbourg **49**
Oreilles 92, *112*, 113
  couchées *125*
Ossature 89, 90-91, 98
Otto-Crépin, Margit 46
Ouïe 112-113
Ourasi 37
Oxer *235*
Paddock 143, *153*, 216
Paddock-polo 269
Paille 156
  litière 150-151
Paint **55**, 266
Palefroi 17, 18
Palomino 25, 61
Palouse horses 52
Panachures 27
Panard 101
Pangaré *24, 27*
Pansage *123*, **186-186**
  avant un concours *194*
  matériel *187*
Pansement 175
Pantalon d'équitation *212*

Parasites 95, 172-173
  prévention 173
Parelli, Pat 246
Parer (parage) 166-167
  « naturel » 167
Paroi 99
Particularités **26-31**
Pas **104-105**
  allongé 105
  espagnol 265, *275*
  moyen 105
  rassemblé *104*, 105
Passage *255*, 264, *265*
Passeport 155
Pato 268
Pâture 146
  entretien 147
Peau (soins) 194
Pégase *18*
Peigne *187*
Peinture de chevaux 12, 13 15, 18-19
Pelham *209*
Pénalités (au CSO) 253
Percheron *65*, *250*
Perlino 25, 61
Persik 35
Pesade, **voir** Levade
Pessoa, Rodrigo *253*
Peters, Steffen 233, *254*
Peur 136
Pharmacie **176-177**
Phéromone 125
Piaffer *254*, *255*, *264*, 265
Pie *27*, *55*
  tobiano *27*
Pieds 99
  curer *187*
  soins 167, **188-189**
Pierre à sel *94*, *157*
Pince 99
Pions *194*
Piroplasmose 179
Pirouette 265
Piste 226
Pitter Bertelsen, Inger *258*
Plaie 175
Plantes toxiques 147, **162-165**
Pli juste 232
Pli naturel 232
Pliohippus 10
Plönzke, Anja *43*
Pluvinel, Antoine de 40
Poids *157*, *160*
Poils mélangés *26*
Point to point, course *77*
Poitevin mulassier *67*
Pole-bending 267
Police montée *145*
Polo 15, *54*, 251, **269**
Polo-cross 269
Pommeau 210
Pommelé *27*
Poney **68-79**
  alimentation *157*
  compétition 69
  de bât *72*
  de loisir 78
  de polo *54*, 269
  de randonnée *72*, *74*, *75*
  de selle 70, 71, 73
Poney français de selle **73**
Pony games *145*, 251
Position à cheval *227*
  des mains *227*
  de la jambe *227*
Postier breton 64
Pottok **78**
Poulain, pouliche *86-87*, *97*, 128-129
  adolescence 130-131
  jeu *130*
  tétée *203*
Poulinage **200-201**
Pouls *175*
PRE (Pure race espagnole) **59**, *202*, 264-265, *275*
Pré (vie au) 94, *95*, 142, **146-147**
Prix d'Amérique 35, *277*
Prix de l'Arc de Triomphe 34, *276*
Profil 92
Promenade *236*, *251*
Promotional League 260
Propulsion 98
Protège-boulets *211*
Protège-tendons *211*
Przewalski, chevaux de *19*, *82-83*
Puce d'identification 202, 251
Punition 133
Pur-sang anglais *23*, **34**, *89*, 133, 276
Pur-sang arabe *22-23*, **35**, *92*, 259
Quarter horse **53**, 266
Quartier 210
Queue, lavage *191*
  tressage *195*
Race **22-23**, 34-83
Radiographie *169*
Rage 170
Raie de mulet *27*
Randonnée 39, 50, 51, 53, 54, *74*, *75*, *145*, *237*, 251
Rassembler 255
Rayé *27*
Rectitude 232
Reculer *109*
Refus, zone de *147*
Reining 251, 260, *267*
Rejoneo, *rejoneador* 59, *275*
Renâclement 125
Rêne d'appui 231
Rêne d'ouverture 231
Rênes 208-209, 224, 228
  allemandes 209
Renforcement *133*
Repos 117 **voir aussi** Bandes de repos
Reprise *217*
Reprise de dressage 254-255
  libre en musique 254
  Saint-Georges 254
Reproduction 96-97, 115, **126-129**, **200-205**
  monte en liberté 204
  saillie en main *204*
  insémination artificielle *205*
Resangler 226
Rhinopneumonie 171
Robe **24-25**
  tachetée 48
  évolution 86
Roberts, Monty *246*
Romeike, Hinrich *46*
Sabot *26*, 91, *99*
  déformation *160*
  entretien 167, *189*
  ferrure 166-167
  seime *189*
Saillie *97*, *127*, *201*, *204*
Saint-Moritz *269*
Sambue 262
Sang (avoir du) 23
  chevaux de 34-63
Sangle 210, 225, 226
  sangle Balding 210
Santé **162-183**
  prévention 168, 173
Saumur, Cadre noir 264-265
Saut (technique) *107*, **234-235**
Saut d'obstacles (CSO) *36*, *42*, *46*, *47*, *49*, 61, *73*, *74*, *76*, **252-253**, 256, 260-261, 262
  pénalité 253
Savoirs (diplôme) *247*
Séchage *191*
Seime *189*
Selle, seller 16, 17, *210*, *215*
  anglaise 210, 255
  de dressage 210, 255
  d'obstacles 210
  de randonnée 210
  western 210, 266
Selle français *22*, **36**, *251*
Sellerie *149*, *216*
Shagya **60**
Shampoing 188-189
Shetland *22*, *69*, **79**, *122*
SHF (Société hippique française) *73*, *87*
Sliding-stop *267*
Snapping *124*
Société française de vénerie 251, *274*
Soins 166-183
  des dents 168
  des membres 102, 177, 188-189
  de la peau 194
  des pieds 166-167, 169, 188-189
  des plaies *177*
Sole 99
Sommeil *117*
Souffleur 126
Soupir 125
Souris 25
Sous lui (cheval) 100
Spa *235*
Spectacle équestre 41, *45*, 58, *263*
Spray désinfectant *177*
Squelette **90-91**
Stabulation *149*, 216
Stalle *149*
Standard 22
Staples, Brook *256*
Stick 230, *231*
Stockage
  de la litière 149
  de la nourriture 148-149
Stud-book 22, 39, 47, 57, 61, 202
Succion, réflexe de 132
Super League **voir** Coupe des nations
Surdent 93
Surfaix *211*, 263
Suros *103*
Suspension (galop) 229 (saut) 234
Syndicat d'éleveurs 203
Système digestif **94-95**, 142, 146, 156, 161
Système reproducteur **96-97**
Tacheté *27*, *48*, *52*
Tact 113
Taille 69
Tapis de selle 210, 225
Tares **102-103**
Tarpan *13*
Tauromachie 41, 275
Taylor, Melissa *228*
Température 175
Tendons 98
Tennessee walker *109*
Tenue d'équitation **212-213**
  de dressage 254
  western 213
Terrain de cross 216
Territoire 118, 119
Test vétérinaire 257, 259
Tétanos 171
Tête **92-93**
Tétée 203
Tic 143, **152**
  à l'appui *152*
  de l'ours 152
  à l'air 152
Tiques 179
Tirer au renard 185
Todd, Mark *261*
Toilettage mutuel *113*, *122*, *125*
Tölt *56*, *108*
Tonte **192-193**
  de trait ou steeple-chase *192*-193
  de course ou en manteau *193*
  de chasse *193*
Toucher **113**
Touzaint, Nicolas *257*
Trait (chevaux) **64-67**, *89*
Trait boulonnais *23*
Trait breton *64*, *273*
Trait comtois *64*
Trait du Nord *67*
Traité d'équitation 15, 17
Trakehner **43**, 133
Transfert d'embryon 205
Transhumance 50
Transition d'allures *233*
Transport
  à cheval 46
  des chevaux 154
Traquenard 108
Travail du bétail 39, 41, 53, 54, 55, 59, 62, 266-267, 275
Travaux agricoles 46, 50, 64, 66, 67, 72, *144*, 272
TREC (Techniques de randonnée équestre en compétition) 70, 75, 77, 251, **258-259**
  attelé 273
Tressage
  de la crinière *194*, *245*
  de la queue *195*
Trot **104-105**
  allongé 105
  assis *105*, *229*
  enlevé 105
  rassemblé 105
  de travail 105
Trotteur français **37**, *277*
Trotting *105*, *236*
Troussequin 210
Truité, truiture 26, *27*
Tuigpaard *47*
Tyler, Stéphanie 247
Unité fourragère cheval (UFc) 159
Vaccination **170-171**
Van *154-155*, 216
Vendre un poulain 201
Vénerie 274
Vermifugation 95, **172-173**
Vertèbres 91
Vessigon 102
Vêtements **212-213**
Vétérinaire 103, 168, 170-171, 172-173, 197, 257, 259
Vibrisse *113*
Vice rédhibitoire *152*, 197
Vieillesse, vieillissement 86-87, **182-183**
Vienne, école espagnole 44
Vincennes (hippodrome) *277*
Vision **110-111**
Vocalise 125
Voix (aide) 220, 229, 272
Volte 232
Voltige 50, 74, 251, 260, **261**
  en cercle 263
  en ligne 263
Voyager **154-155**
Vue **110-111**
WBSFH (Fédération internationale des races de chevaux de sport) 42, 47
Welsh *69*, **76**, 92, *120*, *121*, *200*
Werth, Isabell *42*
West Nile virus 171
West Palm Beach (2007) *228*
Winter, Mike *256*
Xénophon 17
Yearling *86*, *131*
Yeux *26*, 110-111
Zain 24
Zèbre **83**
  de Grévy 119
  des plaines *11*
Zébrure 26
Zone de refus *146*, 173
Zoney 83
Zonkey 83
Zorse 83

Carnet d'adresses

Fédération Équestre Internationale (FEI)
HM King Hussein I Building
Chemin de la Joliette 8
CH-1006 Lausanne
Tél. (41) 21 310 47 47
Fax (41) 21 310 47 60
www.fei.org

France

Fédération française d'équitation (FFE)
9, boulevard MacDonald
75019 Paris
Tél. 01 53 67 43 43
www.ffe.com

Institut français du cheval et de l'équitation (IFCE)
BP 207 - Terrefort
49411 Saumur Cedex
Tél. 02 41 53 50 50
www.ifce.fr

Médiathèque des Haras nationaux
83-85 boulevard Vincent Auriol
75013 Paris
Tél. 01 44 67 97 28
Fax 01 44 67 83 49
www.haras-nationaux.fr

Haras nationaux
SIRE (Système d'information relatif aux équidés)
www.haras-nationaux.fr

Belgique

Fédération francophone d'équitation (FFE Belgique)
Mundo Namur
98 rue Nanon
5000 Namur
Tél. (32) 81 39 06 40
Fax (32) 81 39 06 41
www.ffe.be

Fédération royale belge des sports équestres (FRBSE)
Avenue Houba de Strooperlaan 156
B-1020 Bruxelles
Tél. : (32) 2 478 50 56
Fax (32) 2 478 11 26
www.equibel.be

Ligue équestre Wallonie Bruxelles (LEWB)
Rue de la Pichelotte 11
B-5340 Gesves
Tél. (32) 83 23 40 70
Fax (32) 83 21 82 61
www.lewb.be

Luxembourg

Fédération luxembourgeoise des sports équestres (FLSE)
3 route d'Arlon
L-8009 Strassen
Tél. (352) 48 49 99
Fax (352) 48 50 39
www.flse.lu

Suisse

Fédération suisse des sports équestres (FSSE)
Case postale 726
Papiermühlestrasse 40 H
CH-3000 Bern 22
Tél. (41) 31 335 43 43
Fax (41) 31 335 43 58
www.fnch.ch

Canada

Canadian Equestrian Federation (CEF) Fédération équestre canadienne
308 promenade Legget
bureau 100
Ottawa ON K2K 1Y6
Tél. (1) 613 287 15 15
Fax (1) 613 248 34 84
www.equinecanada.ca

Fédération équestre du Québec
4545 avenue Pierre de Coubertin
CP 1000, Succursale M,
Montréal, Québec H1V 0B2H
Tél. (1) 514 252 30 53
Fax (1) 514 252 30 68
www.feq.qc.ca
E-mail : infocheval@feq.qc.ca

Métiers du cheval

Comité national de tourisme équestre
Parc Équestre Fédéral
41600 Lamotte-Beuvron
Tél. 02 54 94 46 80
Fax 02 54 94 46 81
www.ffe.com/tourisme

École nationale d'équitation de Saumur
BP 207 - Terrefort
49411 Saumur Cedex
Tél. 02 41 53 50 50
Fax 02 41 67 63 08
www.cadrenoir.fr

École nationale professionnelle des Haras
Les Écuries du Bois
61310 Le Pin-au-Haras
Tél. 02 33 12 12 12
Fax 02 33 39 37 54
www.haras-nationaux.fr

Musée vivant du cheval de Chantilly
7, rue du Connétable
60500 Chantilly
Tél. 03 44 57 40 40
www.museevivantducheval.fr

Union nationale interprofessionnelle du cheval (UNIC)
75 bld Marie et Alexandre Oyon
78100 Le Mans
Tél. 02 43 40 53 40
Fax 02 43 72 38 53
www.chevalunic.fr

Protection du cheval

Centre d'hébergement et de protection pour équidés maltraités (CHEM)
17, rue du Colisée
75008 Paris
Tél. 01 45 62 54 77
Fax 01 45 63 51 38
www.chem.fr

Ligue française pour la protection du cheval
10 place Léon Blum
75011 Paris
Tél. 01 43 79 03 03
www.lfpcheval.fr

Ligue française pour la protection du cheval et du poney
30, avenue d'Iéna
75116 Paris
Tél. 01 53 67 43 99
Fax 01 64 36 21 68

Équitation pour handicapés

Association La Boussole
rue du Bout-Marchand
27180 Tournedos-Bois-Hubert
Tél. 06 80 66 03 99

Fédération nationale de thérapie avec le cheval (FENTAC)
14, rue des Laitières
94300 Vincennes
Tél. 01 43 28 04 79
Fax 01 43 65 91 85
www.fentac.org

Fédération nationale Handi-cheval
BP 144 - 3 rue Henri Dunant
79204 Parthenay Cedex
Tél. 05 49 95 07 77
www.handicheval.asso.fr

Droit - Assurances

Institut du droit équin
Centre de droit et d'économie du sport
Hôtel de Burgy
13, rue de Genève
87031 Limoges Cedex
Tél. 05 45 76 00
www.institut-droit-equin.fr

Table des copyrights

Toutes les photos sont de Bob Langrish, sauf :
p. 12 à gauche : Ph. © Coll. Archives Larbor
p. 12 au centre : Ph. C. Roux © Archives Larbor
p. 13 au centre : Musée du Louvre, Paris, Ph. H. Josse © Archives Larbor
p. 14 en haut : Musée du Louvre, Paris, Ph. H. Josse © Archives Larbor
p. 14 en bas : Ph. © A. Rosenberg-istockphoto
p. 15 en haut : Ph. © Nimbus-Fotolia.com
p. 15 en bas : Musée du Louvre, Paris, Ph. H. Josse © Archives Larbor
p. 16 : Bibliothèque nationale de l'Arsenal, Paris, Ph. Coll. Archives Nathan
p. 17 en haut à gauche : Dessin Archives Larousse
au milieu à gauche : Bibliothèque nationale de France, Paris, Ph. © Archives Larousse
en haut à droite : Bibliothèque municipale, Rouen, Ph. Ellebé © Archives Larbor
p. 18, en haut à droite : Bibliothèque nationale de France, Paris, Ph. Coll. Archives Larbor
au milieu : Bibliothèque nationale de France, Paris, Ph. Coll. Archives Larbor
p. 19 au milieu : Musée du Louvre, Paris, Ph. © Archives Larbor
en bas à droite : Illustration de Gustave Doré, Ph. © Coll. Archives Larousse
p. 45 en haut et en bas : Ph. © Association Nationale du Cheval Castillonnais d'Ariège Pyrénées
p. 67 en haut : Ph. © Maindru
en bas Ph. C. Gaye © Live Images
p. 107 en haut : Ph. O. Ploton © Archives Larousse
p. 115 en haut à gauche : Ph. © É. Gillet
p. 135 en haut : Ph. © M. Giacobbe-Fotolia.com
en bas à droite : Ph.© H. Gjerpen-istockphoto
p. 141 en bas à gauche : Ph. © É. Gillet
en bas à droite Ph. O. Ploton © Archives Larousse
p. 147 en haut, à gauche et à droite : Ph. © H. Gjerpen-istockphoto
en bas : Ph. O. Ploton © Archives Larousse
p. 149 en haut à droite : Ph. O. Ploton © Archives Larousse
p. 151 à gauche et à droite : Ph. O. Ploton © Archives Larousse
p. 155 n° 1 Globe Planter/Ph. O. Ploton © Archives Larousse
n° 3 Ph. O. Ploton © Archives Larousse
n° 4 Ph © K. Barcin-istock-photo
n° 5 Ph. © J. Kazakov-istockphoto
n° 6 Ph. © A. Potemkin-istockphoto
n° 7 Ph. © A. Wodarczyk-Fotolia.com
p. 161 à gauche : Ph. O. Ploton © Archives Larousse
p. 166 à gauche et à droite : Ph. © E. Gillet
p. 177 en bas à droite : Ph. O. Ploton © Archives Larousse
p. 189 en bas : Ph. O. Ploton © Archives Larousse
p. 192-193 : Ph. © Scoopdyga
p. 197 en bas à gauche : Ph. O. Ploton© Archives Larousse
p. 201 en bas à gauche : Ph. O. Ploton © Archives Larousse
p. 216 en haut : Ph.© M. Berg-Fotolia.com
p. 216 au centre : Ph © J. Vader-istockphoto
p. 217 en haut à gauche Ph. © Laura Frenkel-istockphoto
en bas, à gauche et à droite : Ph. © Association Nationale du Cheval Castillonnais d'Ariège Pyrénées
p. 222 au milieu : Ph. F. Chéhu © Haras de la Cense
p. 223 en haut © Haras de la Cense
p. 225 en haut : Ph. © Association Nationale du Cheval Castillonnais d'Ariège Pyrénées.
p. 236 en haut : Ph. © Association Nationale du Cheval Castillonnais d'Ariège Pyrénées
p. 238 à gauche : Ph. © A. Laurioux
p. 238 au milieu : Ph. © Real Escuela de Jerez
p. 239 en haut à gauche et à droite et en bas à droite : Ph. © A. Laurioux
p. 242 en haut et en bas à gauche et à droite : Ph.© JuNiThi /www.horse-ball.org
p. 244 en haut : Dessin Jean-Marc Pariselle-Archives Larousse
p. 248 à gauche et à droite : Ph. © Scoodyga.com
p. 249 à gauche en haut et en bas : Ph. © Scoopdyga.com
en haut à droite : Ph. © iariturk-istockphoto

Remerciements

L'éditeur remercie tout particulièrement pour sa contribution Bob Langrish – l'un des plus grands photographes équestres au monde. En trente-sept ans de carrière, il a couvert six Jeux olympiques et illustré plusieurs centaines de livres. Il ajoute chaque année 20 000 clichés à sa photothèque, riche aujourd'hui de plus de 400 000 photographies, parmi lesquelles les chevaux en liberté qui l'ont rendu célèbre, mais aussi des clichés couvrant la plupart des disciplines équestres, un peu partout dans le monde. (www.boblangrish.com)

Nous remercions chaleureusement pour leur prêt d'illustrations :

- **Alain Laurioux** pour les photos du Cadre noir de Saumur et de l'École d'art équestre de Lisbonne.
- **L'agence de communication JuNiThi,** qui gère le site web de référence pour le horse-ball, pour les photos de horse-ball. www.horse-ball.org
- **L'Association nationale du cheval castillonnais d'Ariège-Pyrénées** pour les photos de chevaux castillonnais. www.chevalcastillonnais.fr
- **L'Association nationale du poney français de selle et du poney de sport (ANPFS)** pour les photos de poneys de selle français. www.anpfs.com
- **L'École royale andalouse de Jerez *(Real escuela)*** pour la photo de cabriole p. 238. www.realescuela.org
- **Le haras de la Cense** pour la plupart des photos d'équitation éthologique. www.lacense.com

Photogravure IGS, l'Isle d'Espagnac
Imprimé en Espagne par Graficas Estella, Estella
Dépôt légal : septembre 2017
319994/02 – 11041768 mars 2020